中国资产管理市场

周期演进　聚焦质量　双向赋能　攻守兼备

2022—2023年

光大理财有限责任公司
波士顿咨询公司　◎编著

U0913679

中国金融出版社

责任编辑：丁　芊
责任校对：潘　洁
责任印制：程　颖

图书在版编目(CIP)数据

中国资产管理市场. 2022—2023年 / 光大理财有限责任公司，波士顿咨询公司编著. — 北京：中国金融出版社，2023.6

ISBN 978-7-5220-2053-2

Ⅰ. ①中… Ⅱ. ①光… ②波… Ⅲ. ①资产管理 — 研究报告 — 中国 — 2022-2023 Ⅳ. ①F832

中国国家版本馆CIP数据核字（2023）第105839号

中国资产管理市场（2022—2023年）
ZHONGGUO ZICHAN GUANLI SHICHANG (2022—2023 NIAN)

出版发行 中国金融出版社
社址 北京市丰台区益泽路2号
市场开发部 (010) 66024766，63805472，63439533 (传真)
网 上 书 店 www.cfph.cn
(010) 66024766，63372837 (传真)
读者服务部 (010) 66070833，62568380
邮编 100071
经销 新华书店
印刷 北京侨友印刷有限公司
装订 保利达印务有限公司
尺寸 210毫米×285毫米
印张 11.25
字数 235千
版次 2023年6月第1版
印次 2023年6月第1次印刷
定价 158.00元
ISBN 978-7-5220-2053-2

如出现印装错误本社负责调换　联系电话 (010) 63263947

《中国资产管理市场（2022—2023 年）》点评

光大理财是中国最早介入资产管理业务的机构。从2004年发行第一款理财产品开始，光大理财一直比较规范地运作并为理财产品的规范化不懈努力。2015年以来，光大银行、光大理财以公益之心，连续八年跟踪中国资产管理市场的发展，梳理行业面临的问题与挑战，介绍国际成熟的经验，寻求行业的共识，普及金融知识。

从这八年每份报告的主题我们可以看到中国资产管理业务从无序扩张到逐步规范的轨迹：2015年的主题是“前景无限、跨界竞合、专业制胜、回归本源”，在大资管急剧扩张的高峰中，在激烈的竞争中资管机构不忘回归资管市场的本源。2016年在资本市场的波澜起伏中看到资管市场的问题“繁荣持续、隐忧凸显、溯本清源、转型发展”；2017年监管部门针对市场发展的乱象发布了资管新规，光大理财看到了规则给行业指明的方向，看到了“回归本源、动能转换、市场广阔、格局重塑”；2018年在资管新规实施的阵痛中，资管机构下定决心重新起航，主题为“尘埃落定、以终为始、差异制胜、协同发展、科技突破”；2019年紧跟数字化经济浪潮，提出“数字时代、生态经营、投研再造、体系制胜”；2020年在资管新规即将收官之时决心告别过去“扬帆启航、破茧成蝶、时代机遇、争创一流”；2021年资管新规过渡期结束，资管机构以规范的行为挑起服务经济发展、为客户创造价值的重担，“时代担当、关键一跃、信义为本、践行使命”。2022—2023年在百年变局和经济长周期的复杂形势下，资管机构要“周期演进、聚焦质量、双向赋能、攻守兼备”。

这一份份报告体现出光大理财坚守资产管理代客理财本源的执着，体现出光大理财坚守信义为本的执着。光大理财紧跟监管部门规范资管业务的发展方向，展示了行业的发展，介绍了成熟市场国家的经验，探寻着资管机构发展的机遇。如果哪家资管机构能早些领会监管部门规范发展资管业务的决心，细细品味报告中介绍的经验和机遇，及时调整业务的发展路径，哪家机构就会在发展中获取主动。

2022—2023年的报告在看到百年变局和长周期中资产管理业务面临挑战的同时，提出了资管产品和财富管理双向赋能的发展方向和发展模式。丰富多元的资管产品供给和为客户提供财富管理投资顾问服务是资产管理业务的双支柱，是双轮驱动。资产管理机构以其丰富多样的产品为投资人提供适当的投资工具，助力投资人实现财富的保值增值。然而琳琅满目的产品又往往使投资人难以适从，这需要专业人士为他们作出财富管理的规划与配置。财富管理成为资产管理业务发展的关键一环。客户的资产配置需求会促进资产管理者研究开发，提出新的解决方案。新的产品供给丰富了客户适配的产品选择，扩展了财富管理的服务客群。需求促进产品供给，产品开启新的需求。双向赋能的确是资产管理业务双轮驱动的发展方向。

但实施这一战略，也为我国监管规则的完善和资产管理业务生态的完善提出了新的课题。

第一，要统一中国金融环境下财富管理的概念。2019年10月中国证监会下发了《关于做好公开募集证券投资基金投资顾问业务试点工作的通知》，随后正式批准基金投顾业务试点。基金投顾业务为中国开展财富管理业务提供了可能，但中国的财富管理与国际上的财富管理在概念和业务范围上还有很大差别。中国试点机构可以接受客户委托，按照协议约定向客户提供基金投资组合策略建议，策略建议的标的为公募基金产品或经中国证监会认可的同类产品。根据与客户协议约定的投资组合策略，试点机构可以代客户作出具体基金投资品种、数量和买卖时机的决策，并代客户执行基金产品申购、赎回、转换等交易申请，这是管理型投资顾问业务。但从业务范围看，仅是在公募产品范围内的投资顾问，范围过小，难以适应客户财富管理全方位、全生命周期的需求。另外，国际通用的财富管理包括资管产品的销售、财富管理的规划和受托全权账户管理。国际上资产管理产品包括公募产品和私募产品，包括以投资基金为名的产品和以投资计划为名的产品。我国目前资管产品的范围比较局限，因而为客户做财富管理规划和受托全权账户管理时会受到很大的限制。国际财富管理机构业务包括销售和买方投资顾问。中国“推销文化”比较盛行，如果销售与买方投资顾问同在一个机构，对向以客户为中心的业务转型不太有利。财富管理在中国被称为财富管理投资顾问业务更为适宜，业务范围以专做财富管理规划和受托专户管理业务为好。

第二，为了适应客户财富管理全方位配置的需求，受托专户管理的机构应能受客户的全权委托投资各类金融产品，包括股票、债券、公募基金、私募基金、保险、存款、本外币金融产品和风险管理的衍生产品。但在资管机构受不同部门监管的情况下，在资管产品的范围尚有限制的条件下，财富管理投资顾问无法满足客户全方位、全生命周期的资产配置需求，因此必须通过法律法规的完善和功能监管的统一来实现。

第三，要准备能够胜任为居民和企业担任财富管理投资顾问的人才。有资产管理需求的客户并不局限于居民，还包括企业和机构，他们都有资产配置的需求。为客户提供全方位的财富管理服务，需要从业人员充分了解和掌握银行、证券、保险、资管等金融产品以及税收政策。以往专业性较强的金融专业人才评价和认证体系都是从国外引进的，并迅速占领了中国市场，如特许金融分析师（CFA）、注册国际投资分析师（CIIA）、精品投行（CFC）、金融风险管理师（FRM）等。目前中国金融标准委员会已经公布了《金融从业规范　财富管理》（JR/T 0238.3—2021）和《公司金融顾问》（JR/T 0139—2016）两类财富管理投资顾问的标准，前者针对个人客户，后者针对企业和机构客户。我们应该在这些标准的基础上对从业人员进行培训和资格认证，全面提高财富管理投资顾问的职业道德水准和服务水平。

资管行业的发展需要像光大理财和行业协会这样的机构提供公益性质的研

究报告，以公益之心客观地反映行业的发展状况和未来的前景。但我更希望看到除正面引导之外的关于行业发展制约因素的分析及改进的建议。当然这项工作由行业协会做更合适。

祝愿光大理财的研究报告越做越好！

全国人大财经委原副主任委员
中 国 人 民 银 行 原 副 行 长

吴晓灵

2023年5月19日

前言

2022年是全球资管市场的变局之年。在经历了长期的持续增长之后，市场规模大幅回落，降幅达13%。新周期下伴随着通胀和利率反转、逆全球化下资本回流、金融市场风险事件持续发酵等多重冲击，全球资管市场面临进一步“重置”“洗牌”风险。中国市场也在2022年遇到严峻挑战。尽管市场规模保持了正增长，但增速大幅回落，短期不确定性加剧。

中国资管市场未来走向何方？是否也将面临与海外市场类似的“重置”风险？行业如何应对？在本报告中，我们尝试通过对全球资管市场过去30多年的发展历程进行回顾，识别背后的三类核心驱动因素，展望未来走向。我们认为中国资管市场中长期仍然向好，预计可实现9%左右的年化增长率，2030年市场总规模达到275万亿元人民币。

尽管长期向好，但近期行业外部环境仍存在高度不确定性，居民财富保值增值和实体经济转型也对资管行业提出了更高的要求。我们认为唯有苦练内功才是破局之道。因此，我们提出以“可持续地创造价值”为愿景的中国资管行业高质量发展框架。通过四大目标引领、机构能力和韧性打造、行业生态基础升级，推动中国资管行业迈入高质量发展时代。

目 录

1. 变中有稳：变局下行业增长承压，逆境中发展不乏亮点

1.1 整体市场：全球市场重创，中国市场承压

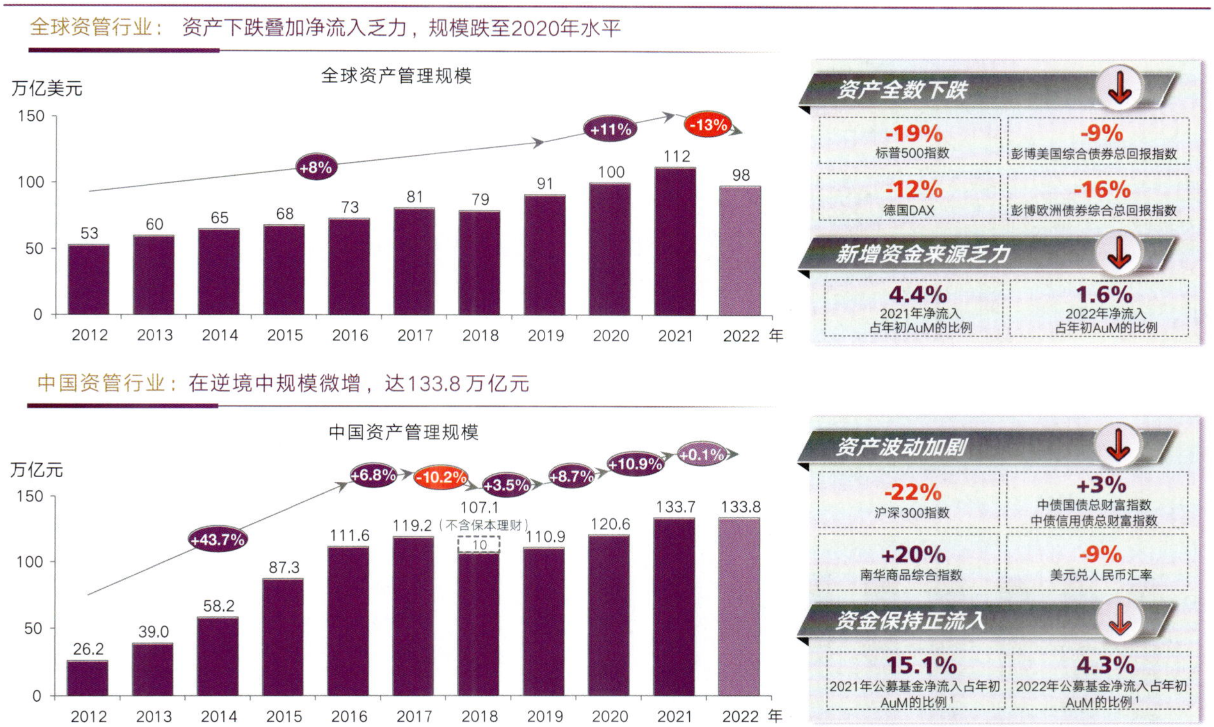

注：1. 包括所有公募基金；全年资金流入等于各季度值的加总，单季度净流入等于单季度申购赎回净额乘以单季度平均复权单位净值。

图1-1　大变局下，全球市场重创，中国市场承压

（资料来源：2021年BCG全球资产管理市场规模数据库、Bloomberg、《中国银行业理财市场年度报告（2022年）》、中国信托业协会、中国保险资产管理业协会、公司年报、中国证券投资基金业协会、Wind）

2022年，全球主要资产全数下跌，股债双杀造成全球资管市场规模的大幅回落，从2021年的112万亿美元下降至98万亿美元，降幅达13%。相比之下，中国资管市场总规模仍然保持稳定，实现增长0.1万亿元，达到133.8万亿元，又一次创下历史新高，但对比2021年增速大幅回落（见图1-1）。

资产价值下跌是全球和中国市场整体规模承压的最重要原因。股票和债券市场的低迷表现

导致存量管理资产价值大幅缩水。以美国市场为例，2022年标普500指数下跌19%，彭博美国综合债券总回报指数下跌9%，均创下近十年来最差表现。同期中国沪深300指数降幅达22%，债券市场波动大幅加剧。

资金净流入也出现大幅下滑。全球资金净流入从2021年的4.4%降至2022年的1.6%。同期，中国公募基金净流入从2021年的15.1%降至4.3%。

1.2 子行业端：增速全面放缓，转型持续深化

2022年中国各资管子行业在逆境中砥砺前行。理财公司、公募基金、保险资管、私募基金尽管增速大幅放缓，但仍然延续资管新规落地后的相对优势表现，规模和增速领先其他子行业。其中银行理财中的理财公司规模同比增长29%，是同期所有机构中增速最快的一类，但较其前一年158%的增速水平大幅放缓。公募基金规模增速较上一年水平大幅度放缓，同比增长3%。保险资管规模同比增长10%，较2021年增速略微下滑。私募规模整体微增。

券商资管、期货资管、基金子公司仍处于深度转型期，同比降幅分别为16%、11%和17%，在整个行业中的占比保持下降趋势（见图1-2）。值得注意的是，信托行业经历了资管新规落地后的持续转型，第一次实现了正增长。

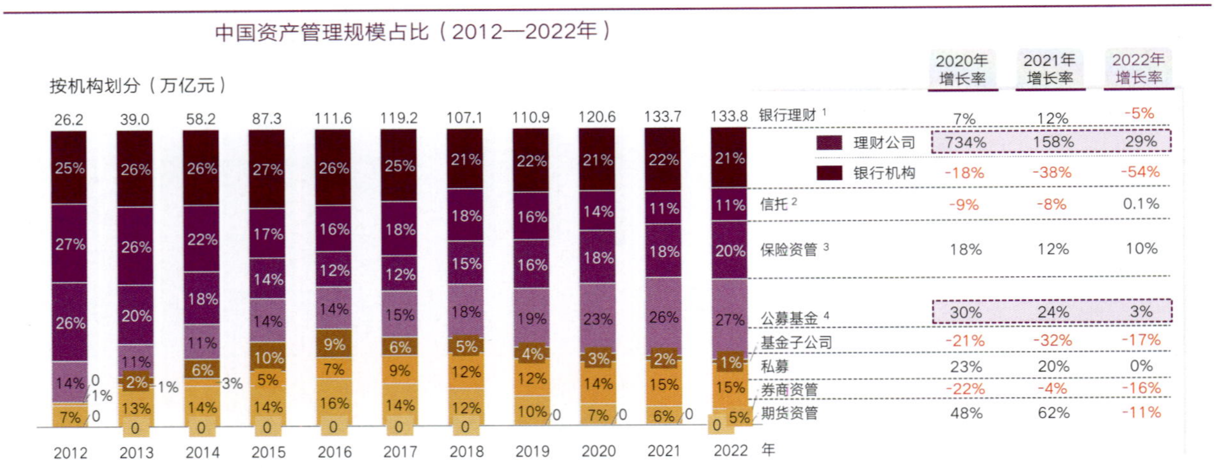

注：1. 从2019年起，银行理财规模中不再包含保本理财；从2019年起，银行理财规模中包含理财子公司存续规模。

2. 剔除“管理财产信托”规模。

3. 2022年保险资管总规模增速基于11家头部保险资管公司的增速推算；2022年11家保险资管公司总规模为19.4万亿元，同比增长9.6%（11家机构2021年资管规模占行业总规模的74%）。

4. 包含公募基金的公募（26.0万亿元）、公募基金公司管理的私募资管计划（5.2万亿元）和公募基金公司管理的养老金（4.3万亿元），各年度统计口径一致。

图1-2 理财公司增速继续领跑，公募、保险资管、私募保持增长，信托止跌

（资料来源：《中国银行业理财市场年度报告（2022年）》、中国信托业协会、中国保险资产管理业协会、公司年报、中国证券投资基金业协会）

• 银行理财：赎回冲击巨大，整体规模仍保持稳定

2022年是资管新规落地后理财市场全面净值化的第一年，也是金融市场剧烈波动的一年，理财市场面临重大考验。截至2022年末，银行理财市场存续规模达27.7万亿元，同比下降5%，是2018年以来的首次下降。银行理财规模占中国资管行业总规模的21%，较2021年下降了1%。①前三个季度理财规模保持平稳增长，规模一度超过30万亿元。而第四季度由于债券市场收益率短时大幅上行且理财净值化比率已达95%以上，净值波动引发了投资者赎回，导致规模有较大幅度的下跌②。但即使在第四季度受破净影响规模大幅下跌的情况下，整体规模相较上年仍然保持了基本稳定。

从细分来看，银行机构规模占比加速压降，占比下降至4%。理财公司仍充满活力，规模持续增长，达22.8万亿元，较上年同期增长29%。理财公司在所有资管子行业中增幅最大，但增速相较2021年158%的水平也大幅放缓。公司获批方面，截至2022年末，全国共有31家理财公司获批筹建，30家获批开业，其中5家为外资控股的合资理财公司。产品新发与创新方面，2022年全年累计新发理财产品2.94万只，募集资金89.62万亿元，共落地110只基金投向碳达峰碳中和、乡村振兴、共同富裕、复工复产、中小企业生产经营等实体经济重点领域的直融工具项目。③投资收益方面，2022年银行理财产品累计为投资者创造收益8800亿元。其中，理财公司累计为投资者创造收益5198亿元，为上年同期水平的1.45倍。④监管方面，主要围绕四大目的推进。一是扫清理财监管盲区。银保监会发布文件进一步界定了包含理财公司在内的监管对象和范围，切实保护金融消费者合法权益。二是明确业绩比较基准，拉齐与公募差异。中国银行业协会加强对银行理财的业绩比较基准展示及信息披露、风险控制的要求。三是加强内控。银保监会发文要求理财公司完善内控管理机制和组织架构，以推动理财公司依法合规经营。四是保护金融消费者权益。银保监会、中国银行业协会等机构发布规定以明确银行保险机构承担保护消费者合法权益的主体责任与消费者诚实守信义务，提出消费者权益保护的工作机制和管理要求。

虽然银行理财规模整体而言仍较为平稳、发展动力充足，但是本次市场冲击反映了银行理财在净值化转型后管理规模的复杂程度与管理能力仍有不匹配。关于净值化时代银行理财产品的升级方向，我们将在专题四中详细讨论。

• 公募基金：规模增速放缓，但仍然领跑资管子行业

2022年中国证券市场经历几次冲击，在整个资管行业规模普遍萎缩的大背景下，公募基金仍然保持稳健、逆市增长，总规模达35.5万亿元，较2021年末增长3%。规模占比从26%提升至

① 《中国银行业理财市场年度报告（2021年）》。
② 《中国银行业理财市场年度报告（2022年）》。
③ 《中国银行业理财市场年度报告（2022年）》。
④ 《中国银行业理财市场年度报告（2022年）》。

27%，仍领跑资管子行业。从增长来源看，公募基金增速放缓是资金流入放缓和市场表现不佳所致。2022年公募基金资金流入1.1万亿元，较2021年流入减少1.9万亿元，同比下降63%。①从基金类型来看，权益类基金②规模下跌是公募基金增速放缓的主要原因，债券型基金规模则相对稳定。2022年权益类基金规模为7.1万亿元，较2021年下降16.7%，规模占比从33.6%降至27.4%。而货币基金、债券基金、QDII基金的规模则均保持增长。货币型基金规模达10.5万亿元，同比增长10.6%，增速低于上年17.3%的水平。但由于其他类型基金规模相对较小、增幅更小，货币基金规模占比从37.1%增至40.3%。债券基金规模同比增长13.2%，达7.8万亿元，占比由27.0%升至30.0%（见图1-3）。③基金总数量逆势扩容，正式破万只。截至2022年末，公募基金总数达10431只，较上年同期增加1257只。投资收益方面，在2022年A股三大指数齐齐下跌的大背景下，公募基金整体亏损1.49万亿元，按产品规模加权平均收益率为-3.13%。其中，非货币基金亏损1.69万亿元，按产品规模加权平均收益率为-3.55%，仅三分之一的基金获得正收益。④监管方面，监管部门颁布一系列文件鼓励产品及业务创新、适度松绑准入限制、优化投资人保护机制，以推动行业有秩序差异化发展，形成良好优胜劣汰氛围。整体来看，中国公募基金市场仍保持较强活力，外部条件与自身能力预计将推动未来增速恢复，然而基金公司赚钱、基民不赚钱的问题仍亟须解决。

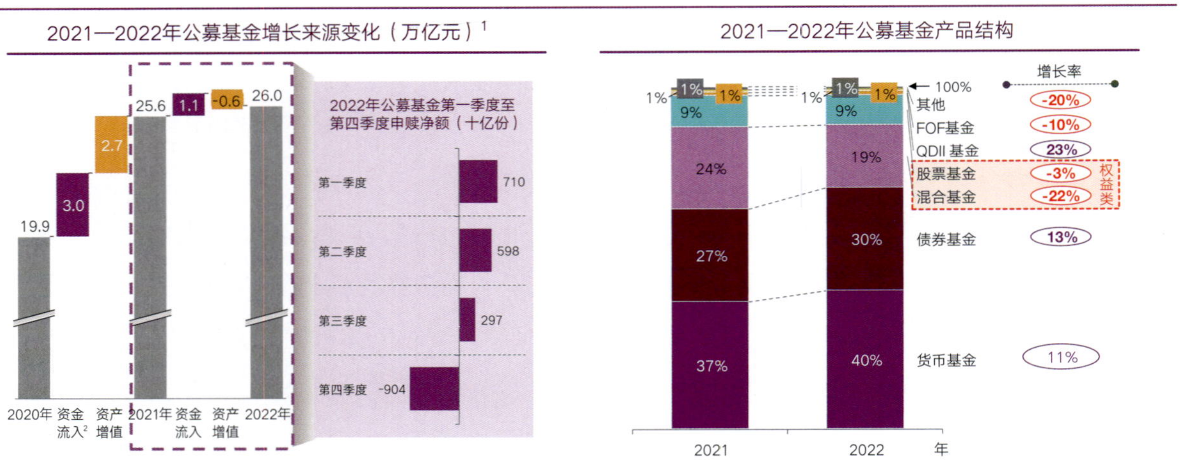

注：1. 包括所有公募基金。
2. 全年资金流入等于各季度值的加总，单季度净流入等于单季度申购赎回净额乘以单季度平均复权单位净值。

图1-3　市场冲击下第四季度公募基金大幅流出，权益类基金跌幅最大

（资料来源：Wind、BCG分析）

① Wind。
② 包含混合基金与股票基金。
③ Wind。
④ Wind。

• 信托：规模基本维持稳定，回归本源转型持续深化

2022年末，资金信托规模为15.03万亿元，较2021年末微增265亿元，近年来首次实现正增长。随着资管新规过渡期的结束，信托行业的整改进入收官阶段，规模也逐步进入平稳状态，通道类、传统业务进一步压降，为业务分类改革做好准备。从资金来源看，截至2022年末，以通道类业务为主的单一资金信托规模继续压缩至4.02万亿元，与上年末相比降幅为8.92%，较2021年明显收窄，占比降至19.03%。集合资金信托规模为11.01万亿元，比上年末增长3.97%，占比提升至52.08%。单一资金信托规模持续压降，并且降幅也逐步回落，表明信托业按监管要求"去通道"已经取得实质效果。资金从房地产等传统业务领域涌向证券市场是资金信托规模维持稳定的主要原因。从资产投向来看，在房地产压降和非标转标背景下，截至2022年末，投向证券市场的资金信托余额为4.36万亿元，较上年同期增长1万亿元，同比增幅为29.8%，占比在2022年第四季度末升至峰值，为28.99%，同比上升6.62%。其中，债券类投资逆势规模暴涨45.82%，达3.43万亿元，主要是大量投资机构如理财公司等选择信托做资产服务导致。而其他主要投向规模均发生不同程度缩水。如规模较大的工商企业、基础产业、房地产领域等传统信托业务规模进一步下降，分别较上年规模下降5.5%、6.1%、30.5%。投资收益方面，受股市波动与债市调整的影响，2022年信托业累计实现投资收益79.3亿元，同比下降73.52%。①监管方面，银保监会明确信托业务将被划分为资产服务信托、资产管理信托、公益慈善信托三大类，自2023年6月1日起实施。其中，资产管理信托分为固定收益类资产管理信托、权益类资产管理信托、商品及金融衍生品类资产管理信托和混合类资产管理信托四个类别。信托业务分类改革对于行业具有里程碑式的意义，相关政策明确了信托将进一步在业务层面与其他资管机构看齐的趋势，信托业务将迎来新的发展空间。

• 券商资管：通道业务持续压降，公募化转型加速

截至2022年末，证券行业资产管理业务规模为6.87万亿元②，同比下降16%，与上一年4%的降幅相比呈现加速下滑趋势。2022年通道业务规模持续压降，证券公司单一资产管理计划规模较2021年末降低29.5%，至3.1万亿元。行业主动管理规模排名前20的机构主动管理规模占比平均值高达84%。③20家机构合计主动管理规模较2021年增长52.4%，与上年同期增速相当。为争夺财富市场份额，券商资管加速布局公募赛道，主要抓手有两种：一是获取公募牌照，截至2022年末，取得公募基金牌照的券商及其资管子公司共有14家；二是大集合参公改造，按基金转型生效日计算，截至2022年末，券商及其资管子公司完成239只大集合产品的公募化改造。同时，券

① 中国信托业协会。

② 中国证券投资基金业协会。此处为"证券公司及其子公司私募资产管理业务规模"，不含证券公司管理的养老金。

③ 中国证券投资基金业协会。此处为2022年第四季度"证券公司私募主动管理资产月均规模前20家"月均主动管理规模占证券公司月均私募资产管理规模之比。

商也在积极设立资管子公司，以更好地协同业务资源、拓宽券商业务范围，并以此进一步提升市场占有率。2022年，中信证券、申万宏源、万联证券、国金证券等先后被证监会核准设立资管子公司。全市场券商资管子公司扩容至25家。[①]

- **保险资管：延续稳步增长趋势，业务扩张布局进一步成熟**

截至2022年末，保险资管总规模同比增长9.6%，至26.2万亿元。[②]监管进一步从资产、投资、运营等方面规范保险资产管理。委托投资方面，监管部门明确委托投资适用主体和投资范围，压实委托人责任与受托人主动管理责任。产品创设方面，深圳证券交易所发布指引文件将保险资产管理公司纳入了资产证券化（ABS）及不动产投资信托基金（REITs）业务主体，有助于充分利用保险资产管理公司丰富的投资、管理、运营经验，促进ABS及REITs业务平稳健康发展。可投范围方面，银保监会发布通知拓宽可投资金融产品范围，取消产品外部信用评级要求等。股东结构和公司治理方面，银保监会宣布取消外资保险股东持股比例上限。

- **私募基金：规模增长陷入停滞，行业持续整顿优化**

受到股债双杀影响，截至2022年末，全市场存续超过14.5万只私募基金，规模稳定在20.3万亿元。头部集中效应持续，风险机构被有序清理。在坚持“优胜劣汰”“出大于进”的结构调整趋势下，头部百亿元私募基金管理人数量同比增长1.5%，而存续的私募基金管理人数量整体同比下降 3.8%。全年注销私募管理人2217家，为上年同期的2.2倍。从私募基金类型来看，2022年受股债双杀影响，私募证券规模从6.3万亿元下降至5.6万亿元，缩水11%。规模下降主要是由于股票策略年内收益惨淡，多资产策略、组合基金的业绩表现相对平淡造成。私募股权从10.7万亿元微增至11.0万亿元。创业投资基金增幅较大，从2.4万亿元增长至2.9万亿元，全年增幅达20.8%，但增速较上年40%的同期水平下降。[③]从监管来看，2022年监管机构主要通过三个方面优化私募基金质量：一是提高私募管理人自律要求，中国证券投资基金业协会发布文件列举经营异常机构的七种情形，明确惩罚与退出机制，推动私募基金行业优胜劣汰；二是收紧管理人准入审核，中国证券投资基金业协会与监管部门进一步推进“严控准入”策略，坚持行业整顿优化；三是细化私募资金业务指导，除以上严控要求外，中国证券投资基金业协会也发布一系列指导文件，如《私募基金管理人登记和私募投资基金备案业务办事指南》等，帮助私募资金管理人自发规范业务。

---

① Wind。

② 2022年保险资管总规模增速基于11家头部保险资管公司的增速推算；2022年11家保险资管公司总规模为19.4万亿元，同比增长9.6%（11家机构2021年资管规模占行业总规模的74%）。

③ 中国证券投资基金业协会。

• 期货资管：市场波动冲击，规模占比依旧较低

2022年中国期货资管市场受到整体市场波动影响，一反过去几年的高速增长趋势，迎来近年内的规模首降。截至2022年12月末，国内期货资管规模合计3147.06亿元，规模同比下降11%。①

• 外资资管机构：各类型机构持续获批，坚持对外开放决心不变

银行理财方面，2022年10月，农银理财与法国巴黎银行在中国设立的理财公司已获批。截至2023年3月，工行、农行、中行、建行、交行5家大型商业银行全部成立合资理财公司。另外，中邮理财拟与德意志银行成立合资理财公司。公募基金方面，2022年末，此前一度停滞的公募基金审批重新放开，包括宏利金融集团获批全资控股泰达宏利基金、摩根大通获批全资控股上投摩根基金、摩根士丹利获批全资控股摩根士丹利华鑫基金，路博迈、富达相继获批开业，施罗德获核准设立。从审批时间上看，符合条件且准备充分的外资公募申请获批时间为2~3年，与中资公募申请时间类似。这足以证明，中国资管市场坚定推进对外开放的决心不变。保险资管方面，2022年8月，中国银保监会取消保险资产管理公司的外资持股比例上限。保险资管将更加市场化，有利于推动保险资管公司为资本市场提供长期“活水”。私募方面，人民币资金竞争局势加剧。华平投资、汉领资本、路威凯腾、亚赋资本、红杉中国纷纷推出人民币基金。海外资金投资中国市场热情持续升温。2022年，全市场QFII机构共742家，遍及阿联酋、英国、法国、韩国等多个国家和地区。②跨境投资方面，“沪深港通”的北向资金在整个2022年仍然保持净流入900亿元。随2021年“跨境理财通”正式启动试点，大连商品交易所已有11个特定品种可以直接引入境外交易者参与交易，14个期货和期权品种已向合格境外投资者打开大门。来自23个国家和地区的境外交易者参与大连商品交易所11个境内特定品种交易的日均持仓达15.49万手。③外资持股方面，截至2023年3月，QFII机构已现身12家A股上市公司的前10大流通股股东，其中8家为QFII机构新进，此外还有2家获增持。④

---

① 中国证券投资基金业协会。

② 中国证券投资基金业协会。

③ 大连商品交易所。

④ Wind。

• 2022年资管行业主要监管举措列表

表1-1　2022年及2023年第一季度资管行业主要监管举措列表

主题或适用机构	时间	发布机构与政策	监管目的	主要内容
资管新规配套	2022年5月25日	财政部:《资产管理产品相关会计处理规定》	进一步明确适用《关于规范金融机构资产管理业务的指导意见》(银发〔2018〕106号）的资产管理产品的会计处理，提高会计信息质量	针对资产管理产品的会计处理给出了更为全面、详细的指引，包括会计处理规定、会计科目设置和主要账务处理以及会计报表格式等
银行理财	2022年8月22日	中国银保监会:《理财公司内部控制管理办法》	加强金融法治建设，推动理财公司依法合规经营和持续稳健运行，履行受托管理职责	要求理财公司建立全面、制衡、匹配和审慎的内控管理机制和组织架构
银行理财	2022年11月11日	中国银保监会:《中华人民共和国银行业监督管理法（修订草案征求意见稿）》	修改《中华人民共和国银行业监督管理法》，落实健全金融法治的决策部署，提升金融监管透明度和法治化水平	界定包含理财公司在内的监管对象和范围，提高对股东、实际控制人违法违规行为的打击力度，健全风险处置机制，完善早期干预制度
银行理财	2022年12月30日	中国银行业协会:《中国银行业理财业务自律规范》《理财产品业绩比较基准展示行为准则》	保护投资者和金融消费者合法权益，规范理财产品展示业绩比较基准行为	强调理财产品业绩比较基准应严格区别于预期收益率，不具有约定收益的含义
银行理财	2022年12月30日	中国银保监会:《银行保险机构消费者权益保护管理办法》	维护公平公正的金融市场环境，切实保护银行业保险业消费者合法权益	明确银行保险机构承担保护消费者合法权益的主体责任与消费者诚实守信义务，提出消费者权益保护的工作机制和管理要求
公募基金	2022年4月1日	中国证监会:《证券基金经营机构董事、监事、高级管理人员及从业人员监督管理办法》	规范证券基金经营机构人员的任职管理和执业行为，促进机构合规、稳健运行，保护投资者的合法权益	全面规定证券基金经营机构人员的任职要求、执业规范和机构主体管理责任
公募基金	2022年4月26日	中国证监会:《关于加快推进公募基金行业高质量发展的意见》	构建公募基金行业新发展格局，解决行业内专业能力适配性不够、文化建设薄弱、结构不平衡等问题	从积极培育专业资产管理机构、全面强化专业能力建设、着力打造行业良好发展生态、不断提升监管转型效能四个方面，提出16项具体建议，指导公募基金行业迈向高质量发展
公募基金	2022年5月20日	中国证监会:《公开募集证券投资基金管理人监督管理办法》及其配套规则	推进公募基金行业高质量发展，进一步提高公募基金行业服务能力，构建多元开放的行业生态，保护基金份额持有人合法权益	完善基金管理公司设立与股东条件，提升公募基金管理人合规风控能力，构建基金管理公司长期激励约束机制，建立公募基金管理人退出机制，支持基金管理公司实现差异化发展

续表

主题或适用机构	时间	发布机构与政策	监管目的	主要内容
信托	2023年3月23日	中国银保监会：《关于规范信托公司信托业务分类有关事项的通知》	防控风险，巩固乱象治理成果，引领信托业发挥信托制度优势创新转型，实现行业高质量发展	明确信托业务分类标准和具体要求，将信托业务分为资产管理信托、资产服务信托、公益/慈善信托三大类；落实信托公司主体责任；强化监管引领
保险资管	2022年5月9日	中国银保监会：《关于印发保险资金委托投资管理办法的通知》	进一步规范保险资金委托投资行为	明确委托投资适用主体和投资范围，压实委托人责任，强化受托人主动管理责任
保险资管	2022年5月13日	中国银保监会：《关于保险资金投资有关金融产品的通知》	进一步优化保险资产配置结构，提升保险资金服务实体经济质效，防范投资风险	拓宽可投资金融产品范围；取消产品外部信用评级要求，引导机构落实风险管理主体责任；要求保险机构依据产品基础资产的性质穿透具备相应投资管理能力；规范投资单一资管产品行为；完善投后管理要求
保险资管	2022年8月5日	中国银保监会：《保险资产管理公司管理规定》	强化保险资产管理公司监管，促进保险资产管理行业高质量发展	优化股东结构，取消外资保险公司持股比例上限；强化公司治理、风险管理；优化经营原则及相关要求；增补监管手段和违规约束
保险资管	2023年3月3日	中国证监会指导证券交易所制定《保险资产管理公司开展资产证券化业务指引》	明确保险资产管理公司申请开展ABS及REITs业务的制度机制安排	扩展企业ABS管理人范围；规范ABS业务申请条件及申请程序，加强证券交易所对保险资产管理公司开展ABS及REITs业务的自律监管
私募基金	2022年1月30日	中国证券投资基金业协会：《关于加强经营异常机构自律管理相关事项的通知》	提升私募基金规范化运作水平，构建私募基金行业优胜劣汰的退出机制，维护投资者及相关当事人权益	列明七类经营异常机构的情形，并明确每种情形下私募基金管理人应采取的自律管理措施
私募基金	2022年6月24日	中国证券投资基金业协会：《私募基金管理人登记和私募投资基金备案业务办事指南》	为私募基金管理人办理各种业务提供详实细致的指导	针对各项业务，详细阐明了办理该业务的设定依据、申请条件、申请材料、办理程序、办理时限等具体事项
私募基金	2023年2月20日	中国证券投资基金业协会：《不动产私募投资基金试点备案指引（试行）》	规范私募投资基金从事不动产投资业务，更好地支持盘活不动产，促进不动产市场平稳健康发展	遵循试点先行、稳妥推进的原则，明确不动产投资范围及试点管理人要求，从基金募集、投资、运作、信息披露等方面进行规范

续表

主题或适用机构	时间	发布机构与政策	监管目的	主要内容
对外开放	2022年6月24日	中国证监会：《关于交易型开放式基金纳入互联互通相关安排的公告》	进一步深化内地与香港股票市场交易互联互通机制，促进两地资本市场共同发展	明确内地与香港股票市场交易互联互通机制拓展至交易型开放式基金，相关制度安排参照股票互联互通，明确投资者识别码安排，明确证券公司、公募基金管理人相关要求及业务实施细则相关安排

资料来源：BCG分析。

1.3 资金端：零售仍居主导，养老迎来增量

2022年中国资管行业资金端结构保持稳定（见图1-4）。零售资金贡献54%的资金，仍居主导地位。然而受宏观经济放缓和市场波动影响，居民个人金融资产增配存款以加强防御，因此零售资金整体增速放缓，大众资金更是出现1%的下滑。在机构资金中，养老金继续保持高速增长，第三支柱制度的正式落地更是带来了长期增量资金；企业资金在低利率时代迎来结构性机遇，增配标准化资管产品和财务性股权投资；银行资金则受银行理财规模下降影响，小幅下滑0.1%。

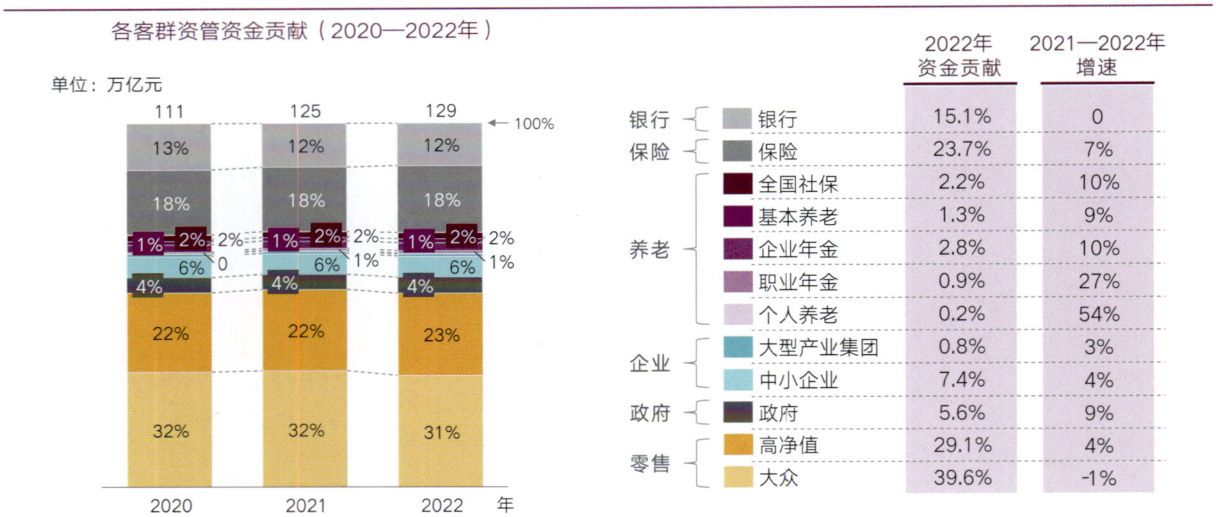

注：资金端总额不含通道、嵌套业务的多重计算，因此小于机构端市场规模。

图1-4 资金端：整体稳定，零售资金回流，养老三支柱新政开启，企业资金加速

（资料来源：BCG2022年中国资产管理市场模型、BCG分析）

零售资金增速放缓，客户结构加速分化。零售资金较2021年同比仅增长1%，规模达69万亿元。2022年，受经济不确定性加剧和资本市场波动影响，居民储蓄规模大幅增长，大众零售个人金融资产中配置资管产品的比例出现小幅下滑，导致大众资金下降1%。长期来看，我们预计居民财富积累、金融资产配置比例与资管渗透率将持续增长，零售资金整体上涨势头不变。与此同时，零售客户结构也将加速分化，一方面财富分化、中枢转移，未来财富客群将贡献主要增长；另一方面需求分化、客群多元，各类客群体现出差异化需求，对解决方案型投资的需求也日趋增长。关于资管机构如何顺应趋势，升级服务模式，我们将在本书第四部分中详细讨论。

养老资金伴随第三支柱正式落地，迎来增量。2022年11月，中国个人养老金政策正式落地实施，36个城市（地区）入选养老先行城市（地区）。随后，个人养老资金账户可投资的储蓄、理财、基金、保险四类产品名录相继披露。中国个人养老金制度实行个人账户制并采用递延纳税优惠政策，参加人可自主选择购买符合规定的金融产品。这一制度的落地标志着中国资管机构养老金第三支柱赛道正式开启，个人养老金账户资金将成为市场中重要的长期资金来源。

企业资金在低利率时代出现结构性机遇。在低利率时代，企业客户可投资金规模攀升，主要原因是伴随融资成本、融资难度降低，企业可支配资金充裕；叠加经济活动放缓，企业资金活化程度较低，从而释放出闲置资金。同时，资管新规落地后，标准化投资越来越为企业客户所接受，资金逐步从保本理财和信托产品转移至净值型银行理财产品和券商资管。未来，与企业客户绑定较深的银行理财和券商资管可继续发力企业客户。此外，在一级市场投资中，企业客户为提升资金使用效率，逐步增加财务性股权投资。2022年中国股权投资市场新募人民币基金LP中上市公司和非上市公司合计出资金额占全市场的近30%。[①]

1.4 渠道端：理财开放多元，公募再现变局

• 银行理财代销渠道：开放化、多元化趋势明显

2022年，银行理财母行代销金额占比从90%降至87%。理财公司合作代销机构数量快速上升。截至2022年末，共有328家机构[②]实际代销了理财公司发行的理财产品，较上年同期97家的水平增长了238.1%。[③]29家理财公司中有25 家理财公司打通了行外代销渠道，只有4 家理财公司的理财产品仅由母行代销。可以看出，理财公司正不断拓展母行以外的代销渠道。但银行理财直销业务仍在起步阶段，目前共16家理财公司开展了直销业务，全年累计直销金额0.26万亿元。[④]

---

① 清科研究中心。

②《中国银行业理财市场年度报告（2022年）》。

③《中国银行业理财市场年度报告（2021年）》。此处指实际开展代销业务的97家银行机构。

④《中国银行业理财市场年度报告（2022年）》。

跨行代销趋势持续，且目的不断丰富。目前，银行代销主要包括三个目的：一是通过跨行代销补充产品短板，强化交叉销售以及提升客户服务能力；二是借助跨行代销实现现金管理产品的产品创新和收益优化；三是将跨行代销作为参与理财业务的主要途径。

- 基金代销结构：券商渠道异军突起，抢占银行与线上三方渠道份额

2022年，在非货币市场基金保有规模上，券商渠道份额占比从2021年的12%上升至18%，线上三方平台从34%降至32%，而银行份额从53%降至49%。券商渠道份额占比快速增长主要有两大原因：一方面，券商财富管理转型使其投顾实力较银行和第三方平台更有优势，产品类型更加多样，客户触达更加灵活；另一方面，券商渠道的客群整体风险偏好更高，波动市场下更不容易冲动赎回。以上特征让券商渠道更适应当下动荡的市场环境。分季度来看，券商渠道规模在2022年第一季度至第三季度都保持稳定增长，从1.2万亿元增长至1.4万亿元。券商渠道份额占比前三个季度维持在16%水平，而在股债双杀的第四季度规模未下跌，份额占比逆势增长至18%。银行渠道规模全年先增长后下滑，全年份额占比也在缓慢下跌但相对稳定，第四季度因整体代销规模降低导致份额占比逆势拉回至49%。线上三方渠道规模在第四季度大跌0.3万亿元，规模下降13%，在代销渠道份额中占比下跌3%。[①]这正体现了渠道对接的客群面对市场波动的心理与行为差异。券商客户中股民较多，对市场波动较为熟悉；银行次之。而线上三方渠道对接的客群对于市场波动相对认知不完善、承受能力较低，导致线上三方渠道份额大跌（见图1-5）。

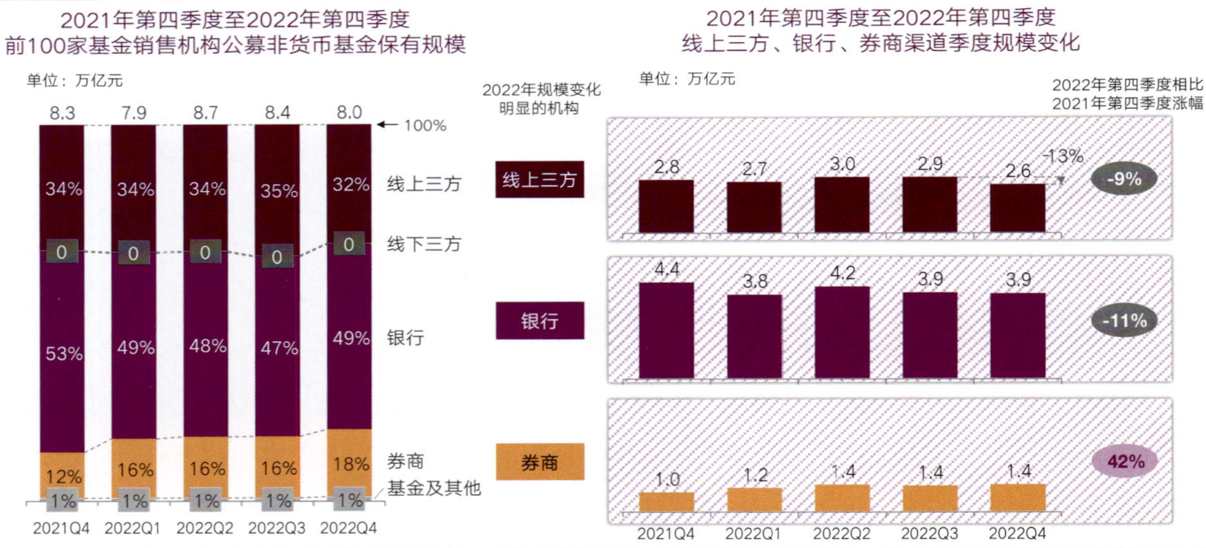

图1-5　券商渠道占比提升，线上三方渠道规模下降

（资料来源：中国证券投资基金业协会、BCG分析）

① 中国证券投资基金业协会。

• 基金机构代销：随市场拓展深化而崛起

公募代销中面向机构的代销业务近年来增速迅猛。2022年公募基金机构代销规模达1.1万亿元人民币，较2020年机构代销总规模复合年增速高达80%。机构代销在各资管机构的公募投资规模中渗透率持续提升，从2021年的11%提升至19%。其中，在银行理财子公司的渗透率提升最快，从2020年的3%提升至2022年的19%（见图1-6）。[①]机构代销份额提升受三大因素驱动：第一，随着整个市场扩容，机构通过直销渠道购买公募基金的开户、交易等环节较为烦琐，而机构代销提供的第三方系统可提升相应环节效率；第二，机构代销平台可提供运营支持、投研与咨询等传统的增值服务；第三，机构代销平台可进一步提供纯个性化定制、资源整合互换等服务，进一步强化了与机构的关系。

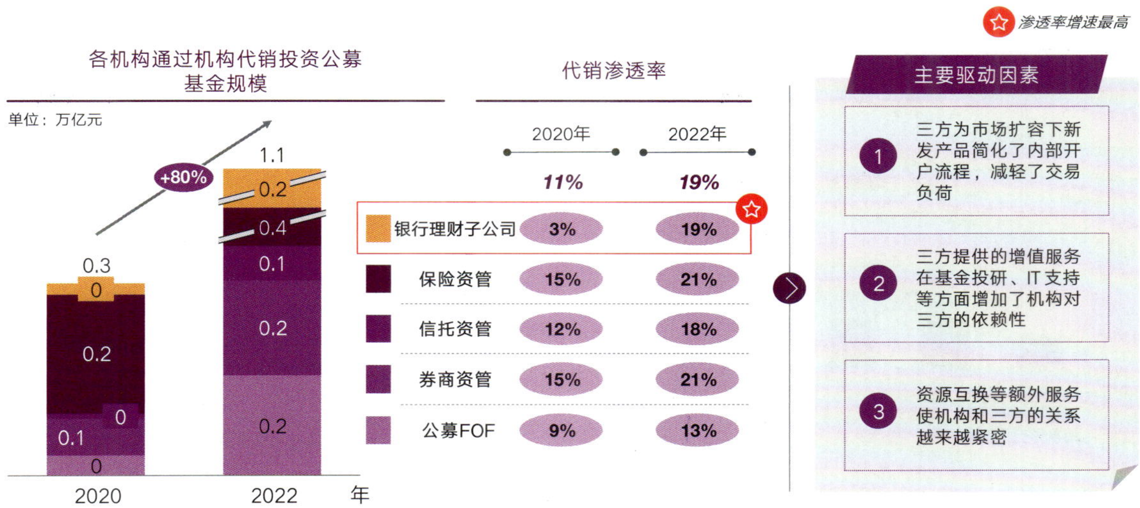

图1-6　公募机构代销规模持续增长，渗透率快速提升

（资料来源：中国证券投资基金业协会、BCG分析）

• 基金投顾业务：发展进程持续，但仍处于探索阶段

截至2021年末，共有60家机构获得了基金投顾试点资格，包括25家基金及基金子公司、29家证券公司、3家第三方销售机构、3家商业银行。其中54家试点机构已经展业，涉及440万个账户，95%为小微账户（10万元以下），管理规模合计近1200亿元，基金投顾业务进一步发展。[②]三方基金投顾方面，买方投顾转型初见成效的盈米基金等三方机构在市场整体下行期间实现了非货币基金保有量的逆势增长，体现了基金投顾业务的价值。政策方面，2023年3月，中国证券投资基金业协会正式发布《公开募集证券投资基金投资顾问服务协议内容与格式指引》与《公开

① BCG 2021年中国资产管理市场模型。
②《中国基金投顾蓝皮书2022》。

募集证券投资基金投资顾问服务风险揭示书内容与格式指引》，进一步推动行业基础设施逐步完善，为投顾服务发展提供沃土。但是，当前中国投顾牌照覆盖机构和资产类别有限，商业驱动力欠佳，仍处于探索阶段。与其他资管财富类牌照如基金销售、基金管理人牌照相比，中国基金投顾牌照数量最少。在保护投资者权益的大前提下，投顾牌照广泛化仍待加速，以更好地实现投资者与机构利益一致。

1.5 产品端：被动逆市增长，创新持续扩容

2022年股市、债市波动，大量产品规模均发生不同程度下跌。但主动型固收产品、股票指数型基金、公募货币基金、QDII基金仍逆市增长，凸显此类资产优越的抗周期能力。随着个人养老金政策的落地，创新产品中个人养老基金与理财大量发行。国家坚定可持续发展路线，深入挖掘内生资源，ESG和REITs产品与资产进一步丰富（见图1-7）。

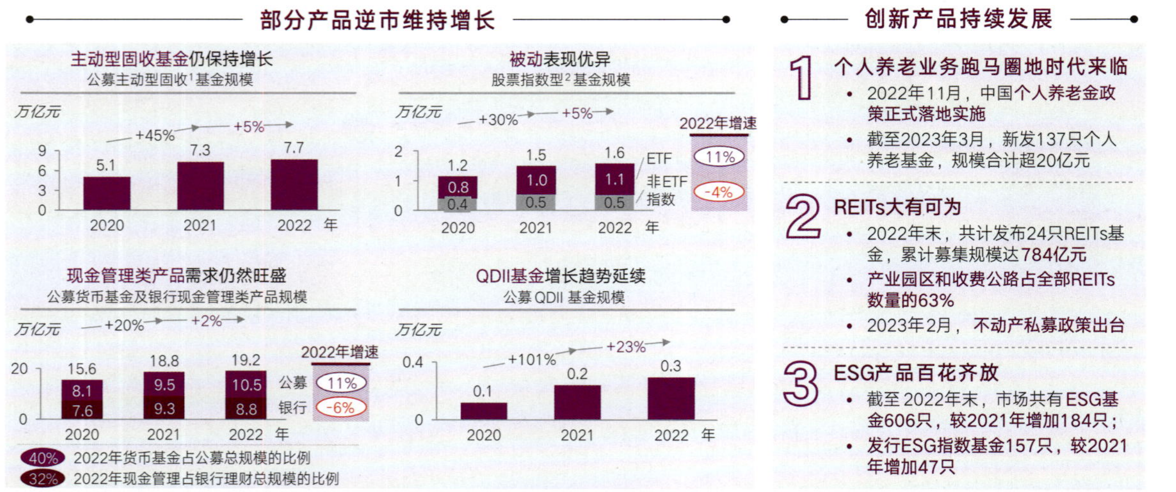

注：1. 主动型固收基金包括中长期纯债型基金、短期纯债型资金、“固收+”（混合债券型一级基金、混合债券型二级基金、偏债混合型基金）、债券FOF基金。

2. 股票指数型基金包括被动股票指数型基金、增强股票指数型基金。

图1-7 产品端：股票指数型逆市增长、现金管理需求仍旺、创新持续扩容

（资料来源：中国证券投资基金业协会、《中国银行业理财市场年度报告（2022年）》、Wind、中国责任投资论坛、《2022年中国责任投资年度报告》、BCG分析）

• 主动型固收产品仍保持增长

2022年受股市、债市波动影响，主动型固收产品受到一定冲击，但仍保持增长态势，表现远优于权益类产品。公募基金方面，截至2022年末公募主动型固收基金净值规模为7.71万亿元，较2021年增长5.2%。纯债产品表现亮眼，为规模增长主力。虽然2022年第四季度债市大幅波动

引发了债券基金大规模赎回潮，纯债产品创2020年7月以来最大回撤，但中长期纯债基金和短期纯债基金规模相较2021年分别仍增长5.0%与26.7%。其中，利率债型产品回撤较小，票息策略相对占优；可转债基金因受权益资产低迷表现的影响规模缩水。“固收+”产品因配置权益类资产而出现较为明显的回撤。“固收+”基金管理净规模为2.17万亿元，较2021年末微增106亿元，增幅为0.5%，较2021年94.0%的增速大幅放缓。细分来看，一级债基表现较好，较2021年同期增长204.45%，是“固收+”基金规模在市场波动下仍然微增的主要原因。而偏债混合型基金与二级债基受到市场波动影响较大，同比分别下跌35.05%、11.08%[①]，是造成总体规模增速放缓的主要原因。从监管来看，近年来规模迅速扩张的“固收+”产品迎来强监管：证监会加强了投资端含权部分的监管，将“固收+”产品投资范围中的可转债算入权益资产范围，并明确“固收+”产品权益类资产比例需在10%~30%之间，防止概念被市场滥用，以便投资者在进行理财时更为精准地匹配到符合自身需求的基金。债券型FOF发展迅速，截至2022年已发行11只产品，规模合计41.2亿元，数量和规模分别较上一年末增长450.0%和595.6%。

• 股票指数型基金表现优异，整体规模再创新高

2022年沪深300指数下挫22%，股票指数型基金则逆市增长，规模较2021年末增长5%，达1.6万亿元。其中，股票型ETF产品贡献主要增长，规模增速达11%，截至2022年末，总规模突破万亿元大关至1.1万亿元；非ETF股票型指数基金规模则下降4%。股票型ETF的规模增量主要来自新发产品，全年共新发99只产品，合计发行规模达1213亿元。[②]

• 现金管理类产品需求仍然旺盛

规模上，截至2022年末资管行业现金管理类产品的总规模为19.21万亿元，同比增长2.3%，较2021年约20%的增速水平有所放缓。结构上，银行理财现金管理类产品2022年末存续规模为8.76 万亿元，较上年同期小幅下降6.05%，占全部银行理财产品存续规模的比例降至31.68%。同期货币市场基金规模增加至10.45万亿元，同比增长10.6%。货币基金占公募基金总规模的比例达40%，远高于美国22%的水平。[③]

规模和结构变化的背后存在两大因素：一是避险情绪下，国内投资者对现金管理型产品的需求仍然旺盛；二是银行理财现金管理产品监管下，银行理财公司主动压降，相关需求从银行理财转向货币基金。

① Wind。
② Wind。
③ Wind，《中国银行业理财市场年度报告（2022年）》，Simfund。

- **QDII增长趋势延续**

近年来，为解决公募基金产品同质化问题、响应投资者全球化分散风险的需求，公募基金出海进程加快，QDII基金发行热情高涨，整体规模高速增长。截至2022年末，QDII基金总资产净值为2953亿元，几乎是2020年规模的三倍。[①]2022年QDII规模虽较上年同期超100%的增速大幅放缓，但仍然增长22.9%，在经济波动、全球承压的背景下仍然表现强劲。从净值表现来看，2022年收益排名前10的公募基金中，QDII基金占7席。QDII基金头部效应明显，业绩首尾相差悬殊，头部基金主要为股票型，并集中在油气行业。[②]

- **个人养老金制度落地，养老产品对于第三支柱发展不可或缺**

2022年，养老基金产品中目标风险基金规模占比首降，目标日期基金规模保持稳定（见图1-8）。截至2022年末，养老目标风险基金规模达687.0亿元，但受2022年市场波动影响，较2021年规模缩水26.1%，在目标基金中的占比为78%。养老目标日期基金规模达195.1亿元，较2021年170.4亿元的规模增长14.5%。其规模占比出现2018年来的首次增长，较2021年水平增长7%。除净值下跌外，2022年目标风险基金规模下降也与中国投资者的短期投资偏好有关。低迷的市场让对风险容忍度低的投资群体选择不再购买目标风险基金，从而导致目标风险基金规模大幅下降。随着个人养老政策落地，2022年1月至2023年3月共计新发行86只养老目标日期基金，占目前所有目标日期基金数量的54%，可以看出目标日期基金进入新的创设期。养老理财突破千亿元规模，与养老基金规模相当。截至2022年末，各机构共计发行养老理财产品50只，累计购买金额1002.95亿元。[③]

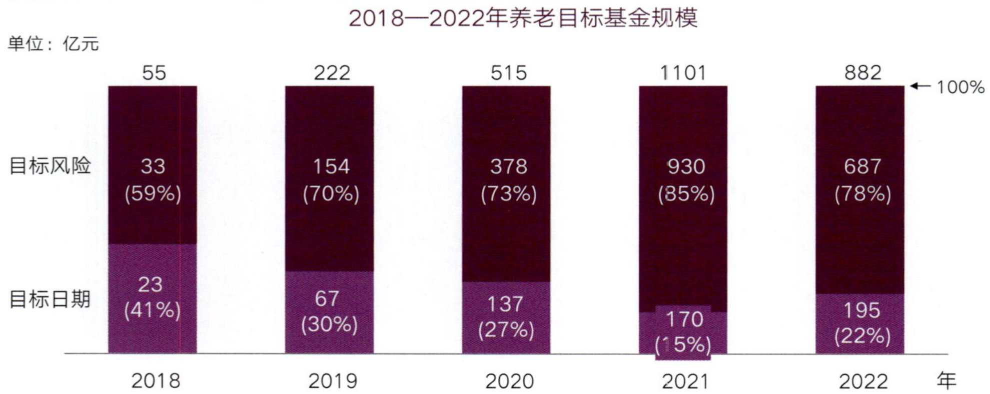

图1-8　养老目标风险基金规模占比自2018年以来首降

（资料来源：Wind、BCG分析）

① Wind。
② Wind。
③ Wind。

随着个人养老金账户制度落地，个人养老金业务跑马圈地时代将要来临。截至2023年3月，个人养老金政策实施三个月来，个人养老金参加人数已达到2817万人，已批准了137只公募基金、18只理财产品、19个商业养老保险、465个储蓄存款等个人养老金投资产品。[①]养老基金包括新发的133只养老基金Y类份额产品以及2只增设Y类份额的养老目标基金，规模合计超20亿元。[②]从业绩表现看，或得益于成立于市场底部时期，大部分产品自成立以来均取得正收益。养老基金产品拥有低、中、高多种风险布局，而养老理财产品整体为稳健风格，普遍持有期偏长，封闭期在1~5年之间，以固收类产品为主，投资组合注重安全边际。整体而言，随着人口老龄化，国家对养老第三支柱需求日益迫切，以及个人养老金制度逐渐完善，养老产品的资金流入将会增大，养老产品将会面对持续的市场需求并拥有广阔的发展空间。在专题三中，我们将对比国内外个人养老金制度的核心差异并分析海外领先机构经营个人养老金业务的成功模式和经验，以供国内资管机构开展个人养老金业务时借鉴。

• 不动产投资未来大有可为

2022年内，沪深交易所共发行上市基础设施领域不动产投资信托基金（REITs）13只，其中创新REITs有7只，募集资金419亿元，较2021年募集规模上涨16.4%。截至2022年末，市场上共有REITs产品24只，募集规模合计784亿元，相比2021年末数量和规模分别增长118.2%和115.4%，显示出公募REITs市场正处于快速增长期。从资产类型来看，产业园和收费公路是发行数量最多的两种类型，两者占全部REITs数量的63%；同时也是规模最大的两类，其中收费公路REITs规模接近全部REITs的50%。资产扩充方面，响应2022年出台的《国务院办公厅关于进一步盘活存量资产扩大有效投资的意见》，REITs担负着国家盘活存量资产和推动基础设施建设的双重重任，未来预计基础资产类型也将进一步扩容。光伏发电、风电、水电等清洁能源领域，供热等市政设施领域，以及长租房和商业不动产等都有望发行REITs产品。产品发行方面，监管部门出台政策允许不动产私募投资基金发行。2023年2月，中国证券投资基金业协会发布《不动产私募投资基金试点备案指引（试行）》，允许符合要求的私募股权基金管理人在具备初步募资和展业计划的基础上设立不动产私募投资基金，引入机构资金。[③]

• ESG产品创新百花齐放

2022年，ESG产品延续爆发增长态势。公募基金方面，截至2022年末市场上有606只ESG基金，较2021年的422只增加了184只。但整体规模受市场波动影响，从超6000亿元水平回落至5000亿元水平。ESG指数产品数量从2021年的110只增加至2022年的157只。ESG银行理财产品方面，

① 中华人民共和国人力资源和社会保障部。
② 中国证券投资基金业协会。
③ 中国证监会。

市场上有32家银行发行134只ESG主题产品，但存续规模较小，仅1000亿元左右。银行ESG理财整体策略相较公募而言仍较为初级。从产品底层资产来看，市场整体仍以绿色信贷为主，结构仍然失衡。以可持续证券为例，其规模仅占中国ESG责任投资市场规模的12.5%。[①]整体而言，中国ESG投资市场发展迅猛，但仍属早期，未来仍需各方齐心协力，把握发展质量。

1.6 资产端：资产波动加剧，理财低波稳健

2020—2022年大类资产[1]收益回报情况

收益率	2020年	2021年	2022年
国债	+2.65%	+5.85%	+3.44%
信用债	+3.32%	+4.30%	+2.52%
货币基金	+2.58%	+2.93%	+2.34%
汇率	-6.47%	-2.29%	+9.24%
股票	+27.21%	-5.20%	-21.63%
商品	+7.41%	+20.94%	+19.66%

>20%　10%~20%　5%~10%　0~5%　-5%~0　<-5%

2020—2022年银行理财产品资产配置情况

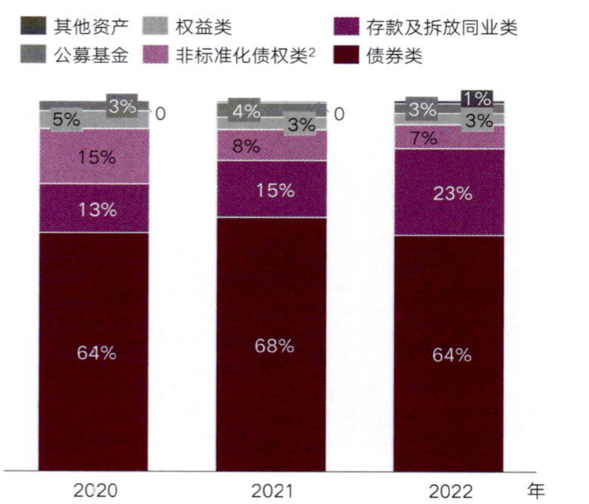

注：1. 各资产类别参考表现：国债——中债国债总财富指数，信用债——中债信用债总财富指数，货币基金——中债货基可投资债券财富指数，汇率——美元兑人民币汇率，股票——沪深300指数，商品——南华商品指数。
2. 根据《标准化债权类资产认定规则》，自2021年起，非标准化债权类资产统计口径相应调整。

图1-9　资产端：股票、汇率规模大幅波动，理财配置结构较为稳定

（资料来源：Wind、《中国银行业理财市场年度报告（2021年）》、BCG分析）

从大类资产回报情况看，2022年，国内各类资产在“三座大山”——疫情、地产和全球通胀带来的多国货币政策先后收紧的压制下激烈震荡，表现普遍不佳（见图1-9）。一是包括中国在内的全球股市下跌，是继2018年后表现最差的一年。截至2022年末，沪深300指数较2021年同期水平下跌21.63%。港股在10月一度跌回1997年时的估值。二是债券基本维稳。虽然随着各国加息政策利率上涨，全球债券市场普遍承压，但中国、日本央行由于未采取加息动作，债券市场受影响较小。中债国债总指数年内上涨3.44%，中债信用债指数年内上涨2.52%。中债货基指数年内上涨2.34%。三是美元兑人民币汇率上涨9.24%，取得近15年最大涨幅。在俄乌冲突、能源危机、粮食危机叠加背景下，美联储数次加息，致使全球资金向美国回流。南华商品指数2022年保持上涨趋势，2022年涨幅达19.66%。地缘冲突引发能源与粮食危机、全球通胀，使原油、有色

① 《2022年中国责任投资年度报告》。

金属等大宗商品全面上涨。

银行理财相对低波稳健。从资产配置看，债券类[①]资产仍是主要增配资产来源，但规模占比下降4个百分点至64%，存款及同业存单占比从15%提升至23%。配置变化的原因主要包括两方面：一是理财机构为了迎合零售客户的低风险偏好，逐步压降资产端风险，以应对净值化造成的产品波动加剧。信用债配置方面，银行理财对信用下沉趋于审慎，AA+评级以下信用债占全部信用债的配置比例较2018年末的18.5%累计下降7.9个百分点至2022年末的10.6%。从目前来看，理财产品已将资产端风险压降至较低水平。截至2022年末，风险等级为一级（低风险）、二级（中低风险）的产品规模占比分别为28.4%、60.4%，两者合计占比近90%。二是同业存单作为现金管理类理财产品的新工具，规模逐步上升。2022年，银行理财存款及拆放同业类资产占比达23%，较2021年占比增长8%。随着净值化转型纵深推进，“固收+”市场部分低风险偏好资金或回流，同业存单净值波动较小、风险收益特征清晰可控，能够满足低风险偏好投资者追求流动性和货币增强收益的需求。[②]

1.7 机构排名：整体排名提升，争创世界一流

根据国际机构IPE的2023年全球前500大资管机构排名，中国资管机构排名情况整体提升。全球排名领先的30家中国资管机构中，19家机构位次提升，1家机构首次进入IPE排名。跻身全球前100名的中国机构数量也由2021年的6家增长至2023年的1家。中国头部机构在全球中的最高排名提升，国寿资产连续3年保持中国资管市场管理规模第一名，在全球的排名由2022年的第38名提升至2023年的第31名（见图1-10）。

① 债券类包含“债券”“同业存单”资产；根据《标准化债权类资产认定规则》，自 2021 年起，非标准化债权类资产统计口径相应调整。

②《中国银行业理财市场年度报告（2022年）》。

2022年全球资管机构规模排名

排名	较2022年排名变化	公司	AuM（万亿元）[1]
1	→	贝莱德集团	59.8
2	→	先锋资产管理	50.1
3	→	富达投资集团	27.1
4	→	道富环球投资管理	24.2
5	→	摩根大通资产管理	19.4
6	↑	高盛资产管理	16.0
7	↓	美国资本集团	15.2
8	→	东方汇理资产管理	14.1
9	↑	太平洋投资管理	12.1
10	↓	纽约梅隆银行投资管理	12.0
11	→	励正投资管理	10.0
12	↑	景顺资产管理	9.8
13	↑	富兰克林邓普顿基金	9.6
14	↓	保德信全球投资管理	9.6
15	↑	摩根士丹利投资管理	9.1

排名	较2022年排名变化	公司	AuM（万亿元）[1]
16	↓	普信集团	8.9
17	→	威灵顿投资管理	8.0
18	→	法国外贸投资	8.0
19	↑	纽文资产管理	7.6
20	↑	瑞银资产管理	7.4
21	↓	北方信托	7.2
22	↑	百仕通	6.8
23	↑	晶洞资本	6.4
24	↑	施罗德投资管理	6.2
25	↑	安盛投资管理	6.1
26	↓	德意志银行资产管理	6.1
27	↓	三井住友资产管理	6.0
28	↓	远见投资	5.5
29	↓	保德信固定收益	5.2
30	↑	嘉信投资管理公司	5.0

2022年全球排名领先的30家中国资管机构

✪ 首次进入榜单

排名	较2022年排名变化	公司	AuM（万亿元）[1]
31	↑	国寿资产	4.8
36	↑	平安资管	4.6
64	↑	泰康资产	2.8
67	↑	易方达基金	2.8
71	→	招银理财	2.7
85	↑	兴银理财	2.1
91	↓	建信理财	1.9
97	↑	南方基金	1.8
99	↑	华夏基金	1.8
100	↓	农银理财	1.8
102	↓	工银理财	1.8
103	↑	中银理财	1.8
105	↓	工银瑞信	1.7
106	↑	嘉实基金管理	1.7
110	↑	广发基金	1.6

排名	较2022年排名变化	公司	AuM（万亿元）[1]
112	↓	博时基金	1.6
113	✪	信银理财	1.6
119	↑	太平洋资管	1.5
120	✪	新华资产管理	1.5
121	↑	招商基金	1.5
122	↑	人保资产	1.5
124	↑	建信基金	1.4
126	↓	中信证券	1.4
131	↑	富国基金	1.4
142	↑	太平资产	1.2
145	↑	光大理财	1.2
151	↑	天弘基金	1.1
153	↓	汇添富基金	1.1
154	↑	鹏华基金	1.1
155	↓	长江养老保险	1.1

注：由IPE根据各机构2022年末AuM排名。

1. 欧元兑人民币汇率参考2022年12月31日中国外汇交易中心人民币兑欧元汇率中间价7.4229。数据截至2022年12月31日。

图1-10　全球排名领先的30家中国资管机构中19家位次提升，2家首次进入榜单，然而头部机构排名较国际领先水平仍有差距

（资料来源：IPE、BCG分析）

专题一

全球资管市场30多年历史回顾

2022年，全球资管行业发生两位数下跌，规模从2021年的112万亿美元下降至2022年98万亿美元，受到的冲击堪比2008年国际金融危机带来的影响。在危机叠加、前路未知的迷茫中，资管机构亟须重置思路、调整预期，并深入探究未来的全新应对逻辑与解决办法。我们认为通过观往知来，对全球资管市场在过去30多年（1990—2022年）的发展历程和核心趋势变化进行深度研究和分析，进一步从多维度识别影响整个资管市场发展趋势的核心驱动因素能够帮助资管行业和机构找准自身所处位置并探索行业未来可能的发展方向和路径。

通过回顾过去30多年全球在经济、政治、人口等领域发生的重大事件，观察各类周期变化规律，总结资管行业的重大变革，我们认为全球资管市场30多年的发展和趋势变化，从底层来说是由三大类核心驱动因素进行驱动的（见图1）。

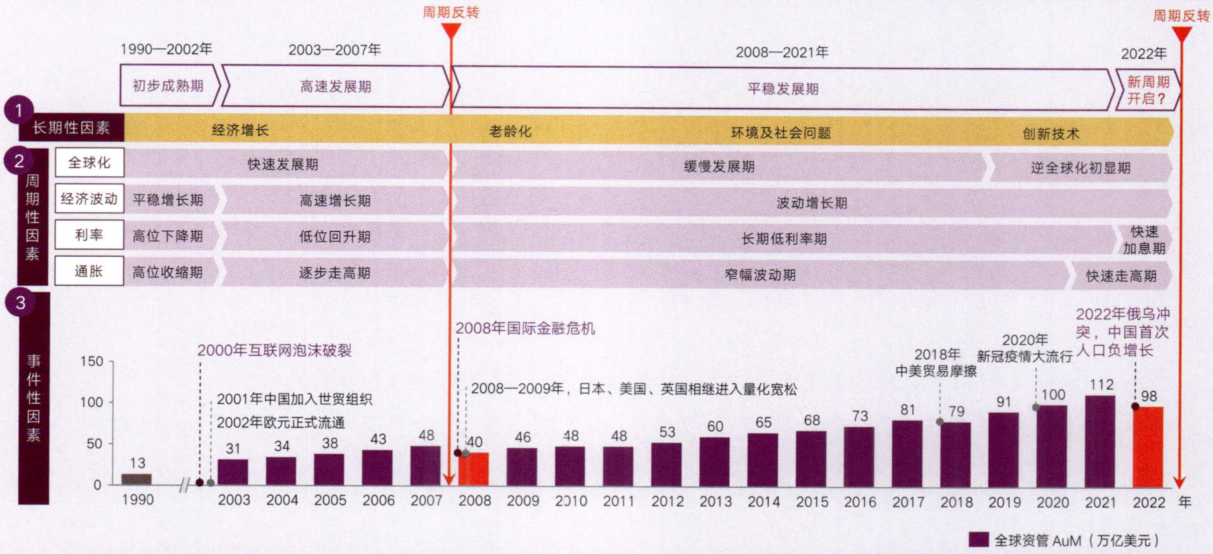

注：1990—2002年数据只包括OECD国家：美国、日本、英国、德国、法国。

图1　三大类驱动因素推动全球资管市场30多年发展

（资料来源：2021年BCG全球资产管理市场规模数据库、OECD、BCG分析）

第一类核心驱动因素为长期性驱动因素。该类型驱动因素在整个30多年的时间中较为稳定，也相应奠定了全球资管市场在过去30多年持续稳定发展的核心基调。当前我们识别出的四大长期驱动因素为全球经济的持续增长、老龄化程度的持续加重、环境及社会问题的日趋严峻和创新技术的持续发展。

第二类核心驱动因素为周期性驱动因素。该类型驱动因素在整个30多年间发生过一次或多次周期性的变动，在相应的周期发生反转时就会极大地改变资管市场的发展趋势并延续该趋势到下次周期反转之前，因此周期性驱动因素也造就了整个资管市场的不同发展阶段。当前我们识别出四大周期性驱动因素，即全球化周期、经济波动周期、利率周期和通胀周期。

第三类核心驱动因素为事件性驱动因素。在整个30多年的历史中，发生了多起对资管市场发展有着短期或深远影响的重大事件，如2000年的互联网泡沫、2008年的国际金融危机、2020年开始的新冠疫情、2022年俄乌冲突等。这些事件既有可能是旧周期发展到顶峰后在社会和市场层面的直接反映，也有可能是一个新周期发生的核心催化剂，因此这些事件也常常会成为我们划分资管市场不同发展阶段的主要依据。

• 四大长期驱动因素推动全球资管市场30多年中呈现六大发展趋势

第一大长期驱动因素为全球经济的持续增长，与资管行业规模增长存在较大的正相关性。过去30多年间，全球GDP年均涨幅达4.5%，全球资管市场规模年均涨幅达6.6%。

第二大长期驱动因素为老龄化程度的持续加重，为资管行业资金流入带来正面影响。以美国为代表的发达国家早在1990年之前已进入轻度老龄化社会，日本在2005年进入重度老龄化社会，中国在2021年进入中度老龄化社会，但是老龄化程度明显加快，2022年出现首次人口负增长。①

第三大长期驱动因素为环境及社会问题的日趋严峻。为了应对臭氧层消耗、全球变暖等环境问题，联合国环境规划署于1990年推出资产所有者负责任投资原则，驱动资管行业探索内化环境意识的途径。

第四大长期驱动因素为创新技术的持续发展，互联网技术逐渐成熟，基于互联网的新零售业态在各行业兴起，数字化转型席卷全球，资管行业在业务模式与产品形态等方面也受到深远影响。

30多年间这四类长期驱动因素推动了全球资管行业持续呈现六大发展趋势。

全球经济增长驱动全球资产管理规模不断走高及以中国为代表的新兴市场持续崛起。纵观过去30多年，不论世界局势如何变化，资产管理行业整体规模都保持持续增长，是一个典型的长坡厚雪的行业。其中，中国是全球资管行业规模增长的主要动力之一，其资管市场规模在全球资管市场规模的占比从零提升至11.1%，为全球唯一超平均水平大幅扩张的资管市场。而美国作为过去30多年全球GDP增长的另一主要引擎，在全球资管市场中仍占据着最重要的位置。2002—2021年，美国为全球资管市场增长贡献43%以上的规模。②

全球经济增长带来的居民财富总额提升和创新技术持续发展驱动零售资金占比持续提升。

---

① 联合国《世界人口展望2022》。
② 2021年BCG全球资产管理市场规模数据库。

经济增长驱动财富总规模的增长，带动零售资金规模提升。同时，互联网技术不断发展并日益成熟，降低了服务各种规模客户的成本，使资产管理公司能够更深入零售领域，服务更多的个人客户，进一步驱动了零售资金的增长。

老龄化程度持续加重驱动机构资金中养老资金占比持续提升。各国养老压力提升所带来的养老投资需求为资管市场注入了大量的资金，使养老资金在全球机构资金占比不断提升，普遍成为最主要的机构资金来源。同时，人口老龄化带来的国家养老资金支付压力提升，养老资金从DB制①转向DC制②的趋势明显。

老龄化程度持续加重下，解决方案型产品也应运而生，负债驱动型产品的需求逐渐高涨。养老资金对产品的长期稳定的回报要求亦推动外包首席投资官（OCIO）、负债驱动型投资（LDI）和解决方案型产品的出现及持续增长。2003—2021年，解决方案型产品规模增长了7倍。③

经济持续增长与底层技术的成熟驱动被动产品类型的丰富与规模的增长。在经济上行期间，主动型基金很难超越整体市场的表现，被动型产品则能以更低的费率实现同样甚至更高的回报率。因此，越来越多的投资者被被动型产品所吸引，推动了被动型产品在整体规模中占比持续提升。市场费率也因被动型产品掀起的价格战而逐年下降，1990—2021年，被动型产品费率下降68%，主动型产品费率在2002年后开始下降，2002—2021年下降38%。④

环境及社会问题日趋严峻推动资管行业投资框架模型中“投资回报、风险、ESG”投资三角逐步形成。环境意识不断提升并渗透进各行各业。资管行业也受此浪潮推动，ESG投资及相应资管产品2000年前后开始先从发达国家兴起，初始欧洲占主体，近年来，美国增长迅猛，也在以中国为代表的发展中国家逐步壮大。

• 四类周期性因素叠加，塑造了1990—2021年间全球资管市场发展的三大阶段

通过回顾全球资管市场30多年的历程，我们发现全球化周期、经济周期、利率周期和通胀周期这四类周期性因素的周期转换对资管市场带来显著影响，因此，我们结合几个核心周期转换时间点和重大事件将全球资管市场发展历程划分为以下三个阶段，并分阶段进行详细分析：

1. 初步成熟期（1990—2002年）

全球化快速发展，但程度仍然相对较低；全球经济平稳增长，年增速保持在3%~5%；利率从10%的高位逐步下降，2000年互联网泡沫破灭后全球利率已走至历史相对低位；通胀则从较高水平逐步收缩到2%以下。该阶段中全球资管总体规模稳定增长至25万亿美元⑤，年复合增长率为6.9%，增速主要集中在发达国家且以机构业务为主导。在此期间美国资管规模占全球资管规模近50%，头部资管机构开始布局全球化业务。

① DB制：Defined Benefit，待遇确定制或现收现付制。
② DC制：Defined Contribution，缴费确定制或完全积累制。
③ 2021年BCG全球资产管理市场规模数据库。
④ Morningstar Direct, 2021。
⑤ 2021年BCG全球资产管理市场规模数据库。

2. 高速发展期（2003—2007年）

随着欧元正式发行、中国加入世界贸易组织等一系列促进跨境贸易的标志性事件发生，全球化持续快速发展；经济进入高速增长期，年平均增速超过10%；利率在2003年开始逐步上升，美国利率从接近1%回升至5%左右；通胀缓慢走高到4%左右，货币政策则开始逐步走向宽松。该阶段中全球资管总体规模同步快速增长至48万亿美元。①全球化的快速发展促进新兴市场初步兴起，但全球资管市场仍由发达国家主导。产品方面，全球经济快速增长叠加较低的利率条件逐步推动被动类产品开始崛起，规模占比不断提升。解决方案型产品和另类资产投资日渐受到一部分投资者欢迎，另类策略产品也在这一阶段变得更为丰富并实现了较高的增长。机构竞争格局方面，由于资管业务演变迅速，竞争激烈，头部集中效应越发明显。在此期间，美国排名前四位的机构吸收全市场资金流入的比例提升了7%。

3. 平稳发展期（2008—2021年）

2008年国际金融危机后，全球化进一步深化但增速明显放缓，直至2018年后逆全球化态势初显；全球经济增速放缓并持续波动，开始进入持续超过10年的低利率时代，通胀也维持在较低水平波动，各国央行进一步采取量化宽松的货币政策。全球资管规模在2008年萎缩至40万亿美元②，后持续增长至110万亿美元。③随着全球化与经济周期进入平缓发展期，全球资本开始积极寻找新的增长点，以中国为代表的新兴市场加速兴起。在此阶段中，所有产品与资产规模增长均相应减速。但在国际金融危机冲击后，客户风险偏好降低，转而追求能保障稳定收益的产品，因此被动型产品、另类资产产品、解决方案产品规模增速在所有类别中仍较高。机构竞争格局方面，随着增长速度的放缓，国际金融危机导致部分资管公司爆雷，存量市场竞争逐渐激化，机构整合动作愈加频繁。在此期间，强者恒强的情况愈演愈烈，美国排名前四位的机构吸收全市场资金流入的比例提升了15%。

结合全球资管市场30多年中不同阶段的发展趋势及主要造成这些趋势的周期性驱动因素，我们也总结了不同利率周期变化下针对产品及策略的四大发展规律。

（1）当利率处于稳定的相对高位时，高利率能够提供较高的稳定回报，因此利好债券/固收类产品。

（2）当利率处于稳定低位或呈现长期走低趋势时，市场寻找高收益的需求上升，可能导致信用下沉，利好私募债、高收益债、另类资产与海外多元市场。但货币基金和现金管理型产品的收益率可能较低，难以有效吸引客户。

（3）当利率短期快速走高时，各类底层资产的价格均可能受到影响，货币基金和现金管理型产品由于投资的灵活性能够带来更好的收益回报，因此更受客户的青睐。

（4）当整个市场处于长期不确定状态时，另类策略（如全天候策略）与解决方案型产品等

① 2021年BCG全球资产管理市场规模数据库。
② 2021年BCG全球资产管理市场规模数据库。
③ 2021年BCG全球资产管理市场规模数据库。

抗波动能力较强的产品则将迎来增长。

• 事件拐点——2008年国际金融危机前后的深度分析

在资管行业过去的30多年中，2008年是一个巨大周期拐点，不仅当年全球资管规模大幅缩水，而且对后续资管市场的发展也造成了系统性的深远影响，因此值得深入分析（见图2）。

危机下市场重置，系统性改变资管行业

	2008年之前	2008年之后
1 经济基本面	2003—2007年 GDP CAGR为10.9%[1]	2008—2021年 GDP CAGR为3.8%[2]
2 资本市场表现	2003—2007年 S&P500 CAGR为10.8%[1]	2008—2021年 S&P500 CAGR为8.7%[2]
3 客户偏好与信心	客户风险偏好较高，追求高收益复杂产品	客户风险偏好降低，青睐稳定收益简单产品
4 机构竞争格局	2003—2007年，资管年均发生并购109起[1]	2008—2021年，资管年均发生并购341起[2]
5 监管调整	监管制度较为宽松，缺位现象仍大量存在	多国监管强调审慎，加强私募、对冲基金监管

改变中催生结构性机遇

1 策略创新
- 桥水全天候风险平价策略脱颖而出
- 多资产解决方案需求旺盛

2 资产类别
- 另类资产兴起：私募债、私募股权

3 头部效应增强
- 赢家通吃愈演愈烈
- 策略变化推动机构洗牌

注：1. CAGR计算区间为2002年末至2007年末。
2. CAGR计算区间为2007年末至2021年末。

图2 2008年国际金融危机导致市场“重置”“洗牌”，深远影响后续资管市场发展

（资料来源：Wind、BCG分析）

在此期间，实体经济受创，当年GDP增速为-3.15%；股票市场发生超跌，标普500指数年内下跌38.5%；对冲基金倒闭1471家，长期潜伏的流动性问题快速暴露；多国紧急调整金融监管制度，强化资管行业监管的全球协调机制。虽然由于长期性驱动因素不变，后续市场很快恢复，但危机导致市场重置，整个市场发生了五大系统性变化。

第一，全球整体经济增速放缓。从30多年回顾划分的时间周期来看，全球GDP复合年增速从2003—2007年间的10.9%①下降至2008—2021年间的3.8%②。

第二，各类资产增速全面同步放缓。以美国股票为例，标普500指数复合年增速从2003—2007年的10.8%下降至2008—2021年间的8.7%。

第三，客户偏好由激进转向保守。国际金融危机发生前，全球资管客户整体风险偏好较高，普遍追求高收益复杂产品。而由于危机对客户信心打击过大，客户风险偏好整体降低，青睐稳定收益型的简单产品。

第四，机构间竞争逐渐激化。随着行业增量放缓，存量竞争逐渐激化，兼并整合更加频

① CAGR 计算区间为2002年末至2007年末。
② CAGR 计算区间为2007年末至2021年末。

繁，2003—2007年，全球资管行业年均发生并购109起，而在2008—2021年间，年均并购数量提升至341起。

第五，监管制度应市优化。国际金融危机发生前，监管制度仍较为宽松，缺位现象仍大量存在。如监管对冲基金缺乏杠杆控制与流动性管理，导致大量对冲基金倒闭。此后，多国纷纷紧急优化机制，强调审慎监管，加强对对冲基金与私募基金的监管。2010年美国设立金融稳定监督委员会，促进各监管部门的信息共享和协调，提升系统性风险的识别和监管。美联储设立消费者金融保护局，统一行使消费者权益保护职能，提振投资者对于金融行业的信心。2010年欧盟通过《泛欧金融监管改革法案》，根据该法案，新成立证券和市场监管局（ESMA），其主要负责证券市场、资管行业监管，推动欧盟各国资管业的监管改革。

2008年国际金融危机也孕育了全新的结构性机遇，分别为策略创新、资产类别创新和头部效应增强。

策略创新方面，穿越波动的全天候策略和解决方案型产品需求越发旺盛。在国际金融危机中以量化对冲为代表的传统另类策略失效，导致另类策略投资整体规模增长进入停滞期，但以桥水全天候风险平价策略为代表的新兴另类策略脱颖而出。同时，随着客户风险偏好降低，客户对稳定收益的需求上升，解决方案型产品也愈加丰富成熟。

资产类别创新方面，以私募股权、私募债权为代表的另类资产崛起。因经济与资产规模整体增速放缓，机构资金积极寻找能带来新增长点的资产。私募股权作为长期资产，与二级市场表现及经济周期相关性较弱，可以帮助客户更有效地规避风险。同时，因为此类资产属于非上市资产，体量远大于已上市资产，也有较大增长空间待挖掘。

头部效应增强方面，一方面赢家通吃愈演愈烈，机构集中度加速提升。市场头部机构利用这一时机进一步整合市场、做大份额。另一方面，策略变化推动机构洗牌。如对冲策略的迭代，导致一批传统对冲策略机构倒闭，而以桥水为代表的新兴策略机构则登上舞台。

• 2022年新的拐点降临

2022年俄乌冲突后，逆全球化效果初显；危机叠加后通胀走高与货币快速超发引发恶性循环，促使各国央行快速加息稳住经济大盘，最终对整个证券市场造成了极大的冲击。2022年，全球股债两市蒸发超30万亿美元[①]，是2008年的两倍[②]，相当于世界GDP的47%。2022年全球资产规模下降到98万亿美元，对比2021年降幅为12.5%。

2022年，我们发现疫情已不是全球最大变数，而只是变数的开始。接踵而至的全球性危机，包括地缘冲突频发、气候变化加剧、能源紧缺、通胀居高不下、“超级经济全球化”落幕、“国家安全”提上议程、人口大国中国出现首次人口负增长，各种小概率极端事件与结构性危机纷至沓来，相互交织、叠加造成复合型危机。与2008年国际金融危机类似，2022年全球进入周

① Financial Times。
② 扣除通胀因素。

期反转与高度不确定性时刻，新的周期拐点已经降临，各类资产、策略可能都会在利率波动与经济衰退的阴影下迎来挑战，且整个市场也可能再一次发生重置，未来的不确定性激增。

在全球资管市场30多年的回顾中，我们也从国家及市场格局、资金来源及渠道、策略及费率、产品及资产、机构竞争态势和ESG投资进入投资框架这六个维度对全球资管在三大阶段中的核心变化趋势做了深度分析，期望能够为同业提供参考。

• 国家及市场格局：中国及其他新兴国家快速崛起，但美国仍占主导地位

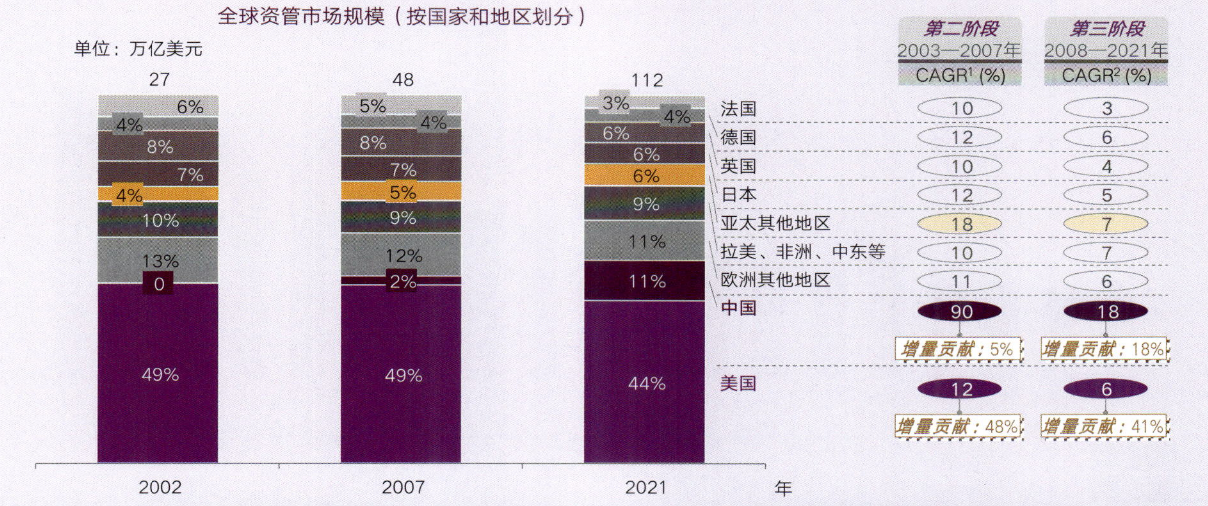

注：1. 2002年末至2007年末年复合增长率。
2. 2007年末至2021年末年复合增长率。

图3　中国及其他新兴国家快速崛起，但美国仍占主导地位

（资料来源：2021年BCG全球资产管理市场规模数据库、BCG分析）

过去30多年间，以美国、英国、日本、德国、法国为代表的发达国家资管资金规模占据全球资管资金规模的70%以上（见图3）。其中仅美国资管市场规模就常年占据全球资管规模的近50%。全球资管市场经历了从局限于发达国家市场到全球化发展的过程。从全球国家来看，中国和美国是全球最重要的资管市场。1990—2002年，90%的资管基金集中在六个发达国家，美国是全球最大的市场。①但2002年后中美合计规模增量持续超过全球一半以上，且中国占比不断增加。2003—2007年间，美国为全球资管规模增量贡献比例达48.0%。中国资管市场开始萌芽。中国和美国共计为全球资管市场贡献53.4%的规模增长。2008—2021年，全球进入新的发展期。亚太、拉美等发展中地区资管规模开始提升。但以美国为代表的发达国家增速较上一阶段放缓。2018年后，随着中美贸易摩擦、新冠疫情等事件的接连爆发导致通胀蔓延，经济笼罩在衰退的阴影之下，逆全球化趋势初显。全球资管增长重心暂时重回发达国家市场。中国的资管规模在这一时期经历稳定高速增长，规模占比增至11.1%，年复合增速高达18.3%。中国对全球资管规

① 摩根士丹利，《1999年全球资管市场报告》。

模增量贡献比例从上一阶段的5.4%提升至17.5%，成为全球资管行业的主要增长动力之一。在此阶段，中美共计为全球贡献的规模占比提升至58.8%。

总体而言，在经济衰退周期伊始、逆全球化萌芽的背景下，以美国为代表的高度发达的资产管理市场仍然提供主要资金来源，但是以中国为代表的新兴市场仍将是未来规模增长的主要驱动力。

- 资金来源及渠道：零售崛起但波动更大，养老资金长期作为最重要的资金来源

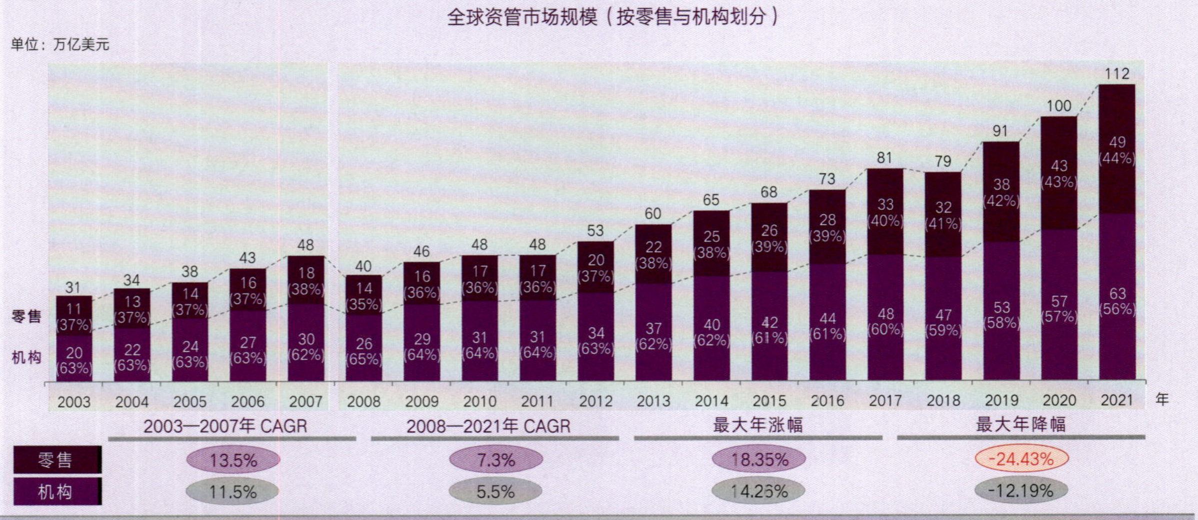

注：由于四舍五入的原因，可能存在分项之和不等于合计的情形。

图4　全球零售资管规模增速整体高于机构，但波动更大

（资料来源：2021年BCG全球资产管理市场规模数据库、BCG分析）

全球零售资管规模增速整体高于机构资管规模增速，但零售波动更大。零售资金在全球资管总规模中占比已达44%，呈现增速快、波动较大的态势（见图4）。过去30多年，全球资产管理客户结构一直以机构客户为主导。但随着各国老龄化推动养老第三支柱的发展、互联网技术的成熟，零售客户比例逐年升高。2003—2007年，零售资金占比从37.3%小幅增长至38.3%，但此期间其复合年增长率高达13.5%，高于机构资管规模复合年增长率11.5%。2008—2021年，零售资管规模增速虽然放缓，但仍然比机构表现突出。在此期间零售资金复合年增长率达7.3%，远高于机构复合年增长率5.5%的水平。

总体而言，零售资金较机构资金波动性更大。2003—2021年，零售规模的最大涨幅及跌幅均高于机构规模。例如，在2008年因国际金融危机爆发，零售规模一年内从18万亿美元流失22.2%，缩减至14万亿美元。机构资金只流失13.3%。而这符合市场对于零售客户与机构客户的抗风险能力与投资需求的认知。

零售渠道方面，投顾渠道是海外主流。以美国为例，美国零售渠道以投顾渠道为主，包括券商、独立注册理财顾问、私人银行顾问等。各零售渠道在美国零售总规模中占比结构多来年基本保持稳定（见图5）。这是由于美国自20世纪60年代开始长达40年的投资顾问转型后，从

卖方代销模式彻底转变为买方投顾模式。买方投顾的收费模式秉承以客户为中心的原则，基于资产规模持续性收费。这一转变有效统一了渠道与客户的利益立场，促使渠道鼓励客户长期持有，且专注于提升客户已持有的资管规模。

美国资管机构规模占比（按零售渠道划分）

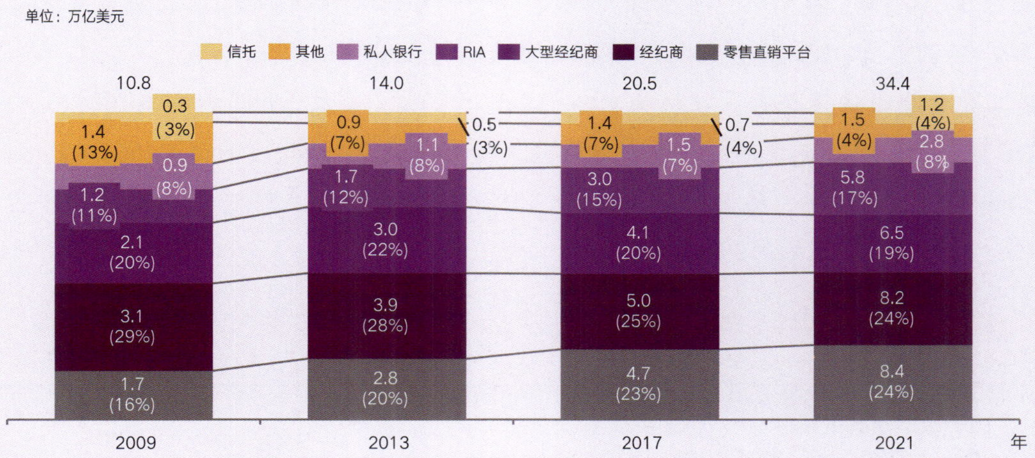

图5　美国零售渠道以投顾渠道为主，包括券商、独立注册理财顾问、私人银行顾问等

（资料来源：Cerulli、BCG分析）

发达市场机构资金规模（按来源划分）

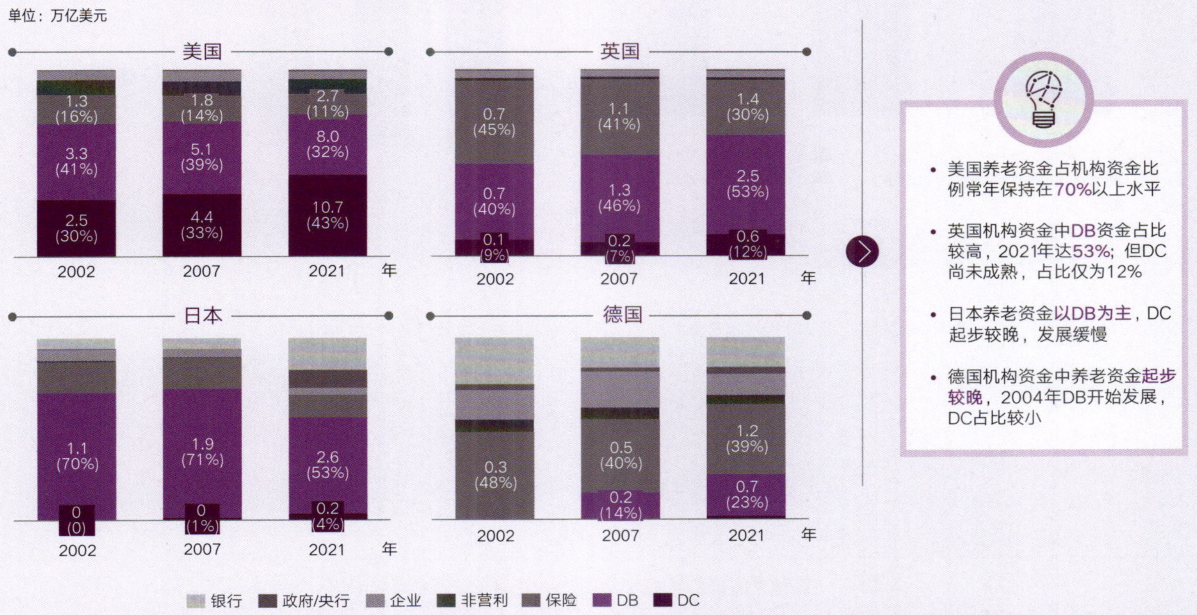

图6　养老金是发达市场最主要资金来源，DC取代DB已成为全球化趋势

（资料来源：2021年BCG全球资产管理市场规模数据库、BCG分析）

在机构资金中，养老资金在发达资本市场长期作为最大或主要来源。大部分国家长期以DB资金为主，但DB被DC取代已成全球化趋势（见图6）。美国养老资金占机构资金比例常年保持

在70%以上的水平，且占比仍在缓慢增长。美国DC制资金占比已在2011年前后超过DB制资金，成为美国机构资金的最大来源。20世纪90年代末期，美国机构客户以养老（28%）和全权委托银行信托①（39%）为主。②但随着人口老龄化，国家与企业养老资金输入不断增大、DB制向DC制转型等变化推动零售需求提升。2002年后美国老龄化逐步加剧，DC制养老资金规模飞速增长，复合年增长率达7.1%。2021年，美国DC制养老资金规模占比已达43.4%，接近资管资金来源总额的一半。英国养老DB制资金在机构中占比最大，达53%，但DC尚未成熟，2021年占比仅为11%。第二大资金来源是保险，在机构资金中占比为30%。日本养老资金与英国类似，以DB制为主，DC制起步较晚，且发展缓慢。德国养老资金整体起步较晚，DB制从2004年起步，而DC制几乎仍未发展。2021年，德国养老DB资金占德国机构资金的22.5%，而机构资金中占比最大的为保险，占机构资管规模的39%。

- **策略及费率：2008年国际金融危机后被动快速崛起，竞争推动各类产品费率不断下降**

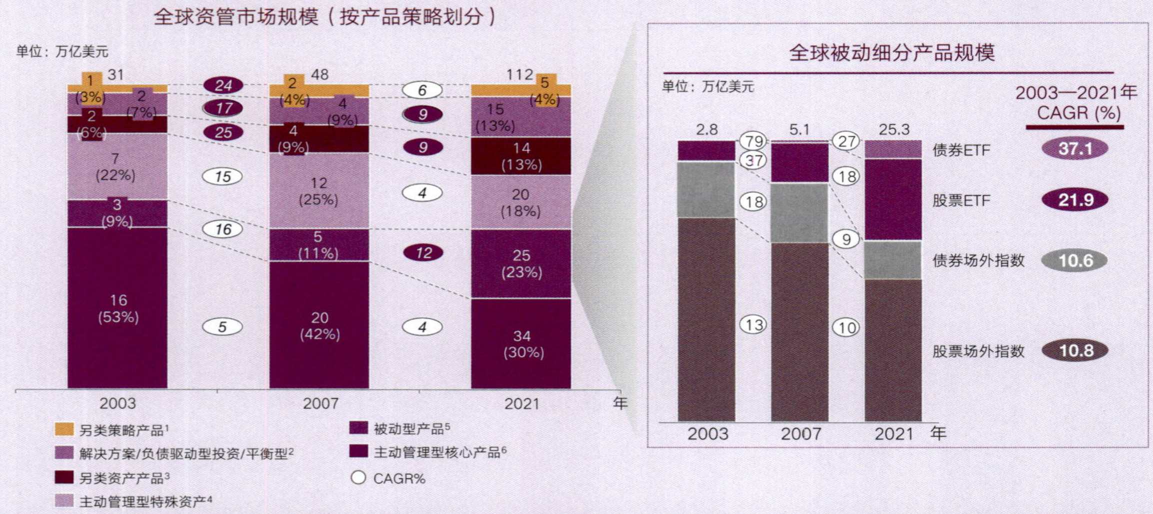

注：与过往年度相比，各传统产品类别的全球资产管理市场规模基于Broadridge GMI进行调整。由于采取四舍五入，各部分之和不一定为100%。LDI = 负债驱动型投资。

1. 包括对冲基金、流动性另类共同基金（绝对回报、多空头、市场中性、波动性）。
2. 包括目标日期、目标到期日、负债驱动型、OCIO、多资产平衡型产品和多资产配置。
3. 包括私募股权、房地产、基础设施、大宗商品和私募债券基金。
4. 包括特殊股票产品（海外、全球、新兴市场、中小市值及行业板块）和特殊固定收益产品（新兴市场、高收益、灵活及通胀挂钩债券和结构性金融资产支持证券）。
5. 包括普通被动产品与ETF。
6. 包括主动管理型国内大盘股、国内政府和企业债券、货币市场及结构化产品。

图7　金融危机后被动策略、另类资产占比持续提升

（资料来源：2021年BCG全球资产管理市场规模数据库、2021年BCG全球资产管理对标分析研究数据库、Broadridge GMI、Strategic Insights、P&I、ICI、Preqin、HFR、INREV、BCG分析）

① 全权委托银行信托（Discretionary Bank Trust Asset），是指银行提供投资管理服务的受托资产，美国总审计局（1995）。
② Donaldson, Lufkin & Jenrette (DLJ), 1996。该机构于2001年被Credit Suisse收购。

被动型产品规模持续增长，大量资金从主动型产品流出，流向被动型产品。被动型产品规模在股票市场快速升值与指数工具不断丰富的驱动下快速增长。同时，在经济上行期间，主动型基金很难超越整体市场的表现，被动型产品也能以更低的费率实现同样甚至更高的回报率。因此，越来越多的投资者被被动管理产品所吸引。在2008年国际金融危机爆发之后，人们意识到大部分主动管理产品并没有特殊的优势，于是被动资产开始飙升。在此期间，被动型基金规模年复合增长率达12.1%，在全球资管规模占比从2008年的10.6%提升至2021年的22.5%（见图7）。

从全球来看，美国被动市场发达程度高于亚洲与欧洲。亚洲与欧洲基金以及ETF被动化程度仅为21%和20%。[①]这主要是由于亚洲作为后发市场，主动型产品表现较被动型产品更有竞争力。而欧洲被动型产品的监管更成熟，增速预计更高。

被动型产品中ETF产品较普通被动型产品的规模增速更高。ETF产品由于其交易效率高、买入价格可知、对指数的跟踪误差更小等原因广受市场欢迎。2003—2021年，被动型产品年复合增长率为10.7%，而ETF产品的年复合增长率高达23.2%，几乎是主动管理型产品年复合增长率的四倍。

被动权益类产品与被动固收类产品[②]的规模增速相当，均为13.0%左右，但被动权益类产品的规模占比一直更高。权益类产品的指数工具更多是权益类产品被动化程度高于固收类产品的被动化程度的主要原因。但是基于全球权益类产品比固收类产品年复合增长率高这一事实，可以认为全球固收类产品的被动化程度增速大于权益类产品被动化程度增速。

但是，被动型产品的走强并不代表主动型产品的没落。2018年以来的动荡局势也为主动型基金提供了新的机遇。对能够长期提供高回报的主动型基金的需求一直存在，而投资者对主动型产品的期待随着被动型产品的优异表现而水涨船高，倒逼主动型产品管理人不断迭代产品。在经济周期更迭、进入衰退期的大背景下，具备宏观经济观察能力、能在动荡局势中发现新投资风口的顶级主动管理人仍将出彩获胜。

被动兴起，价格战推动主动型产品费率下降。从第二阶段开始，费率因价格竞争持续下降。1990—2002年间，主动型产品费率水平相对平稳。但2002年后，主动型产品费率开始快速下降。以ETF为代表的被动型产品逐渐成熟、互联网金融技术不断发展，加速了被动型产品推广，并提升了投资者对于被动型产品的接受度，激化了主动型产品与被动型产品的价格竞争。由于指数基金产品自身边际管理成本低，价格下降是规模增长下正常的价值回归。主动型产品为了保持在市场中的竞争力也不得不持续降低投资者成本，以免被淘汰。例如，与20世纪70年代美国机构间开展的佣金价格战类似，主动型产品转变收费模式，从原来的基于交易次数的收费模式转换为基于管理费用的收费模式等。

① 被动化程度=被动基金规模/共同基金与ETF总规模。

② 包括ETF与非ETF产品。

• 产品及资产：权益占主导，2008年国际金融危机后另类资产和解决方案型产品快速增长

全球资管市场规模（按资产与产品类别划分）

单位：万亿美元

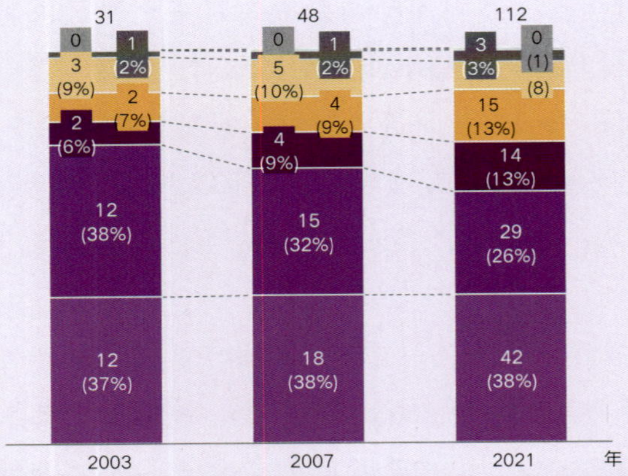

XX 金融危机前后受周期反转影响大的资产

	2003—2021年CAGR	2003—2007年CAGR	2008—2021年CAGR
对冲—公募[1]	14.0%	44.1%	6.6%
对冲—私募	10.8%	19.4%	8.4%
货币基金	6.1%	13.1%	4.2%
解决方案/LDI/平衡型[2]	11.0%	17.3%	9.2%
另类资产[3]	12.0%	24.5%	8.7%
债券	5.1%	6.5%	4.7%
权益类[4]	7.5%	11.8%	6.2%

注：与过往年度相比，各传统产品类别的全球资产管理市场规模基于Broadridge GMI进行调整。由于采取四舍五入，各部分之和不一定为100%。LDI＝负债驱动型投资。

1. 包括流动性另类共同基金（绝对回报、多空头、市场中性、波动性）。
2. 包括目标日期、目标到期日、负债驱动型、OCIO、多资产平衡型产品和多资产配置。
3. 包括私募股权、房地产、基础设施、大宗商品和私募债券基金。
4. 包括股票型和混合型。

图8　国际金融危机后传统对冲策略失效，增速放缓，低利率时代货币基金增速放缓

（资料来源：2021年BCG全球资产管理市场规模数据库、2021年BCG全球资产管理对标分析研究数据库、Broadridge GMI、Strategic Insights、P&I、ICI、Preqin、HFR、INREV、BCG分析）

权益基金与债券基金仍是全球最主要的两种基金类型，在所有产品中的规模占比常年达60%以上。其中权益类基金占比较为稳定，债券类基金占比不断下降。2003—2021年，权益类基金是全球最为重要的基金类型，其在所有产品中的规模占比整体维持在38%的水平。而债券基金在所有产品中的规模占比从2003年的38.4%逐步降至2021年的25.8%，原因可能是经济上行背景下被动解决方案与另类资产等产品的增长逐步压缩。在2003年与2008年中，因受到2000年互联网泡沫破裂与国际金融危机的影响，权益类基金（包括权益与混合基金）规模在总规模中占比短暂低于债券基金（见图8）。

权益类基金：收益表现、资金规模与经济周期强烈正相关。权益类基金因投资门槛较低、收益高、风险大等因素，配置比例随经济上行周期与零售客户增长而增长，但其规模也跟随经济周期转换而剧烈波动。1990—2002年期间，在经济上行周期中，股票因表现强劲而受资产配置偏爱。以共同基金为例，资金持续流入权益类基金。后受2000年互联网泡沫破裂影响，美欧权益类基金资金净流入大幅下降。2008—2021年间，权益类规模因次贷危机与国际金融危机遭受重挫后在波动中回升，年复合增长率达6.2%。但在2022年之后，随着疫情期间通胀与央行超发货币泡沫破裂，全球股市大幅下跌。整体来看，权益类基金对经济危机与金融危机敏感，收益表现与经济周期拟合。过去十年，MSCI全球指数累计收益率达150%，美国标普500指数累计

收益率达280%。由此可见，权益类基金为全球资管规模增长提供主要驱动力。

另类资产与对冲（公募）产品规模增速最快。另类资产中私募股权的规模最大，基础设施增速最高。在全球利率走低的趋势下，投资者为了获得高于公开交易市场的回报，开始转向另类投资。这些资产提供大量非流动性溢价，以换取长期锁定期和复杂交易。私募股权对冲（公募）基金、对冲基金等蓬勃发展。2003—2021年，对冲（公募）产品的年复合增长率达14.0%，但总规模仍然较小，2021年在全球资管规模中占比仅为1.2%；另类资产的年复合增长率达12.0%，高于其他产品类别。值得注意的是，另类资产整体规模较大，年复合增长率在2003—2007年间达24.5%，2008年后虽然降至8.7%，但仍是所有产品中增速最高的产品之一（见图9）。

全球另类资产管理规模

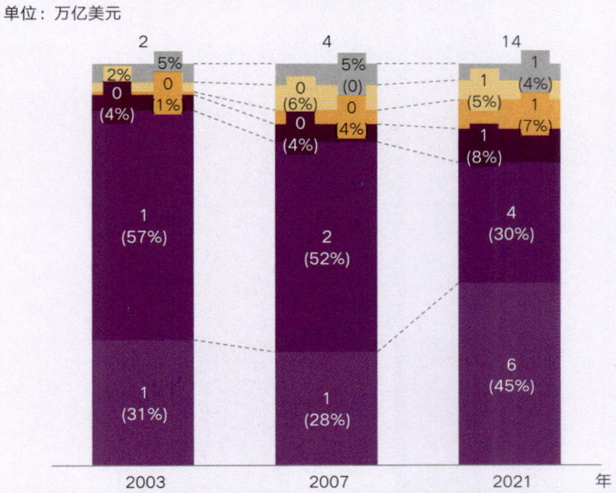

	2003—2021年 CAGR	2003—2007年 CAGR	2008—2021年 CAGR
私募基金	11.3%	29.0%	6.8%
大宗商品	16.4%	58.4%	6.6%
基础设施	27.4%	84.8%	14.5%
私募债权	16.6%	27.3%	13.7%
房地产	8.1%	21.8%	4.5%
私募股权	14.3%	21.4%	12.4%

注：与过往年度相比，各传统产品类别的全球资产管理市场规模基于Broadridge GMI进行调整。由于采取四舍五入，各部分之和不一定为100%。

图9　另类资产中基础设施、私募债和私募股权增速最快

（资料来源：2021年BCG全球资产管理市场规模数据库、2021年BCG全球资产管理对标分析研究数据库、Broadridge GMI、Strategic Insights、P&I、ICI、Preqin、HFR、INREV、BCG分析）

在另类资产中，私募股权规模占比在2007年后逐步提升，2021年在另类资产中的规模占比已达45%，为最大的另类资产品类。2003—2021年私募股权年复合增长率达14.3%。私募股权增速高的驱动因素可能有四点。一是由于上市公司数量远小于未上市公司数量，私募股权的底层资产极大丰富。二是客户的投资目的复杂化，私募股权采用主动管理和股权控制的策略可以更有效地帮助客户实现非财务目标，比如ESG目标等。三是在经历国际金融危机后，私募股权作为长期资产，与二级市场表现及经济周期相关性较弱，可以帮助客户更有效地规避风险。四是区块链、NFT等技术拓展了私募股权的零售渠道。零售客户可以牺牲一些流动性以获取更高的回报率。

房地产资产规模占比则逐年下降。2003—2021年，房地产投资增长迟缓，是另类资产中增长最慢的一类，规模占比从56.8%降至29.9%。规模从1万亿美元增长至4万亿美元，复合增长率仅为8.1%。

解决方案型产品的快速兴起体现了投资者针对定制解决方案或产品的需求提升。解决方案型产品整体增速较高，2003—2021年年复合增长率达11.0%，此阶段是解决方案型产品的高速发展期，规模占比从7.4%快速扩张至15.5%，但其后增速放缓，规模占比降至13%。解决方案型产品的稳定高速增长也反映了投资者对于围绕其偏好与目标的定制型方案或产品的需求持续提升。

- 机构竞争：机构集中度逐渐提升，被动业务集中度更高

头部市场机构集中度逐渐提升。1990—2002年期间，全球资管市场较为分散，全球还没有出现真正的行业领导者。但是由于准入门槛较低，银行、保险、券商不断入场让竞争不断加剧。2002—2007年早期，独立系、银行系、保险系等资管机构巨头已具雏形。但不同市场受到资本市场发展历程、监管环境等多种政治经济因素的影响不同，市场竞争程度也开始分化。随着2008年以来被动型产品规模的急速扩张，被动型产品兴起带来的规模效应让赢家通吃愈演愈烈，资金加速流入头部机构。以美国为例，1990—2021年间，排名前四位的机构规模占比从29%提升至53%（见图10）。

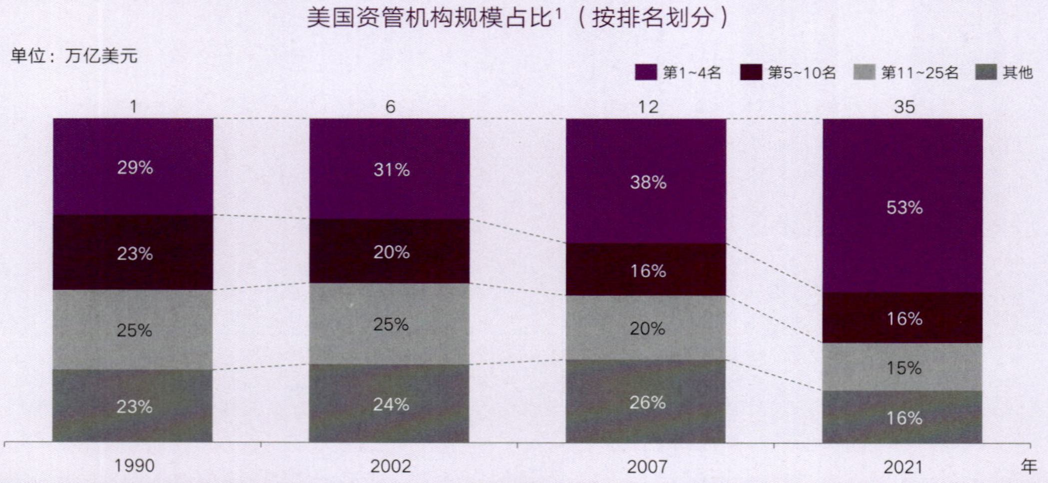

注：1. 仅包括公募共同基金与ETF。

图10　头部市场集中度逐渐提升

（资料来源：Simfund、BCG分析）

从资金流向来看，被动市场集中度更高，主动市场则更分散。被动市场头部机构吸收了绝大部分资金流入。2011—2021年期间，被动市场中排名前十位的资管机构收获了77%的资金流入，而主动市场中排名前十位的资管机构仅收获26%的资金流入（见图11）。被动市场赢家通吃效应明显。被动市场集中度高与其基于低价推广快速抢占市场的策略相符合。

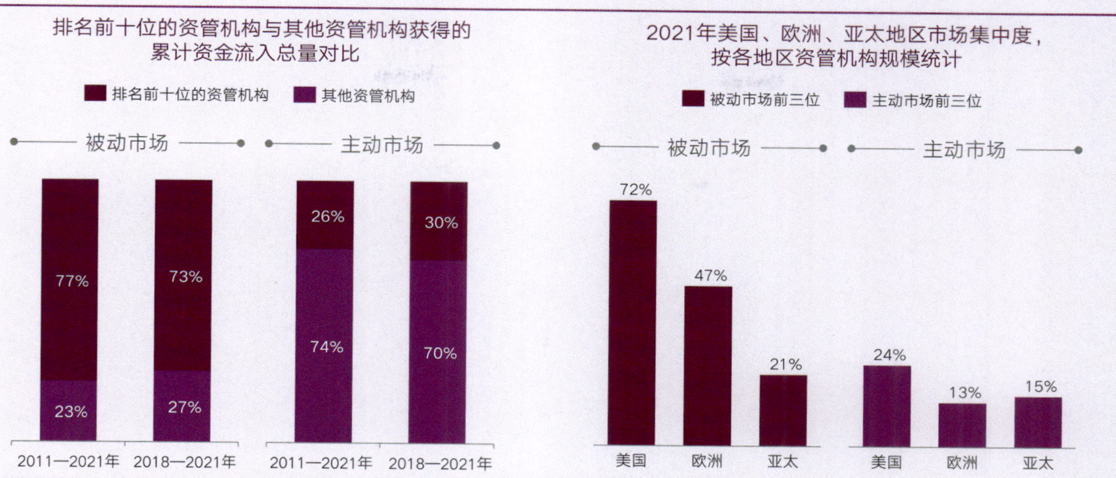

图11　被动市场较主动市场更为集中，美国集中度显著高于欧洲与亚太地区

（资料来源：2021年BCG全球资产管理市场规模数据库、BCG分析）

从地区来看，美国、欧洲、亚太地区被动市场集中度均远高于其主动市场集中度水平。如2021年，按资金流向计算，美国被动市场排名前三位机构的集中度达72%，主动市场排名前三位机构的集中度仅为24%。欧洲被动市场排名前三位机构的集中度为47%，主动市场排名前三位机构的集中度仅为13%。亚太地区被动市场排名前三位机构的集中度为21%，主动市场排名前三位机构的集中度仅为15%。

但从历史进程来看，主动市场集中度正在不断提升，被动市场集中度略微下滑。从2021年开始往前回看十年、三年，我们能发现流入主动市场排名前十位机构的资金占比在上升，从26%提升至30%。而被动市场排名前十位机构的资金占比在缓慢下降，从77%降至73%。虽然整体而言被动市场相较于主动市场集中程度明显更高，但是这一趋势或许说明主动产品在历史进程中迭代，机构在不断寻找建立主动产品能力壁垒的新途径。

• 投资框架："ESG—投资回报—风险"三角框架逐渐形成

ESG从概念雏形到成为与"收益—风险"比肩的核心投资价值取向走过了近30年的历程。1990—2000年，ESG投资理念仍处于萌芽阶段。在此期间，联合国环境规划署在里约热内卢的地球峰会上发表金融倡议，希望金融机构能把环境、社会和治理因素纳入决策过程，发挥金融投资的力量促进可持续发展。2003—2007年，基于环境、社会、公司治理的 ESG 投资理念逐渐明晰，ESG 投资理论框架日益完善，ESG相关底层资产类型进一步丰富。以指数产品为例，除早期权益类 ESG 指数外，基于固定收益、REITs等资产类型的ESG指数相继出现。2008—2021年，随着《巴黎协定》的签署，气候变化目标逐步形成全球共识，基于特定排放目标的碳中和、气候变化等ESG投资资金与产品发展迅速。截至2016年，全球可持续投资规模达22.8万亿美元，已占资管总规模的31%。2022年，随着全球局势进入动荡期，俄乌冲突凸显能源危机，ESG投资紧要性持续提升。①

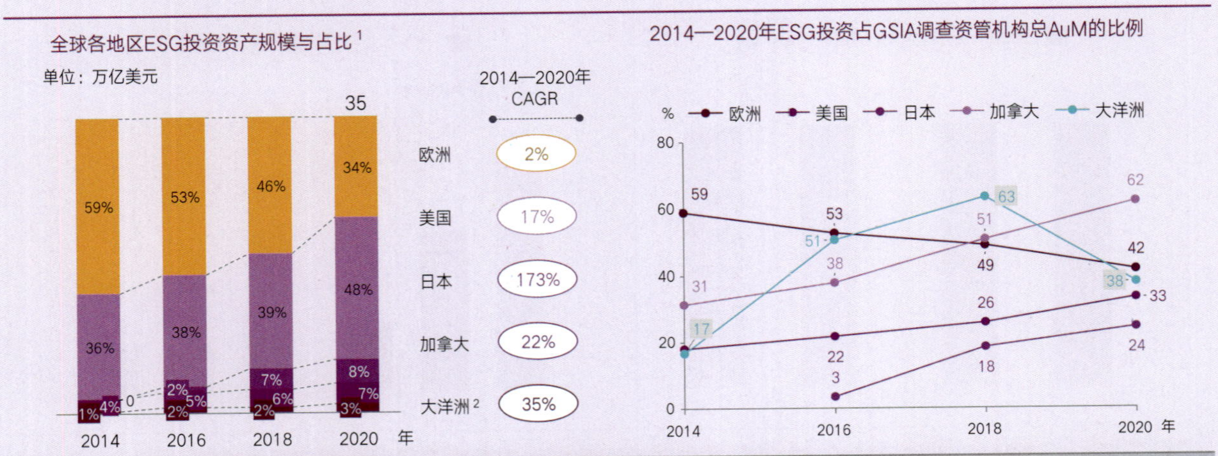

注：1. ESG资产是指采用七种ESG投资策略之一（负面剔除、正面筛选、基于标准筛选、ESG整合、主题投资、影响力投资、参与公司治理）的资产。GSIA对ESG投资有广泛的定义，根据GSIA统计口径，每年数据为当年年初的管理规模（日本市场除外），均采用最新报告中经调整后的数据。

2. 欧洲和澳大利亚市场对于可持续投资的定义在2018—2020年间发生重大变化，因此与此前年度不可比。

图12　欧美地区占据逾80%规模，欧洲打击“漂绿”导致管理规模下滑，美国发展迅猛，亚太地区将迎快速发展

（资料来源：Global Sustainable Investment Alliance、2020 Global Sustainable Investment Review、BCG分析）

从地区来看，欧洲是ESG投资先行者，发展最为成熟（见图12）。以全球可持续投资协会的统计口径为例，欧洲可持续投资规模在全球可持续投资规模占比常年保持全球第一位，直到2020年才被美国超越。由于欧洲数据的测量方法更新，2018—2020年期间欧洲可持续投资规模整体缩水13%。而这是可持续投资定义修订过渡期的正常表现，说明这些定义作为欧洲可持续金融行动计划的一部分，已被纳入欧盟的立法，进一步体现了欧洲可持续投资的成熟。但不可否认的是，全球ESG投资的增长重心已转移至北美。2010—2020年，美国可持续投资规模在全球可持续投资规模中占比从27.6%提升至48%，可持续资产在国家资管规模中占比从11.2%提升至33.2%。加拿大可持续资产在国家资管规模中占比更是从20.2%提升至61.8%。ESG所代表的价值取向正在发达资管市场中加速渗透，成为主流。

① GSIA。全球数据仅包括欧洲、美国、加拿大、大洋洲、日本。

CEO对话：Amundi CEO对全球资管行业未来趋势的研判

Valérie Baudson女士在30年前加入法国农业信贷银行，并在2007年从零开始构建Amundi的ETF、指数基金和smart beta业务。她是投资和ESG领域的资管专家，非常了解全球的零售和私人银行业务，并于2021年出任Amundi CEO职位，继续推动公司迅速发展。此次访谈的内容主要涉及Valérie Baudson女士作为国际资管机构代表分享对于全球资管行业发展趋势的展望。

BCG：您怎么看待2022年爆发的各种危机对资管行业的影响?

Valérie Baudson：过去三年形势复杂，有很多不确定性，包括疫情、能源危机、通胀以及紧张的地缘政治局势等。但如何把握不确定性、为客户创造价值，这正是资管机构的职责所在。回顾现状，我们得出以下分析结论：

2023年的全球经济展望其实略优于预期，我们对全世界的增长预期依然保持在2.5%左右。其中，中国的重新放开和经济迅速增长对全球经济来说是重大利好。我们预计中国将通过自身发展实现经济复苏，增速或达5%以上。这不仅对中国意义重大，对世界经济也是如此。另外，欧洲的情况也明显优于预期。能源危机已经得到较好的解决，影响也小于预期。我们已经避免了最差的情况发生，衰退和增长停滞应该不会发生或常态化。

但全球核心通胀仍保持在较高水平，美国和欧洲尤甚。基于此，欧洲中央银行很可能采取紧缩政策，我们需要应对这一问题，以确保情况能在中期有所好转。

整体而言，我们无论在投资持仓还是投资建议方面都保持审慎，坚持高质量债券与权益类资产。我们在流动性上秉持更谨慎的态度，因为未来一旦有问题出现，很大可能是与流动性相关的问题。

BCG：您认为这些事态将如何影响主流投资趋势?

Valérie Baudson：这些事态将给资管行业带来正面的影响。第一，全球人口正在经历老龄化，养老金投资的需求将会保持长时间增长，这对行业是利好。第二，中国、印度等超级大国的中产阶级不断扩大，推动城镇化进程。中国、印度的增速是欧美增速的两倍有余，长期看来这也是很确定的规律。第三，通胀实际有利于产业发展，而人们又需要应对通胀的解决方案，这也利好资管行业。

BCG：您认为未来资管行业的关键成功要素包括什么?

Valérie Baudson：第一，坚持100%以客户为中心。客户关注我们的业绩表现，同时更需要解决方案。这些方案可以是针对零售客户的储蓄方案，可以是针对机构客户的投资解决方案、复杂解决方案。未来客户也将非常多元，从印度最小规模的零售客户到全世界最大的主权基金都有可能成为客户。机构必须具备所有领域的专精知识，以及为客户构建相应解决方案的能力。了解客户需求非常重要，这也是Amundi最核心的经营理念之一。

第二，树立成本意识。在利润受到不断挤压的今天，有成本意识、谨慎支出也很重要。成功的机构必须极具竞争力，因为各行各业的利润空间不断下降，我们必须以合理的成本创造alpha。

第三，保持在负责任投资领域的领先地位。我认为具备道德责任感的机构将取得成功，因为未来30年对气候转型及相关投融资的需求会非常大。

第四，成为科技导向型企业。在机构内部，科技主导有助于提升生产力，而在机构外部也是如此。所有客户尤其是代销平台，都在要求机构提供相应的解决方案，兼容适配其面向终端客户的数字化方案。举一个Amundi的例子，我们与全世界的大小合作伙伴一起合作开发完全产业化、自动化的全权委托投资组合管理（DPM）解决方案。业界可能会觉得这很容易，但现实却非常复杂，在很大程度上必须有科技支持才能得以推动实现。

整体来看，资源与能力整合者将在竞争中胜出。

BCG：面对世界的发展变化，Amundi是否会作出战略改变?

Valérie Baudson：结合Amundi的优势和我们刚才讨论的行业长期趋势，现在没有改变战略的理由。Amundi有四大战略重点，即2025年中期规划中提到的四项工作。

第一项工作是继续进行国际化扩张。Amundi的团队已全面覆盖35个国家和地区的客户。但即便如此，全世界各地还有许多待挖掘的市场，我们可以服务更多客户，并加强和巩固我们向客户销售的投资策略。欧洲是Amundi的DNA所在，自然是第一大关注重点。亚洲将会成为未来20年的增长主力，因此是我们的第二大关注重点。我们也在对亚洲进行大量投资。

第二项工作是落实我们在负责任投资领域的领导地位。这件事的重要性无须赘述，作为一家欧洲企业，现在是我们确立该领域领导地位的好机会。

第三项工作是发展我们的科技和服务。我们一直加大内部研发投入，从而创造了今天的绝佳机会。我们确实拥有现代化的工具，可以部署在35个国家使用，而且还可以向全球资管机构销售这一工具。实际上，能在资管行业销售科技服务的企业少之又少。因此，我们把握机会推出了Amundi Tech。我们先在内部应用这套工具，后续并购其他公司时，需要将这些公司的系统也换成我们的系统，进而学习了公司间IT系统切换的方法。而如果想要对外销售技术解决方案，这项能力是必不可少的。到现在，我们销售技术解决方案已经有两年时间。与Amundi的整体营收规模相比，这项业务并不算大，但会成为未来增长的主力。

第四项工作是继续追求内生式盈利增长，并持续收购。以Amundi的庞大规模以及整合能力为例，达成交易、收购公司只是第一步，难点在于真正合并这家公司，主要原因有两点：首先，和金融行业的绝大多数情况一样，资管行业的核心在于人，成功地完成并购整合需要非常谨慎地处理与人相关的事宜。其次，IT合并也是重点所在，这一方面Amundi具备明显的优势，希望我们未来也能发挥这些优势。

BCG：Amundi在亚洲非常成功，在中国、印度和韩国做了很多投入，但我相信您也了解近期的地缘政治局势，所以我想真诚地问您两个问题：第一，Amundi如何看待亚洲在全球经济中的未来发展？第二，欧洲金融机构在亚洲取得成功应该采取什么策略？

Valérie Baudson：首先，亚洲是未来20年行业的增长中心，这是以人口统计学数据为支撑的。亚洲也是经济增长中心，如果比较中国与美国和欧洲在疫情期间的GDP，中国显然增速更快。2023年初，我访问了印度、中国香港、新加坡、中国台湾、泰国等亚洲国家和地区，尽管各个国家和地区的增速有所不同，但整体增长明显。由于亚洲各个经济体的增速不同，资管行业成熟度也存在差异，欧洲金融机构需要因地制宜。

Amundi在亚洲的在管资产规模有3700亿欧元，并计划在2025年达到5000亿欧元。以国际化程度较高的市场为例，我们的运作方式是，把全球经验带给当地客户。在印度、中国和韩国，我们和大型本土企业合作成立合资公司。我坚信，要想在这些国家取得成功，必须要同卓越的本土企业合作。分享一个在印度的成功案例，Amundi作为小股东与印度国家银行（SBI）建立了为期20年的合资伙伴关系，共同创立合资公司，并逐步完善，放大优势。现在，该合资公司在印度的市场份额已经达到70%，而印度市场本身也在蓬勃发展。对于像Amundi这样的欧洲机构而言，这是最好的成长方式。

BCG：Amundi被公认为ESG投资领域最积极主动的资管公司之一。您能否再介绍一下公司未来三年ESG规划的重点工作？

Valérie Baudson：Amundi的四大奠基板块之一就是负责任投资。

理念层面，我们秉承三大信念：第一，能源转型的本质是一场工业革命，金融行业为转型提供支持，尤其助力大型企业乃至国家政府开展转型工作。第二，坚信企业一旦不能处理好社会和环境方面的风险和影响，就无法实现长期财务回报。而我们的客户将来不会选择不负责任的企业，所以我们也在工作上形成了明确统一的认知，即不仅要实现财务回报，还要仔细考察企业财务以外的其他维度的表现。第三，负责任投资将成为推动我们未来增长的主力之一，这一领域将有大量可部署的资金。我们的任务也绝对不是简单地让投资组合看起来“绿色环保”。我们的工作是真正协助企业完成转型过渡，如果我们不在银行业负责任地融资放贷，不通过资管行业向需要转型的企业进行投资，那么什么转型都不会发生。

操作层面，我们有三大行动：第一，加大对更注重转型的企业的投资，并相应减少对不重视转型的企业的投资。我们的资管规模是2万亿欧元，确实具有一定影响力。而且企业也深知这一点。第二，与其中许多企业直接沟通，探讨转型工作，其中包括700家世界大型企业。作为全世界许多企业的股东，我们还行使投票权，与企业就这些议题进行沟通。第三，推广具体的解决方案。例如，我们是首个与世界银行旗下国际金融公司（IFC）合作推出绿色基金的机构，推出了史上首只绿色新兴债券基金。我们还参与创建了能够更巧妙地投资此类转型的解决方案。我们一直力图以身作则，以同样的标准要求自己。

BCG：请您详细介绍一下Amundi Tech。

Valérie Baudson：经营一家资管公司，尤其是一家大型资管公司，收入在很大程度上与市场行情挂钩，而技术可以帮助资管机构减少对市场的依赖。这不是为了解决当下的问题，在内部打造一个强大的技术团队和出售这项技术并不太一样，出售技术需要我们推动团队转型，增加商业化方面的获客能力。这也涉及治理问题，因为如果对外出售技术，公司内部的客户会觉得他们的需求不再得到重视。因此，在治理、业务和管理整个项目的具体能力方面，我们肯定还有很多工作要做。但毋庸置疑，技术将是我们未来潜在的增长源。我们在资管领域有许多竞争对手，但在技术领域，我们的竞争对手并不多，因此我们正尝试发挥优势，从中获益。

CEO对话：品浩（PIMCO）亚太区主管对全球资管行业未来趋势的研判

Alec Kersman先生现任品浩董事总经理兼品浩亚太区主管，驻中国香港和新加坡办事处，负责制定区内战略方向，并领导品浩专家团队，向亚太区客户提供投资方案和服务。他也是品浩董事总经理遴选委员会的获选委员。此前，他曾先后担任品浩拉丁美洲业务主管和品浩美国全球财富管理业务战略客户主管。在2005年加入品浩前，他于阿根廷任职BBVA退休金部，专注于产品和业务拓展。Alec Kersman先生拥有22年的投资和金融服务经验，并持有美国哈佛商学院（Harvard Business School）工商管理硕士和阿根廷布宜诺斯艾利斯大学（University of Buenos Aires）法律博士学位。此次访谈的内容主要涉及Alec Kersman先生作为国际资管机构代表分享对于全球资管行业发展趋势的展望。

BCG：在地缘政治不断紧张、通胀居高不下和信贷环境预期紧缩的背景下，全球市场持续波动。品浩对全球宏观经济环境持有哪些观点?

Alec Kersman：就当前美国经济形势而言，品浩认为未来6~18个月内将出现温和衰退。历史研究表明，货币政策的影响可能具有长期且不确定的滞后期，通常从货币紧缩后六个季度开始对经济产生影响，因此我们预计未来数月的经济放缓或成定局。

发达市场利率短时间内快速上涨和近期的欧美银行危机，导致经济环境极为不稳定，市场波动加剧。工资以及随之而来的服务业通胀或在未来一年逐步放缓，并将成为美联储评估失业率、通胀风险和金融稳定趋向的因素之一。

无论如何，我们认为国际金融危机不会重演。我们预计，经济可能出现温和衰退，不过其持续时间或会长于预期，因通胀居高不下且仍高于央行目标，与此同时，全球债务高企，或会限制刺激性财政政策的出台。从积极的方面来说，美国家庭仍有额外储蓄，总体企业债务比率可控，银行系统整体依然稳健。

在投资方面，我们看好高质量的固定收益资产，2022年收益率重新调整后，这类资产具有巨大的价值。我们对市场上最易受货币紧缩影响的经济领域持谨慎态度。例如，受浮动利率债务影响较大的高级担保贷款或中间市场直接贷款策略。面对可能出现的经济衰退（即使较为温和），我们正在构建投资组合，以抵御可能出现的更严重的衰退。

BCG：您认为亚太地区的前景会受到怎样的影响?

Alec Kersman：虽然美国经济衰退会影响到世界其他地区，但我们认为，中国早于预期的重新开放和较低的通胀水平使其货币政策可操作空间较大，使亚太地区处于相对优势地位。我们看到中国经济在消费驱动下比预期更早地复苏，这无疑会对亚太地区产生溢出效应。

尽管近期欧美信贷风险事件频发，但我们认为亚太地区银行体系仍颇为稳健，这反映了其具备严格的监管框架和雄厚的资本，对批发融资的依赖程度较低。全球信贷市场人气或较为低迷，而亚太地区流动性依然充足，该地区发行人能够获得在岸贷款，特别是在印度和印度尼西亚。

就亚太地区整体而言，外汇市场基本面良好，且估值可观。我们尤其看好泰铢，原因是泰国旅游业复苏以及能源和运输成本降低将共同推动其经常账户强势反弹。鉴于印度尼西亚的经常账户结构得到改善，且该国持续进行财政整顿，我们也看好印度尼西亚卢比。在亚洲信贷市场，印度可再生能源等领域均蕴藏机会。

BCG：品浩是否会因全球发展而调整在亚太地区的战略?

Alec Kersman：我们的重心并未改变——亚太地区仍是品浩公司层面全球战略计划的重要组成部分，并且会在该地区持续投资。

我们拥有27年在亚太地区经营业务的经验，于1996年在新加坡设立首家办事处，此后在该地区的办事处增至6家，包括东京、悉尼、香港、上海和台北。我们在该地区拥有4个交易大厅，业界领先的信贷分析师和基金经理利用其专业知识为我们获取最佳投资机会，并始终如一地服务于全球客户。

我们坚持一切以客户为中心的理念，秉承勇于担当和开拓创新的文化。我们为机构和财富管理业务的投资者提供服务，针对公私募市场提供全方位的解决方案，包括多元资产、固定收益、对冲基金、另类信贷、大宗商品和房地产。

作为一家具有全球规模和影响力的公司，我们各类产品业绩长期表现卓越，我们的优势和能力能够满足客户在该地区的投资需求。从投资组合管理的角度来看，我们近期增加了在亚太地区的员工人数，以提升量化能力，并将对提升我们的投资流程和客户参与度发挥至关重要的作用。我们也在扩充专注于信贷特殊情况的团队，该领域越来越受到关注。

关于我们的亚太战略，我最后要说的一点也许是最重要的一点——我们致力于投资人才。我们将员工视为企业最宝贵的财富。我们在全球和本地招聘，并努力营造兼具多元化和包容性的环境，以吸引、培养和聘用全球顶尖人才。

BCG：品浩在亚太地区有哪些机会?

Alec Kersman：亚太地区是品浩的重要增长引擎，该地区具有广泛的机会。

需要强调的一个区域是日本——我们在那里拥有庞大且稳定的业务。在机构业务和财富管理方面均潜藏巨大的机会。例如，随着投资者寻求更高回报，日本金融体系中目前在定期存款和其他账户中的大量储蓄预计将继续流入投资产品。这一趋势也得到了政府的支持，政府于

2014年推出了日本个人储蓄账户（NISA）退休计划，提供免税福利，以帮助居民增加储蓄。政府将在2024年扩大该计划，推出新的NISA账户，这些账户可能具有更大的配置潜力。

在东北亚的其他地区，我们看到中国人民银行、香港金融管理局和澳门金融管理局于2021年推出的大湾区理财通（GBAWC）等举措，允许大湾区居民在这些司法管辖区投资产品和理财，这提供了巨大的长期机遇。随着中国重新开放，我们预计南北互通会带来更大的需求。

在亚太地区，我们看到了一种在世界其他地区也在显著增长的趋势：主动管理型交易所交易基金（ETF）的兴起。客户发现其中一些基金可以提供更好的收益，支持更大的多样化和增加流动性，而交易成本相对较低。澳大利亚等市场在这方面处于领先地位，但其他市场也正紧随其后。

最后，随着法规的变化，允许投资于资本效率更高的资产类型和结构，保险业提供了重大的、振奋人心的新机遇。我们正积极与保险公司合作，在新加坡、中国香港、韩国和中国台湾等市场制定创新策略。

亚太地区是一个非常具有吸引力的地区。市场发展、成熟的投资者和领先的数字化正在迅速将其转变为世界的增长和创新中心。

BCG：中国市场怎么样？你们如何投资这个市场？

Alec Kersman：中国市场对品浩具有重要战略意义。从投资组合管理的角度来看，我们一直将中国作为全球宏观分析和长期机会评估的关键组成部分。当考虑全球经济与地缘政治之间的动向时，必然将中国置于首要地位。作为全球最大的债券市场之一，中国也为我们提供了一些最有利的机会，为我们的全球客户创造价值。

从商业角度来看，我们有幸为众多机构客户管理投资组合，并在过去二十年间的合作中向其提供投资解决方案。我们在上海已经设立了一家外商独资企业，这使我们能够参与合格境内有限合伙（QDLP）业务。

我们致力于为投资者提供更多的旗舰策略。随着我们对本地市场的理解不断发展，为投资者创造价值的机会也不断扩大，我们将继续投资并扩大我们在中国的业务。我们希望更贴近客户，探索创新理念并向客户提供投资组合解决方案。随着团队的迅速壮大，我们已于近期迁至上海中心大厦的新办公室，中国市场对我们来说十分重要，这是具有里程碑意义的事件。

BCG：亚太地区资产管理行业有哪些主要趋势？

Alec Kersman：就影响亚太地区长期的行业趋势而言，我们需要关注两个关键方面：技术创新和ESG投资增长。

随着新技术日渐成熟、成本降低，生产力显著提高，但现有商业模式的风险也越发明显。对于期望获得长期超额收益的主动性投资者而言，重点是通过数字化筛选出能脱颖而出的赢家。从商业角度来看，技术融合将提升业务效率，并增强资产管理人服务客户的能力。具体而言，OpenAI工具（如ChatGPT和其他生成式AI技术）的快速应用具有显著影响资产管理生态系统的潜能。亚太地区（尤其是新加坡和中国香港）已成为金融科技创新和数字化发展的中心，在客户参与和体验方面领先全球。

减缓气候变化也成为全球优先事项，因为气候变化对全球发展具有长期影响。全球经济向净零排放转型将推动数万亿美元投资，并会成为重大机遇，特别是在固定收益领域，因此品浩将在未来构建可持续发展方面发挥关键作用。在亚太地区，澳大利亚、日本等国家已在该方面取得重大进展，越来越多的机构和财富投资者将环境、社会和/或治理作为投资决策的优先考虑因素。

行业垂直领域的半流动性另类投资策略越来越多地受到来自财富管理领域的关注，这类策略提供了进入非流动市场的途径。这些多元化策略通常会获得稳定的收入，同时提供一定程度的流动性。澳大利亚、中国香港、新加坡和日本等市场对该等策略的需求呈上升趋势，我们正在积极帮助客户进行适当配置以获得机会，同时在投资工具的流动性与相关资产之间进行均衡搭配。

就机构投资而言，客户配置正转向私募债权。私募信贷属于一个大的市场类别，从过往来看，众多投资者均倾向于直接贷款给中间市场企业。然而，我们近期观察到投资者对市场其他领域的关注日益增多，例如对商业房地产债务和资产抵押贷款的特殊融资机会的关注已超过企业贷款。此类投资包括机会投资策略，如有条件的资本错位配置，以及将困境或不良资产资本化的私募基金。此类配置将受到信贷条件收紧、投资机会扩大以及经济周期下潜在相对价值变化的影响。对于亚太地区投资者而言，地域多元、对冲成本和资本效率也是需要考虑的重要因素。

2. 周期演进：全球市场面临新一轮重置风险；中国市场短期不确定性加剧，中长期仍然向好

2.1 中外对比：四重因素叠加，周期深化演进

在专题一中，我们总结了影响资管行业过去30多年发展的三大类核心驱动因素，分别为长期性因素、周期性因素和事件性因素。我们尝试用同样的分析框架来对比分析以美国和欧洲为代表的全球市场和中国市场未来的演进方向（见图2-1）。

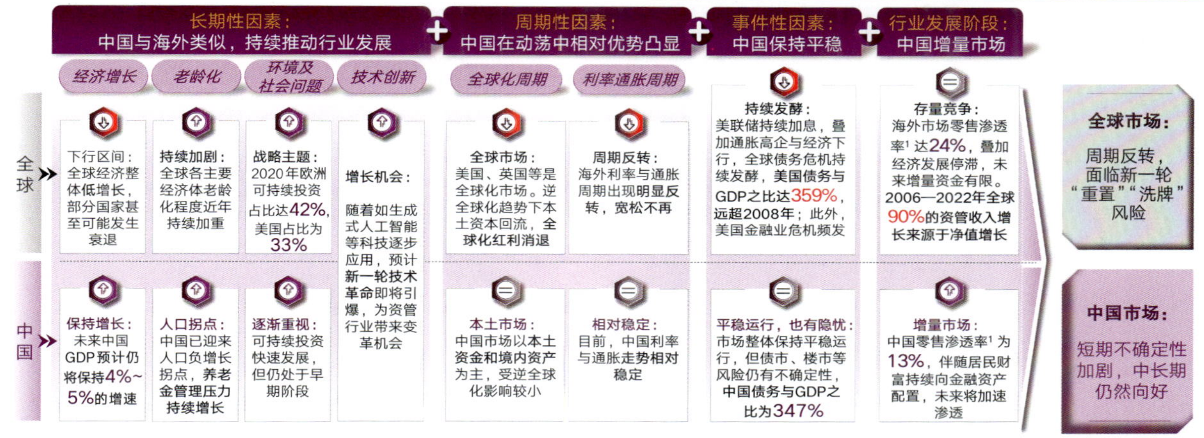

注：1. 零售资管渗透率=国家零售资管资金总额/居民财富总额。

图2-1　四重因素叠加，全球市场周期反转面临新一轮“重置”“洗牌”风险；中国资管市场短期不确定性加剧，中长期仍然向好

（资料来源：中国政府网、GSIA、S&P、Wind、国家统计局、美国联邦储蓄系统、BCG中国资产管理模型2021、2021年Cerulli美国资管市场报告、BCG全球资产管理市场规模数据库、BCG分析）

- **长期性因素：中国与海外类似，持续推动行业发展**

预计经济增长、老龄化、环境及社会问题、技术创新等长期因素将继续推动各主要市场持续发展。中国经济增长预计将保持4%~5%，高于全球平均水平。

- **周期性因素：中国在动荡中相对优势凸显**

2022年，受俄乌冲突、新冠疫情、供应链紧张等多重不利因素的冲击，全球多国发生通胀飙升，利率和通胀周期发生反转。全球化周期逆转，各国资本从美国、英国等全球金融中心回

流；经济波动周期进入下行区间，全球经济整体低增长，部分国家甚至可能发生衰退。在这些周期变化的加持下，全球资管行业进入动荡期，或将长期处于“寒气”之中。中国市场以本土资金和境内资产为主，受逆全球化影响较小，同时利率与通胀走势相对稳定，在动荡中凸显相对优势。

- 事件性因素：海外持续发酵，中国保持平稳

在2022年变局下，全球资管行业中一些隐疾与潜在风险被集中暴露，如LDI策略引导下的英国养老金在高通胀加息背景下因无力支付保证金而陷入流动性危机；德意志银行旗下资管机构因涉嫌漂绿被国内外监管机构调查；硅谷银行流动性管理和瑞信风控与高风险行为引发破产风波。美联储持续加息，叠加通胀高企与经济下行，全球债务危机持续发酵，美国债务与GDP之比达359%，远超2008年。中国市场则整体保持平稳运行，但债市、楼市等风险仍有不确定性，债务与GDP之比为347%，也有隐忧。

- 资管行业发展阶段：海外新增资金乏力，中国仍处增量市场

除上述三类驱动因素之外，另一个重要的考虑因素是从渗透率角度来看一个市场的资管行业所处的发展阶段。以美国和欧洲为代表的成熟市场，居民财富和机构资金已经较为充分地配置在了资产管理市场，2006—2022年90%的规模增长来源于净值增长。反观中国市场，目前仍处于增量市场阶段，居民财富仍在逐步增加资产管理配置，养老金等机构资金持续入市。

综合上述四重因素，我们认为海外市场可能面临新一轮“重置”“洗牌”风险。中国市场短期也将面临不确定性加剧风险，但基础动能和周期环境相对稳定，中长期仍然向好。

2.2 全球展望：增速放缓、结构深化、四大转型

增速放缓。预计未来五年全球资管市场年化增速将低于5%，到2027年管理规模增长至约120万亿美元水平（见图2-2）。

结构深化。从市场角度来看，由于地区经济维持较快增长且中产和富裕阶层比例持续提升，以中国、印度和东南亚为主的亚洲新兴市场无疑是全球资管市场下一阶段的增长引擎；从资金来源角度来看，在老龄化持续加重的背景下，养老金投资需求仍将继续增长；从策略和产品角度来看，在波动市场环境下仍能提供收益较为稳定的解决方案型产品、全天候另类策略和另类资产产品也将持续受到投资者的欢迎，同时产品费率进一步降低也将助推被动型产品，尤其是ETF的增长（见图2-3）；而负责任投资则会随着相关政府和监管体系的进一步升级和完善，进入新的发展阶段。

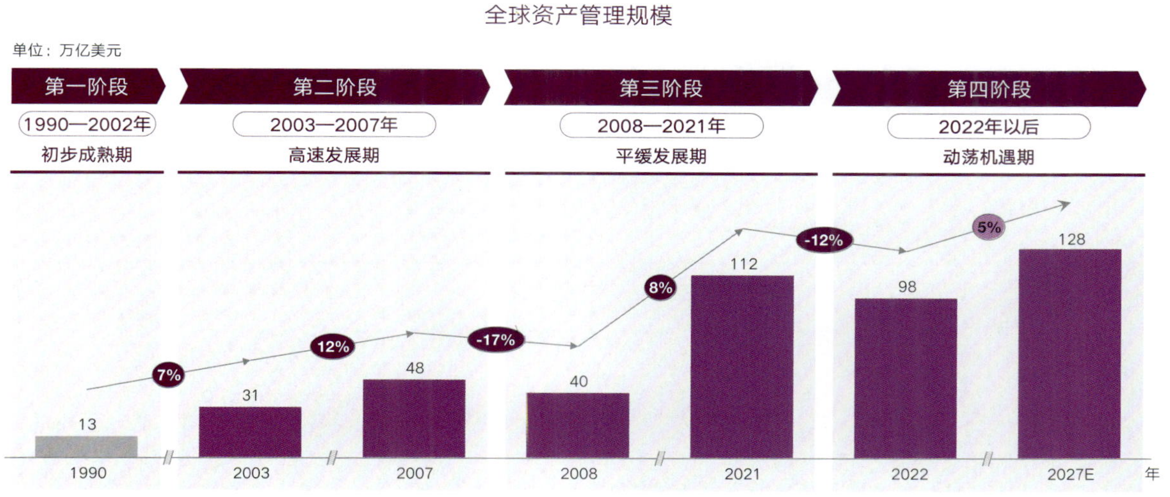

注：1990—2002年数据只包括OECD国家：美国、日本、英国、德国、法国。

图2-2　全球资管规模预计到2027年将以低于5%的年化增速增长至120万亿美元左右

（资料来源：2021年BCG全球资产管理市场规模数据库、OECD、BCG分析）

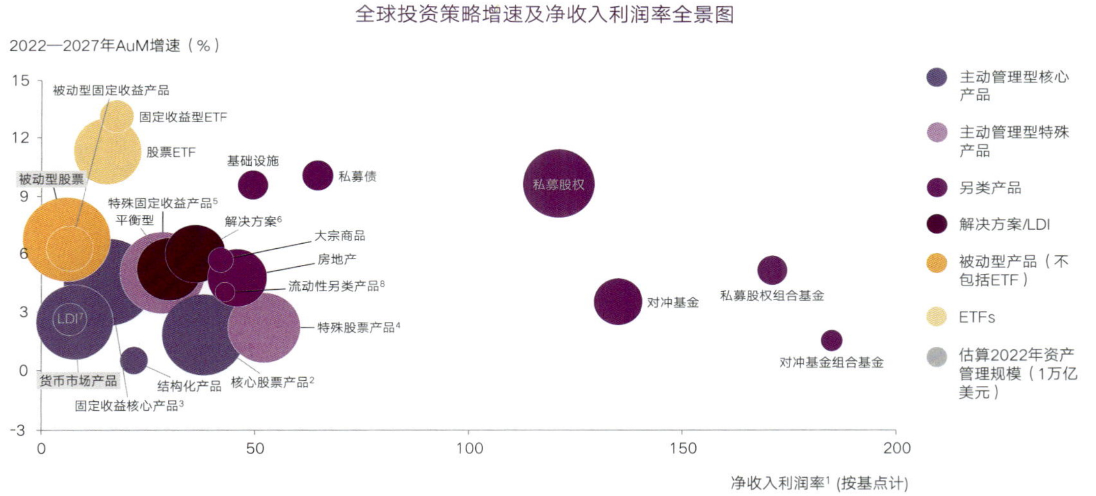

注：ETF＝交易型开放式指数基金。

1. 扣除分销成本后的管理费；
2. 包括主动管理型国内大盘股；
3. 包括主动管理型国内政府和企业债务；
4. 包括海外、全球、新兴市场、中小市值及行业板块；
5. 包括新兴市场、高收益、灵活及通胀挂钩债券；
6. 包括目标日期、期限目标基金和OCIO；
7. LDI＝负债驱动型投资；
8. 包括绝对回报、多头/空头、市场中性和波动性共同基金。

图2-3　到2027年，解决方案型、ETF和部分另类产品将引领市场增长

（资料来源：2023年BCG全球资产管理市场规模数据库、2023年BCG全球资产管理对标分析研究数据库、ISS Market Intelligence Simfund、P&I、ICI、Preqin、HFR、INREV、BCG分析）

四大转型。海外资管机构将围绕四大方向布局转型和应对举措。一是防御过冬。通过降本增效保持财务健康和盈利性。二是穿越周期。通过布局另类资管业务实现不确定周期下的稳定回报。三是深化客户服务。通过打造个性化产品和服务，进一步提升和战略客户间的黏性。四是对冲逆全球化。通过战略布局新兴市场对冲逆全球化下资本回流影响，并把握新兴市场的高增长机遇（见图2-4）。

图2-4　全球资管机构转型四大关键

（资料来源：BCG全球资产管理市场规模数据库、BCG分析）

2.3 中国展望：中长期仍然向好，短期不确定性加剧，五大结构性机会

中长期仍然向好。对比全球市场，中国经济仍然保持增长，未来预计GDP仍将保持4%~5%的增速[①]；全球市场周期反转下事件频出，中国相对稳定。从资管行业发展阶段来看，中国资管行业仍属增量市场。我们认为中国资管市场中长期仍然向好，预计到2030年中国资管市场的规模仍能保持9%左右的年化增长（见图2-5）。

① 中国政府网。

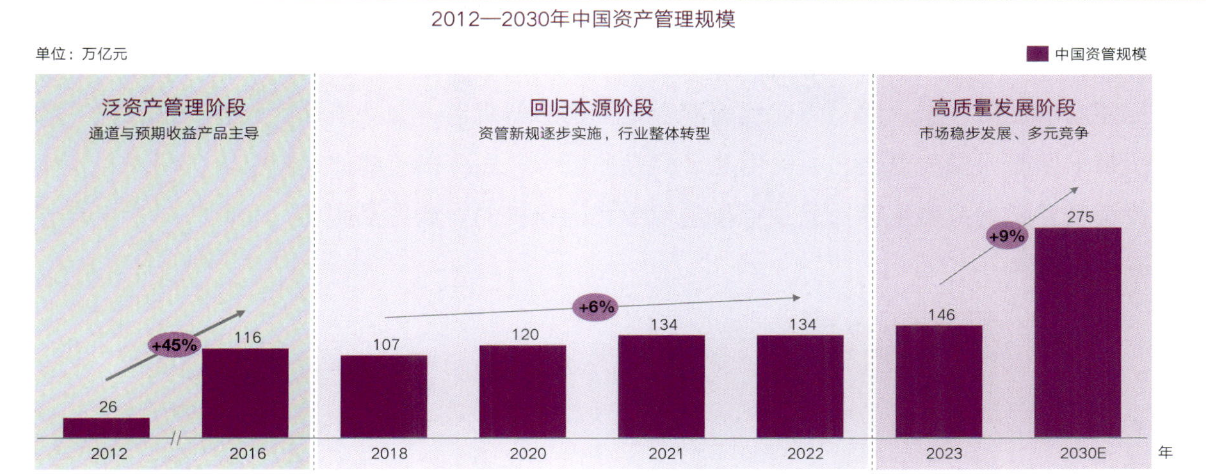

图2-5　中国资管市场迈入高质量发展新阶段，预计至2030年将取得9%的年化增速，达到275万亿元

（资料来源：BCG2022年中国资产管理市场模型、BCG分析）

短期不确定性加剧。尽管中长期前景仍然向好，短期来看仍存在六大不确定性因素。一是逆全球化持续演进、全球地缘局势恶化等从底层动摇全球经济增长；二是经济层面消费弱复苏，青年人就业压力凸显；三是短期内利率走势与货币政策空间有限，汇率走势不明；四是在资产层面结构性资产荒缓解途径悬而未决；五是资金层面投资者资金回流存款的情况改善时间未知；六是如房地产风险、宏观债务压力、结构性的流动性压力等事件仍有可能发生。

从对全球资管市场30多年的分析我们也可以看到，在全球市场的类似阶段，整个资管市场在资金来源和需求、策略和产品结构等方面均将发生结构性的变化，上个周期中行之有效的策略和业务模式在周期反转后可能完全失效。相应地，在机构层面，能够抓住变化机遇的资管机构会快速崛起或进一步稳固自身在整个资管市场中的地位，而另外一些机构则可能由于原有策略和业务模式的失效而被市场淘汰。

为了能够更好地在充满高度不确定性的环境下发展业务，我们认为中国资管机构首先需要在心态上能够“正视不确定性”，即需要从心态上接受市场环境的巨大变化和难以准确预知的现实，并持续提升对市场前景和趋势的研究、预测、判断的频率和能力，不持执念，提前做好不同类型的行动预案，以便能够在事件发生时更快速地应对。同时，资管机构在行动上也不能随波逐流，而是需要在整体不确定性中，快速识别并通过强化能力把握涌现出的较为确定的结构性机会。

五大结构性机会。我们建议中国资管机构在不确定性中把握确定性机会。一是新资金来源。如老龄化加剧，养老金投资新政带来的养老资金，Z世代客户资金入场和市场环境及投资需求变化带来的增量企业资金等。二是新产品、新工具。如REITs、不动产私募基金、增强型指数基金等ETF产品多元化、三十年国债期货等。三是多资产解决方案型产品。如多元资产配置/全天候策略产品满足投资者在波动市场下获取稳健投资回报的需求，私募股权投资等另类资管产品满足投资者在长期限下稳定高收益的需求，解决方案型产品、LDI、OCIO满足负债驱动或特定目标驱动的投资需求。四是周期性因素变化带来的新机遇。如从全球化到逆全球化这一周期变化所带来的美元基金退出、人民币基金崛起的机会；经济增速的放缓所带来的另类投资中逆周期投资及并购相关机会等。五是科技进步带来的新机遇。如产品直销、智能投顾、量化投资等带来的新机遇。

3. 聚焦质量：新周期不确定性加剧，高质量发展是应对之本

中国资管行业在30多年的发展进程中逐步建立认知、不断试错优化，已形成超百万亿元级市场。但在2022年危机集中爆发、逆全球化持续、周期反转背景下，资管行业正受到需求收缩、供给冲击、预期转弱三重挑战。我们认为唯有修炼内功，实现高质量发展，才能真正帮助行业应对环境挑战。

因此，我们提出高质量发展框架，期望能够助力中国资管行业明确发展方向（见图3-1）。我们认为中国资管行业实现高质量发展的整体愿景是可持续地创造价值。而实现该愿景需要围绕“创造价值”和“可持续”两大核心要素明确可执行的具体目标。同时推动行业内各个资管机构转换经营理念，强化经营能力，构建企业韧性。此外，还需要整个生态环境及监管机构的配合，多方齐心协力，最终实现整个中国资管行业的高质量发展。

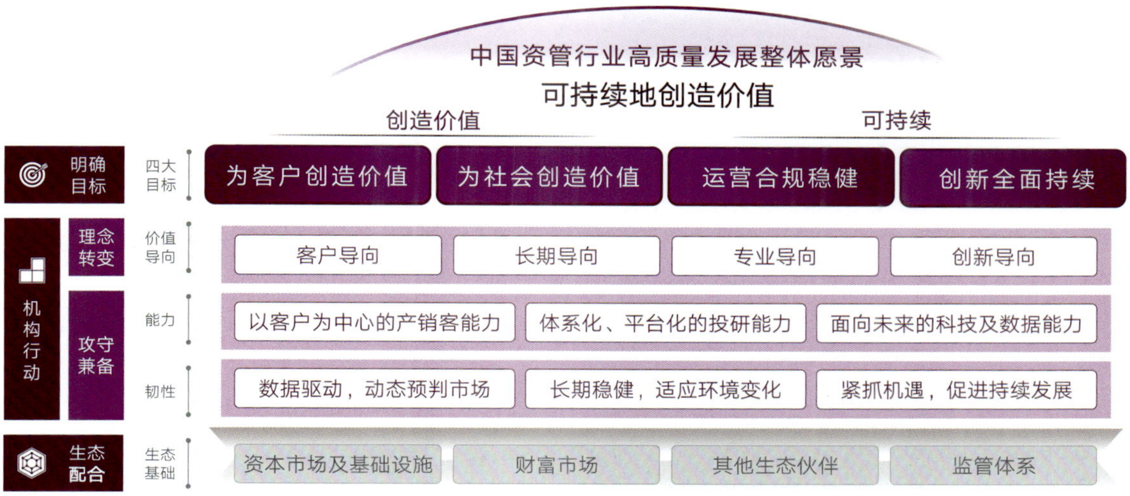

图3-1 高质量发展框架——中国资管行业需可持续地创造价值

（资料来源：BCG分析）

3.1 行业目标：四大目标引领可持续的价值创造

在可持续地创造价值这一中国资管行业高质量发展整体愿景之下，围绕“创造价值”和“可持续”两大核心要素我们提出中国资管行业高质量发展的四大目标。

一是创造客户价值，即推动居民财富保值增值以实现全社会共同富裕。这一核心目标包含两大具体内容：其一是持续稳定地为客户创造超额投资收益，其二是持续提升资管在居民财富配置中的比例。

二是创造社会价值，即发挥资管行业在整个社会和经济、金融体系中的重要作用。这一核心目标包含三大具体内容：第一为服务实体经济，通过提升资管在金融体系中的占比，强化资管机构在直接融资中的枢纽作用，为实体经济匹配资金与资产资源；第二为助力社会可持续发展，通过持续扩大可持续投资的规模及范围，提高可持续投资在资管规模中的占比，扩大和提升可持续投资范围与质量；第三为繁荣资本市场，通过加深资管机构在资本市场的参与深度，如提升股票持有者中资管机构的持有比例，为整个资本市场高质量稳健运作添砖加瓦。

三是经营稳健合规，即维持业务经营的稳定并避免重大风险事件的发生。这一核心目标包含两大具体内容：第一为保持经营业绩的稳定，通过扩展客群、丰富渠道、开发产品、拓展业务等途径平滑经营业绩波动，提升穿越市场周期的能力；第二为确保经营合规，避免重大违规与风险事件的发生，降低此类事件对经营秩序的干扰。

四是全面持续创新，整个资管行业需要强化创新意识，探索新产品、新服务，持续推动科技和数字化升级，保障资管行业长久发展的动力充足。

基于以上高质量发展四大核心目标与八大具体内容，我们针对整个中国资管行业当前的情况进行评估，以帮助明确中国资管行业当前在高质量发展进程中所处的位置及未来的提升方向（见图3-2和表3-1）。

中国资管行业高质量发展整体评价

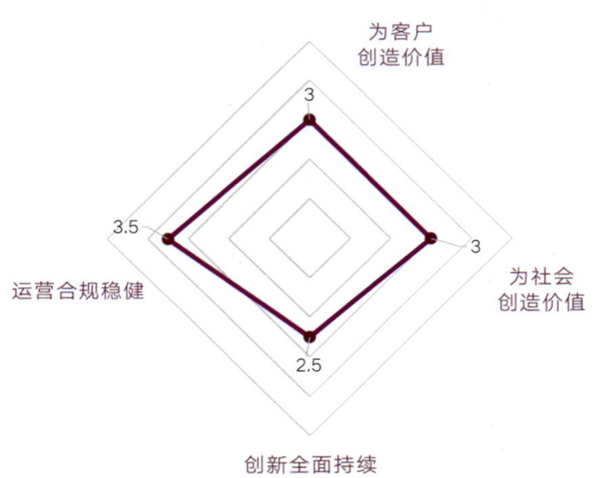

四大目标 八大具体内容

高质量发展目标	具体内容
为客户创造价值	创造投资收益
	提升财富配置份额
为社会创造价值	服务实体经济
	支持可持续发展
	促进资本市场繁荣
运营合规稳健	经营业绩稳定
	杜绝风险事件
创新全面持续	持续创新

图3-2 中国资管行业高质量发展在为客户创造价值方面取得可观成就，但整体还需进一步提升

（资料来源：BCG分析）

表3-1　中国资管行业的高质量发展初步评估结果

高质量发展目标	得分	内容	评估指标及结果
为客户创造价值	3	创造投资收益	• 整体贡献大，但投资者实际收益仍低于基金净值走势：过去十年，银行理财累计为投资者创造超过4万亿元收益；公募基金累计为投资者创造4.1万亿元收益，其中非货币基金累计为投资者创造2.4万亿元收益，但仍存在“基金赚钱，基民不赚钱”的情况
		提升财富配置份额	• 零售渗透率仍存在较大提升空间：2021年中国零售资管的渗透率约为13%，处于成熟期的美国资管市场零售渗透率为24%
为社会创造价值	3	服务实体经济	• 资管在金融体系中占比较低，制约了对实体经济的支持：2021年中国资管在整个金融体系中的占比约为27%，美国为42%，中国资管行业不发达，一定程度上制约了通过直接融资对实体经济的支持
		支持可持续发展	• 可持续投资规模发展迅速，但仍存在较大提升空间：2022年中国可持续投资占资管总规模的比例约为1%，对比2020年美国已达到33.2%、欧洲已达到41.6%
		促进资本市场繁荣	• 股票市场中资管机构份额有待进一步提升：2022年A股投资者中资管机构占比约为18%，而同期美国股票市场投资者中资管机构占比已经达到了26%
运营合规稳健	3.5	经营业绩稳定	• 整体业绩稳定增长，但与市场波动存在较大关联：以公募基金为例，2012—2021年中国股票市场共出现2次负增长，而该期间可统计到所有年份收入的38家公募基金的总营业收入也在同时期出现负增长，营收与股票市场表现仍有较大相关性
		杜绝风险事件	• 违规事件时有发生，合规稳健程度仍有待提高：2022年银行理财行业仍面临罚单频开的局面，但违规严重程度与处罚金额持续下降，体现行业规范化的稳步推进；23家基金公司遭到监管稽查或处罚
创新全面持续	2.5	持续创新	• 部分领域创新活跃，但整体创新能力仍有待提升：数字化渠道与客户运营处于全球领先水平；产品多样性受限于底层资产限制略显不足；内部各业务平台数字化仍然任重道远；沿价值链拓展业务模式较为局限，未来发展空间巨大

资料来源：BCG分析。

• 为客户创造价值

为客户创造价值的能力仍待提升。资管机构已为投资者创造一定规模的收益。2012—2022年，银行理财累计为投资者创造超过4万亿元收益。[①]公募基金累计为投资者创造4.1万亿元收益，其中非货币基金累计为投资者创造2.42万亿元收益。但投资者实际收益明显低于基金收益的情况仍然普遍存在。以公募基金为例，2012—2022年，公募股票型、混合型与债券型基金的投资者收益率基本持平或跑赢对应资产的收益率，但增速逊于对应基金总指数的增速。如公募混合型基金的投资者收益率常年跑赢混合型指数[②]，但增速逊于Wind混合型基金总指数的增速（见图3-3）。[③]这说明资管机构应该继续努力提升为客户创造价值的能力，仍需深化“以客户利益为中

① 4万亿元不含2012年、2018年、2019年数据。数据来自银行业理财登记托管中心与中国银行业协会历年报告。

② 混合类指数为每年沪深300指数与中债信用债指数的算术平均值。

③ Wind。

心，与客户利益一致”的责任义务。

2012—2022年中国各类型公募基金投资者实际收益率[1]、基金指数走势与对应资产收益率

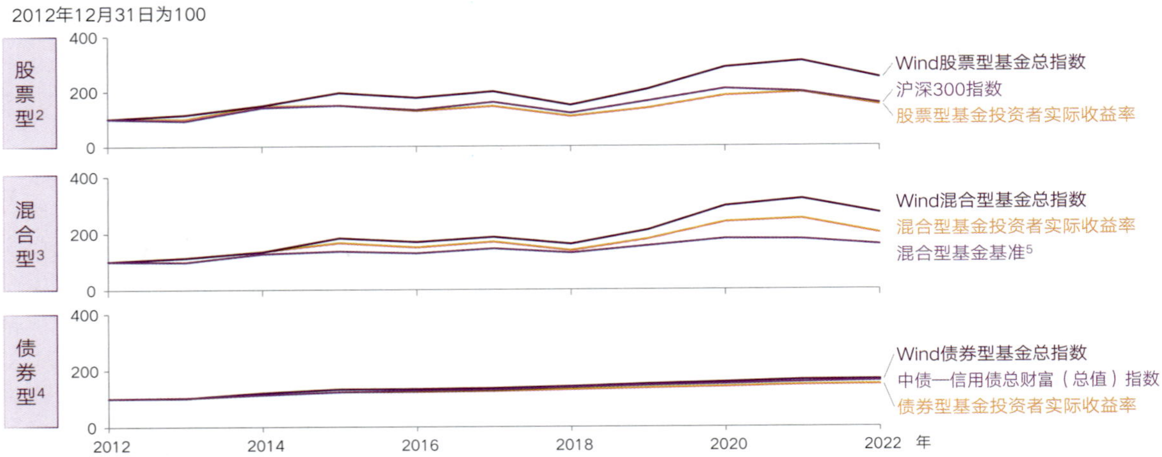

注：1. 基金投资者实际收益率由单只基金的加权平均净值利润率按照每只基金期初与期末的单位资产净值平均值进行加权加总计算所得。

2. 股票型基金包括被动指数型基金、普通股票型基金、增强指数型基金。

3. 混合型基金包括灵活配置型基金、偏股混合型基金、偏债混合型基金、平衡混合型基金。

4. 债券型基金包括被动指数型债券基金、增强指数型债券基金、短期纯债型基金、中长期纯债型基金、混合债券型一级基金、混合债券型二级基金。

5. 混合型基金基准=沪深300指数收益率 × 50% + 中债信用债指数收益率 × 50%。

图3-3　以公募基金为例：投资者实际收益率常年持平或略优于对应资产收益率，但普遍逊于基金指数走势

（资料来源：Wind、BCG分析）

零售渗透率仍存在较大提升空间。2021年中国零售资管的渗透率约为13%，而美国资管市场2021年零售渗透率更进一步达到了24%，中国资管行业在提升客户钱包份额方面仍然潜力巨大。因此，我们认为随着居民财富的不断累积和对资管接受程度的持续加深，零售业务仍将是中国资管市场未来发展的重点之一（见图3-4）。

2017—2021年中美零售资管渗透率[1]

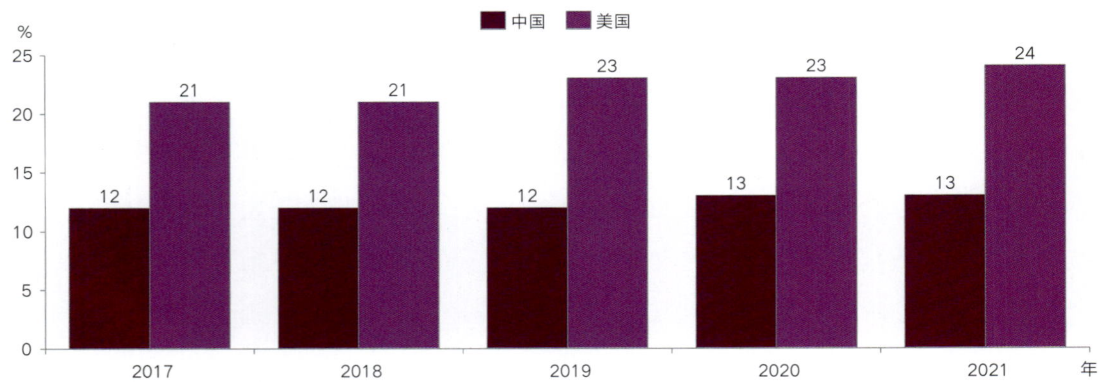

注：1. 零售资管渗透率=国家零售资管资金总额/居民财富总额。

图3-4　2022年中国资管零售渗透率约为13%，仍有较大提升空间

（资料来源：Wind、国家统计局、美国联邦储蓄系统、BCG中国资产管理模型2021、2021年Cerulli美国资管市场报告、BCG分析）

• 为社会创造价值

资管在金融体系中占比较低，一定程度上制约了通过直接融资对实体经济的支持。2021年中国资管行业规模在金融体系中占比为27%，而美国同期水平为42%。中国资管行业不发达，一定程度上制约了中国直接融资的发展。2020年中国直接融资占比为38%，大幅低于2020年美国的81%。与同样以间接融资为主的欧洲和日本市场相比也存在差距（见图3-5）。资管行业是直接融资的中枢，直接融资占比水平直接体现资管服务实体经济的能力。中国资管机构需继续努力，通过资管产品，以受托管理方式衔接资金端投资需求；通过公开市场与私募市场，以股权、债券投资方式助力实体经济发展。

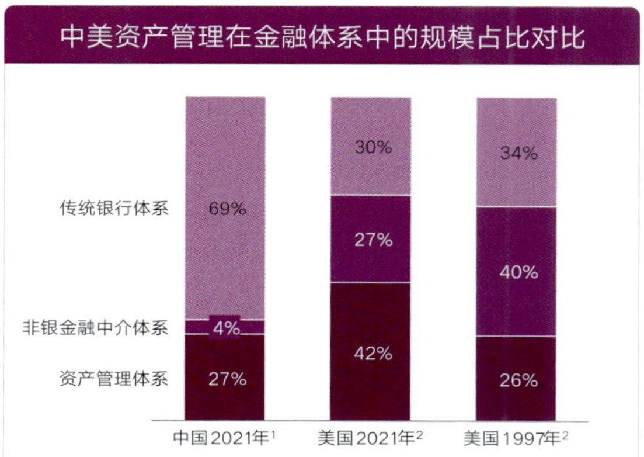

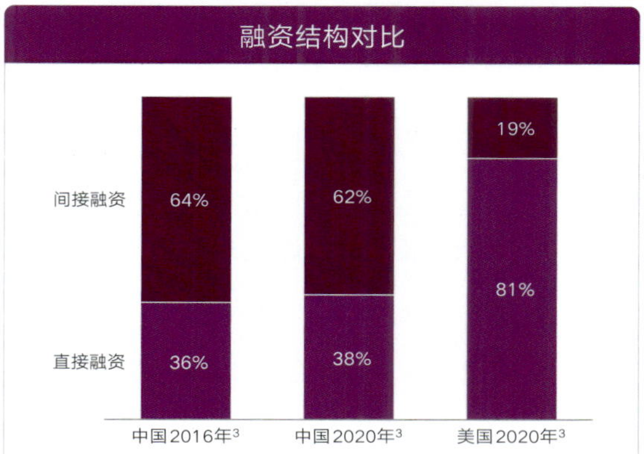

注：1. 中国数据中，传统银行体系数据使用中国人民银行公布的银行业机构（指法人金融机构，含境外分行，不包括中央银行）总资产344.8万亿元；非银金融中介体系数据包括中国人民银行公布的证券业机构总资产（证券业机构包括证券公司、期货公司和基金公司，证券公司和期货公司总资产均包括自身及客户资产）12.3万亿元，信托业协会公布的信托公司固有资产0.9万亿元，中国财务公司协会公布的财务公司总资产8.6万亿元；资产管理体系数据使用BCG中国资产管理市场模型测算的中国资管行业AuM。

2. 美国数据为三类金融部门的金融资产规模相对占比，数据来源为美联储 Financial Accounts of the United States。

3. 直接融资包括国内上市公司市值（Market Capitalization of Listed Domestic Companies）和非金融企业债券规模（Total Debt Securities of Non—financial Corporations），间接融资包括私营部门银行贷款规模（Domestic Credit to Private Sector by Banks）。国内上市公司市值和私营部门银行贷款数据来自世界银行；非金融企业债券数据来自国际清算银行。

图3-5 中国资管占金融体系规模的比例与海外市场仍有较大差异，中国直接融资比例较低

（资料来源：中国人民银行、中国信托业协会、中国财务公司协会、美联储、世界银行、国际清算银行、BCG分析）

可持续投资发展迅速，但仍存在较大提升空间。2022年，中国可持续投资占中国资管市场总规模约为1%。而欧洲和美国早在2020年该比例就分别达到了41.6%和33.2%。中国与领先水平仍有较大差距。但近年来中国可持续投资取得飞速进展，规模连续两年保持30%以上增速。[①]在可持续投资方面，中国有望在更短的时间内达到国际领先水平。

股票市场中资管机构的份额还有待进一步提升。2022年，中国股票持有者中资管机构的份

① 《2022年中国责任投资年度报告》，2020 Global Sustainable Investment Review。

额约为18%。[①]而2022年末，美国股票持有者中资管机构占比为26%。[②]中国资管机构在资本市场的参与程度还有待进一步提升。

- 运营合规稳健

公募基金营业收入稳定增长，但与股票市场波动仍存在关联。2012—2021年，38家公募基金[③]的营业收入实现复合年增速20%，但在2016年与2018年出现2次负增长，与中国股票市场同时期的负增长表现吻合，说明公募基金营业收入与股票市场表现仍有较大相关性。这些公募基金中有19家表现优于或持平于市场水平。其中3家在这9年间全部实现正增长，16家出现1~2次负增长。2021年，这19家公募基金营业收入占38家总收入的40.2%。剩余半数公募基金出现3次及以上负增长，表现逊于股票市场水平。以上公募基金的案例说明，中国资管机构经营收入水平受到底层资产与产品类型影响较大，亟须提升机构业务与产品多样化水平，以平滑波动、穿越周期（见图3-6）。

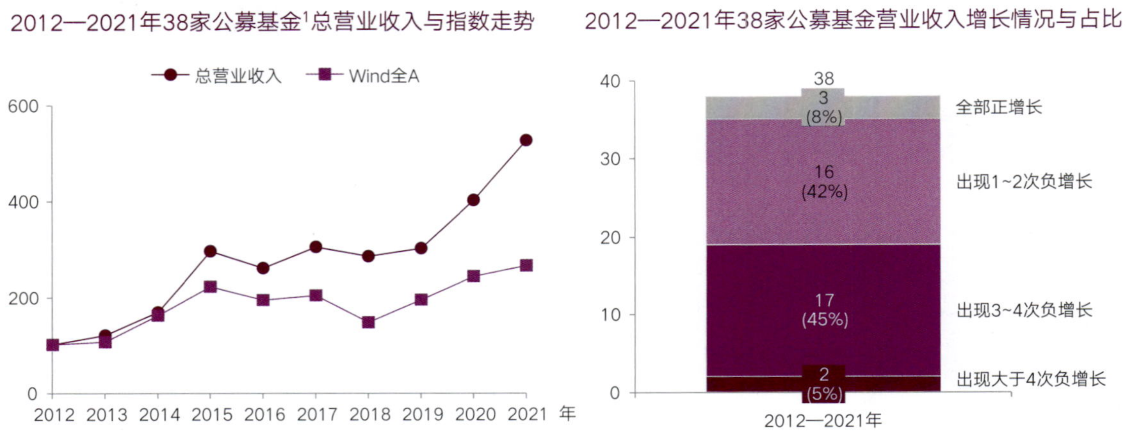

注：1. 选取可获取2012—2021年完整营业收入数据的公募基金，共计38家。

图3-6 公募基金营业收入与股票资产走势呈现较大相关性，应进一步推动多元化发展平滑波动

（资料来源：Wind、BCG分析）

违规事件仍时有发生。资管机构管理不善，内控缺位的现象仍普遍存在。银行理财方面，2022年行业仍然面临罚单频开的局面，但违规严重程度与处罚金额持续下降，体现出行业规范化稳步推进。重点处罚领域覆盖流动性管理、集中度比例合规、投资杠杆水平、会计核算、信息披露、经营管理等多方面。[④]此外，多家银行及其分支机构因机构代销违规而收到罚单。公募基金方面，2022年23家头部及中小基金遭到监管稽查或处罚。原因涵盖内控不足、产品运作违

① 中国证券投资基金业协会，Wind。数据截至2022年第三季度末。
② 美联储，美国财政部，SEC。
③ Wind。选取可获取2012—2021年完整营业收入数据的公募基金，共计38家。
④ 毕马威，《2022年度银行业监管处罚洞察分析》。

规、产品销售违规、信息披露违规等。[①]以上处罚情形说明，在监管体系不断完善的过程中，中国资管行业仍在不断暴露运营隐患，稳健程度有待提高。

- **创新全面持续**

部分领域创新活跃。中国资管机构整体创新能力仍有待提升。在资管业务方面，渠道上，中国资管机构在数字化平台合作与零售客户运营上处于全球领先水平；产品上，产品多样性受限于底层资产略显不足，但仍可以拓展产品战略职能、市场洞察职能与产品专家职能；数字化发展上，中国资管行业仍任重道远；而在沿价值链拓展业务模式方面，中国资管机构整体表现仍较为局限，在向资金端提供财富服务、向资产端提供投管服务、向资管机构端提供咨询和技术输出服务等领域的发展空间仍然巨大。

3.2 机构行动之一：以四大价值导向为行动纲领

为完成以上四大目标，建议资管机构以四大价值导向为行动纲领，构建攻守兼备的企业能力和韧性体系，实现高质量发展。理念层面需要完成四大价值导向转变（见图3-7）。

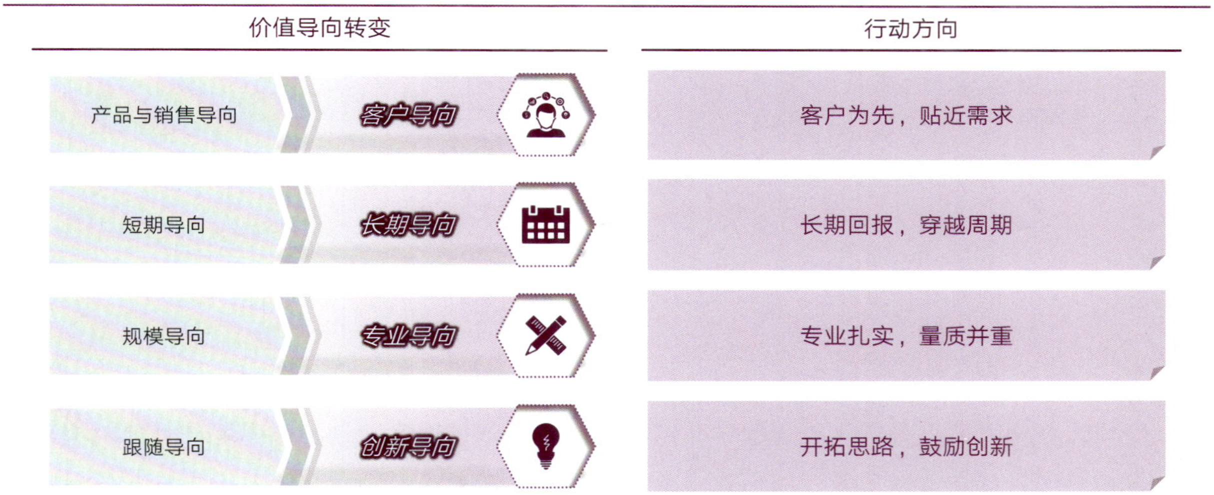

图3-7　四大价值导向：资管行业高质量发展的行动纲领

（资料来源：BCG分析）

从产品与销售导向转为客户导向：随着资管与财管融合进程加速，资管机构应践行客户价值优先的原则，打造围绕客户需求的产品与服务。

从短期导向转为长期导向：在行业不断走向成熟与复杂的大背景下，短期策略逐渐失效，

① 各公司2022年年报。

资管机构应布局长期可持续发展，同时培育投资者长期投资理念。

从规模导向转为专业导向：随着行业从高速发展转为高质量发展，资管机构应认识到重“量”的同时需重“质”，打造专业能力，为长期稳定创造价值打好基础。

从跟随导向转为创新导向：为寻找增长新动能，资管机构应该改变此前以追随为主的策略，搭建可持续的创新机制，开拓创新思路，从系统层面鼓励创新，赋能全面创新。

3.3 机构行动之二：攻守兼备——强化三大核心能力

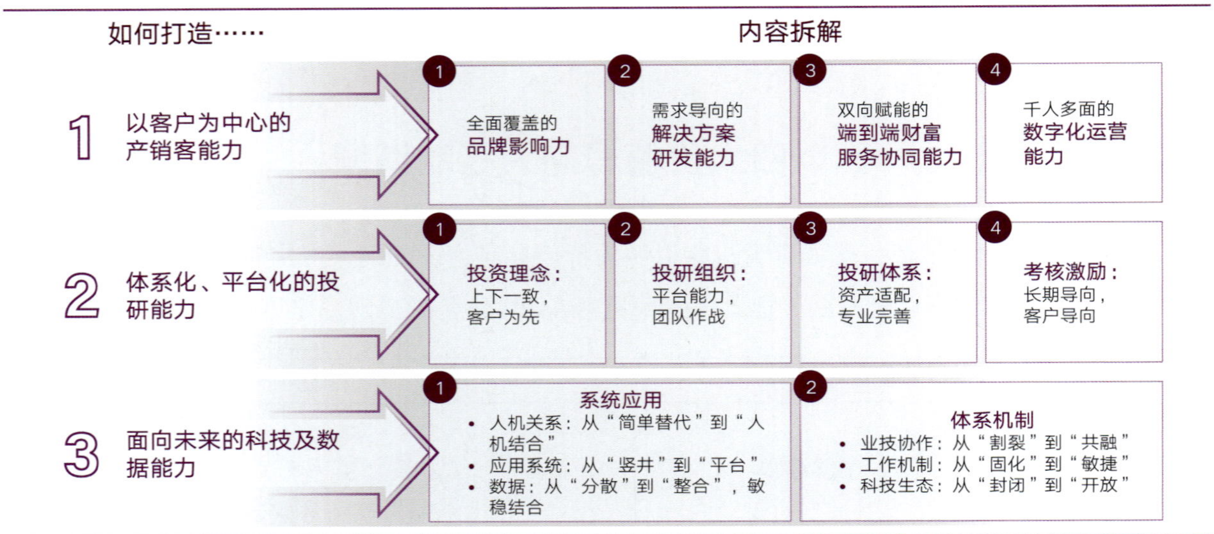

图3-8　攻守兼备之攻：强化三大核心能力

（资料来源：BCG分析）

- 以客户为中心的产销客能力

受到客户理财需求升级、渠道数字化以及净值化转型等因素驱动，各类资产管理机构需要结合自身发展目标和资源禀赋，明晰自身价值定位和能力要求，顺应资管机构未来加快与财管机构双向赋能的趋势，共同围绕以客户为中心的目标，构建闭环生态的不同模式。结合对于全球领先资管机构在财富与资管双向赋能领域的先进实践研究，我们总结了三种可能采取的模式：模式一为专家赋能型，是指资管机构立足资管产品或解决方案专业提供方的价值定位，围绕财富管理服务价值链关键环节（KYC、财务规划、资配建议、产品甄选与匹配、投教陪伴），利用自身在产品、投研、科技系统等方面的专业能力，全面赋能合作财管机构，进而整体打造客户导向、投顾驱动财富管理服务。模式二为生态伙伴型，是指资管机构主动融入财管机构主导的财富开放平台，利用自身品牌影响力与团队专业能力，直接为开放平台终端客户提供投资产品和服务。该模式下资管方的定位不再只是产品供应方，还将与财管方共同开展用户转化、客户经营、产品销售以及投资咨询服务。模式三为双轮驱动型又称全能经营者，凭借在财富端和资产端强大的品牌影响、客群储备和投资能力，以主导构建财富开放生态取胜。需要特别指出的是，这三种模式之间并不是“非此即彼”的关系，一家资管机构可能是不同模式的有机结合体。

相比海外，中国财富管理市场处于发展初期，各类资管与财管机构也同样处于转型升级的关键阶段，在这一背景下，我们认为各类型资管机构在探索双向赋能模式的过程中应该优先关注“以客户为中心”的产销客相关核心能力建设。结合领先实践研究，我们初步总结了资管与财管双向赋能模式下“以客户为中心”的四大核心能力。

我们认为资管机构首先应构建全面覆盖的资管品牌影响力。过去各类资管机构普遍定位自身为专业产品提供方，由于不直接服务终端客户，机构品牌曝光有限，产品投资业绩、基金经理排名等即成为主要的品牌背书。与领先的财富管理机构相比，资管行业的品牌影响力较弱，在品牌特色、品牌定位和客户认知度等方面还存在不小的差距，仍需加快补齐短板。借鉴领先机构经验，我们认为资管品牌建设有两大切入点：一是打造资管机构品牌数字营销能力，即通过自身直销渠道、微信公众号等私域流量经营平台，强化线上客户经营能力，直接开展机构、产品和服务各层次品牌营销与宣传。二是聚焦产品化解决方案、定制化投资策略等方向，打造特色产品与服务子品牌，例如，光大理财自2018年创七彩阳光产品体系，以阳光“红橙金碧青蓝紫”七种色彩分别代表股票类、混合策略类、固定收益类、现金管理类、另类资产、私募股权类、结构化投融资类七大类资产配置，资产属性明确、风险等级清晰、客户理解直观、同业独具特色。

其次是围绕客户需求构建解决方案研发能力。一是强化对客户需求的深刻洞察，资管机构需要积极向财富端延展，透过合作平台或自有渠道深度了解客户投资目标、风险偏好、流动性水平、资产负债等方面需求，并以此为输入设计与之适配的资产配置与投资方案。二是多样化的产品设计能力，在理解客户需求的基础上，资管机构需要具备全面与丰富的产品体系，精细化的产品研发与存续管理，既能够满足不同客户全方位资产增值需求，也能够保持产品风格稳定，及时向客户传递产品最新的信息与投资观点。三是投研与资产获取能力，资管机构需要具备对宏观经济和各类资产轮动的分析和判断能力，匹配产品结构设计和投资策略构建，灵活配置各类资产，从而达成不同客户的收益、风险、流动性偏好的投资目标。

再次是随着资管和财管的双向赋能，共同构建端到端客户财富服务协同能力。随着财富管理从“卖方销售”模式向“买方服务”模式转型，推动客户财富服务旅程逐渐向“投＋顾”综合服务演变，借鉴海外成熟市场经验，我们认为围绕客户财富服务“倾听”“建议”“实施”“跟进”的四大环节，资管机构在财富规划KYC、资配与产品精选赋能以及打造智能投顾等方面能够深度赋能财管机构，进而全面提升客户财富管理服务体验。

最后是构建“千人多面”的数字化运营能力。长久以来，由于资管机构的自我定位是专业产品提供方，科技投入主要聚焦系统化投资投研领域。当前数字化正全面重塑财富管理服务模式，加快推动资管机构在服务渠道、服务环节、服务内容等领域与财管机构相互融合。对资管机构来说，无论是生态融合型还是生态主导型，都对资管机构在客户经营与服务陪伴领域的数字化运营能力提出全新的要求。数字化运营能力的构建主要包括两个方面：一是“千人多面”的客户画像与需求洞察，资管机构需构建客户标签的管理体系，通过逐步收集、沉淀和整合全渠道触点客户信息，形成对客户基础画像与基础性财富需求的刻画，并在其上借助数据挖掘与模型技术，进一步丰富客户标签，最终形成对客户潜在需求的深入洞察。二是个性化的数字营销服务，即在新数字财富时代，为零售客户提供全天候、全渠道以及个性化的内容体验。

针对在资管和财管双向赋能的大背景下，如何建立以客户为中心的产销客能力，我们在第4章进一步展开介绍。

- 体系化、平台化的投研能力

资管机构需要从过去短期导向、以明星基金经理为中心的投研体系，转向追求长期、稳定收益，强调投研体系平台价值，投资流程规范、标准、透明，投资业绩可量化、可追踪、可解释。

针对传统投资特别是在中国资管市场中仍占主导地位的固收投资，投研能力的提升需要资管机构从投资理念、投研治理、投资体系、激励机制四个方面开展体系化建设。一是强化上下一致，客户为先的投资理念。这是贯穿所有体系和机制设计的统一原则，需在各层级形成共识，并落实到关键流程和机制设计之中，融入企业文化之中。二是建立平台化的、团队协调作战的产投研治理组织结构。大力强化研究平台能力建设和投研转化效率，梳理投决治理结构，优化产、投、研关键职能职责。三是建立资产适配、专业完善的投研体系，投研体系中包含投研流程和系统平台两大部分，适配不同的资产类别。四是建立与长期导向、客户导向、平台导向相一致的考核和激励机制。对于资管机构在固收投资领域如何进一部提升投研能力，我们在第5章进一步展开介绍。

而另类资管业务的完整能力建设也是一个体系化工程，一家另类资管机构从早期到壮大，通常沿三大主线设定战略路径，即逐步推动整个另类资管业务的基金化、多元化、产业化。

基金化即是资管机构需要思考如何逐步降低自有资金使用，强化人才引入和激励机制设计，优化基金化在LP网络建设、垂直化策略和灵活产品设计领域的策略和打法，逐步强化对外募资能力。

多元化则是资管机构需要思考如何结合“能力圈”扩展和外部并购，结合自身资源禀赋，循序渐进地扩展资产类别和策略类型。

产业化则是资管机构需要思考如何通过自建或者并购，打造资产运营平台，建立资管能力“护城河”并依托平台开展资本运作。不动产和基建等实物资产投资是中国亟须发展的重要另类投资主题之一，而领先实物资产资管机构的显著特点之一是在投资能力之外还有强大的资产运营能力。针对中国资管机构如何体系化建立另类资管业务的相关能力，我们在第6章展开介绍。

- 面向未来的科技及数据能力

中国资管机构的系统架构中仅交易系统较为成熟，其他业务系统成熟度不足且相互割裂，严重制约了业务效率和投资能力提升。面向未来资管行业高质量发展的要求，在人机关系上，资管机构需要从“简单替代”到“人机结合”，进一步发挥数智化能力。在应用架构上，资管机构需要从“竖井”到“平台”，持续推进公司级平台建设。在数据能力上，资管机构需要推动数据基础从“分散”到“整合”，并实现敏稳结合的数据应用。

目前，中国绝大多数资管机构的科技组织机制也不能满足数字时代需要。在业技协作上，需要从业务和技术团队的“割裂”工作转向业务团队和技术团队的“共融”工作。在工作机制上，需要由传统的精英作战或小团队“固化”协作法转向跨职能充分协作、激活各成员主观能动性的“敏捷”工作法。在科技生态上，资管机构则需实现从“封闭”到“开放”。

3.4 机构行动之三：攻守兼备——打造高韧性组织

韧性是指企业吸收压力，恢复关键功能，并在多变的环境中保持高增长的能力。在当下高度不确定的世界中，塑造韧性的必要性史无前例地凸显。根据2020年5月BCG开展的新冠疫情企业调研，新冠疫情后95%的企业规划了全新举措以强化韧性。[①]与此同时，韧性还能在动荡时期为企业带来潜藏的发展机遇。英特尔前首席执行官安迪·格罗夫（Andy Grove）曾说：“不好的公司被危机摧毁，好的公司在危机中生存，伟大的公司在危机中茁壮成长。”

塑造高韧性的资管机构应从三大层级出发：预判市场、适应变化和持续发展（见图3-9）。预判市场即时刻保持敏锐触觉，具备感知环境、识别威胁，并提前作出准备和预案的能力。适应变化即快速应变，危机通常会带来行业生态的巨变，而与此同步变化的能力则将赋予企业适应性优势。持续发展即在危机后，抓住增长机会，从而扩大复苏后的优势。2022—2023年间，美国金融业危机频发，在高度不确定的环境中及时应变显得至关重要，因此，此处我们聚焦“适应变化”展开具体阐述。适应变化这一层级中涵盖了财务韧性、风险韧性和组织韧性。

---

① BCG新冠疫情企业调研，2020年5月。

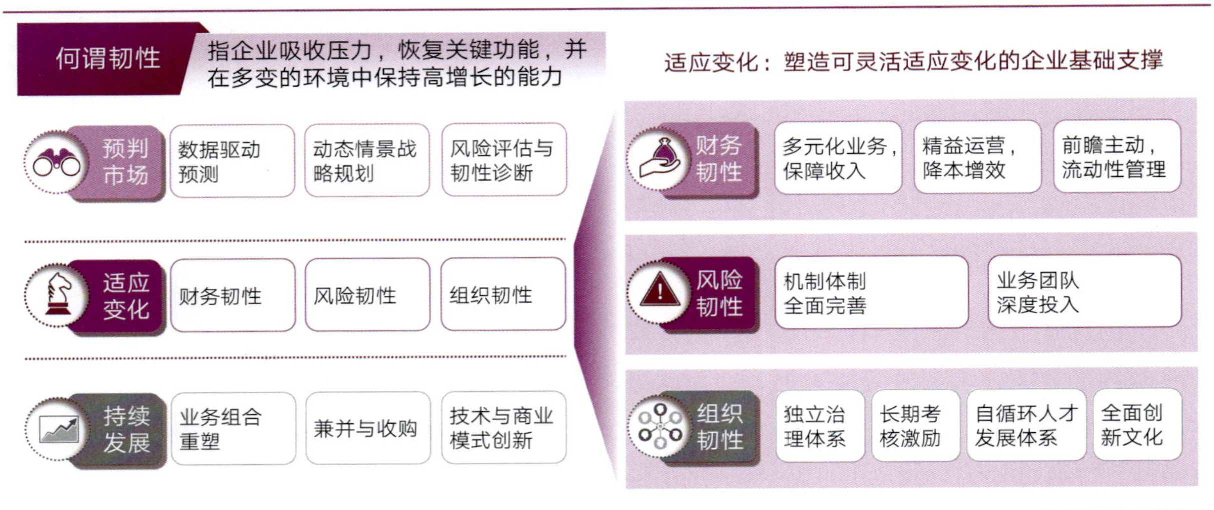

图3-9　攻守兼备之守：塑造高韧性资管机构

（资料来源：BCG分析）

首先需要打造的是财务韧性，即通过保障收入、控制成本、强化资金和流动性管理等方式确保企业的可持续经营。由于资管业务受资本市场波动的影响较大，资管机构需要结合自身资源禀赋，在收入方面，持续推动业务多元化（如参与国际业务、拓展资金来源、开展资管业务以外的其他创新业务）以降低资本市场波动对业务收入的影响；在成本方面，产品费率的持续压降将挤压资管机构的利润空间。中国资管机构的费率水平仍处于国际同行中的相对高位，未来竞争压力将持续提升，资管机构应在成本控制方面未雨绸缪；在资金和流动性管理方面，由于大环境充斥着不确定性，流动性问题日显严峻，中国资管机构需积极吸取如美国硅谷银行倒闭等问题带来的教训，防范期限错配引起的流动性风险，高度重视声誉风险管控，积极主动提前准备解决方案。

其次是健全的合规及风险韧性。这需要企业自上而下长期推动与落实，从而有助于企业在危机时屹立不倒。瑞信破产的决定性因素之一便是合规与风险韧性薄弱，致使其实力受到削弱，最终导致投资者和客户对瑞信改革能力失去信心。从合规与风险韧性框架的三大层级来看，瑞信在高管定调、管控机制、资源投入上都为金融机构带来了教训与启示。

最后需要打造的是组织韧性，即通过独立的治理体系、长期的考核激励、自循环的人才发展体系、全面的创新文化，构建可支持企业长期发展的组织和文化。在独立的治理体系方面需构建平衡股东利益和投资者利益的治理架构，搭建风控内嵌的组织形态。在长期的考核激励方面需推行长期考核机制，强调业绩持续稳定以及承担合理风险，并全面推行多种多样的长期激励手段。《中国资产管理2021》的第4章对中外在治理体系和考核激励方面的差距做了详细阐述。在自循环的人才发展体系方面，需要打通自下而上的人才上升路径，在基层保证有新鲜血液的稳定供应，在中层进行专业积累与能力沉淀，在高层拔高人才眼界与战略思维，使资管人才梯队在长期愿景的指引下维持稳健的高质量发展。

3.5 生态配合：多方协作，共建共赢

• 资本市场与基础设施

资本市场需不断完善制度建设，丰富基础设施，持续为资管行业提供广泛的投资机会和标的，与资管行业构成良性循环。这其中承销机构作为主要参与方，应严格履行核查责任、坚持市场化定价、不断创新资产。在基础设施方面，期望交易场所、交易中介和交易系统能够通过完善做市商制度、规范货币经纪商发展、促进电子化交易等举措不断为投资者提升交易效率、降低交易成本，从而加强市场流动性、优化价格发现功能。

• 财富市场

在资管与财富双向融合的大趋势下，财富市场的稳健发展与资管行业的生存环境息息相关。财富市场应关注剖析客群特征的变化，从产品与方案优化、投顾服务、数字化经营模式、服务模式转型等方面回应日新月异的客户需求，壮大财富市场规模，并探索与资管机构之间多样化的合作模式，实现财富与资管的稳健双赢。

• 其他生态伙伴

除基础设施与财富管理机构外，资管行业也迫切需要各方生态合作伙伴向资管市场注入活力。以信用评级机构为例，可以进一步强化评级结果的区分度和风险警示功能，提升市场效率与优化风险管理。以基金评级机构为例，当前中国基金评级结果市场接受度低，基金销售中充斥着各类热销榜等基金排名和推荐，基金评级机构也尚未建立起适合本土市场的评级体系。未来，基金评级机构应持续优化评价方法、充实人才队伍，为投资者提供全面且具可比性的投资决策参考信息，培育基金业可持续发展的良好环境。

• 监管体系

监管体系应保持与时俱进的演进趋势，长久护航资管行业稳健发展。资管新规的落地，成功推动行业回归本源，在逐步打破刚兑、去除通道与非标业务、拉长资金期限、促进差异化经营、统一监管标准方面取得一定成果。但在体系层面，当前的配套细则仍然围绕机构主体制定，具体标准仍存在差异，导致各资管机构并未完全实现在同一起跑线竞争，如公募基金拥有税收优势、信托拥有多元牌照优势等。未来，监管体系可在坚持宏观审慎、消费者保护等原则不动摇的前提下，持续吸收全球领先监管模式的经验，结合国情扬长避短，逐步实现统一监管，为资管行业发展提供健康的监管环境。

专题二

国际资管机构Amundi发展历程回顾

欧洲市场在客户结构、分销格局及金融体系上与中国市场最为接近，欧洲最大资管机构Amundi（东方汇理）的发展历程可为中国资管机构的发展提供进一步借鉴意义。

• Amundi四大发展阶段

Amundi从附属走向成熟，历经四大阶段（见图1）。Amundi脱胎于法国农业信贷银行内部的资产管理部，在早期发展过程中通过与母行和母集团在资金支持和销售网络保持强协同关系，实现资产管理规模的快速提升。随后通过上市、第三方业务扩张、全球并购等手段，成长为上市国际化全能资管集团。其发展之路主要分为四大阶段。

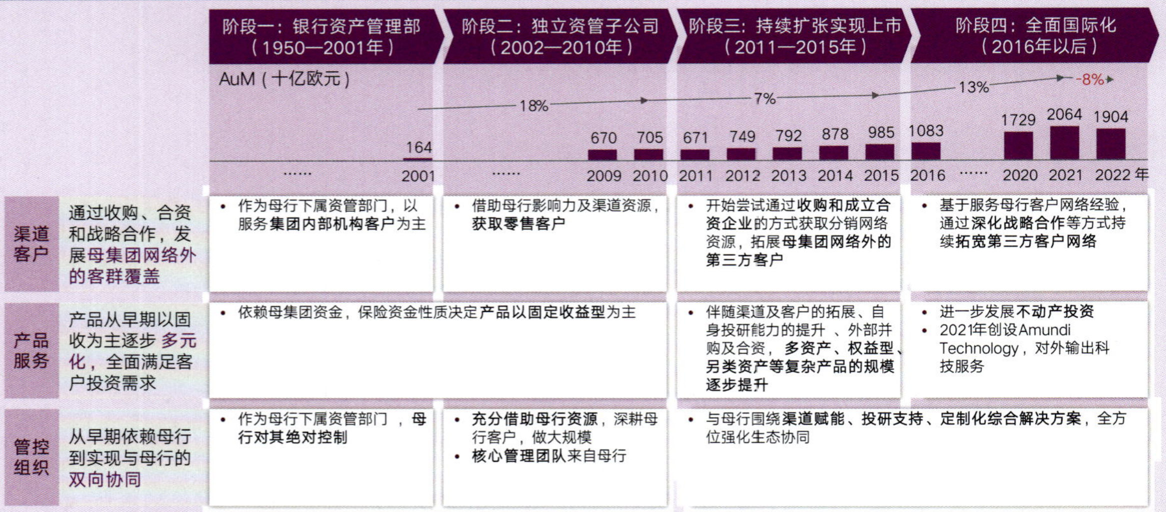

图1 Amundi从银行资管部发展为上市国际化资管集团

（资料来源：Amundi公司官网、BCG分析）

第一阶段：银行资产管理部（1950—2001年）。1950年，Amundi母行法国农业信贷银行成立资产管理部门，该部门成立之初主要服务于法国农业信贷集团[①]内的客户，产品以固收型为主。

① 欧洲最大的金融集团之一，法国农业信贷集团为其客户在法国及世界各地的计划和项目提供全方位的专业服务，包括个人银行业务、保险、房地产、支付系统、资产管理、租赁保理、消费金融、企业和投资银行业务。

第二阶段：独立资管子公司（CAAM）（2002—2010年）。2001年，法国农业信贷银行将分散在不同地方的资产管理业务整合到一起[①]，成立了资产管理附属子公司，命名为Crédit Agricole Asset Management Group（CAAM）。随后，CAAM进行了一系列集团内整合和外部并购，逐步成为整个集团的统一资管平台，资管规模不断扩大。此阶段的对外探索包括与以下海外机构开展合作或对其进行收购：韩国农协金融集团、日本理索纳银行、印度国家银行、意大利农业银行、中国农业银行等，逐步开拓了欧洲以外的海外市场。

第三阶段：以Amundi为主体持续扩张实现上市（2011—2015年）。2009年12月31日，CAAM和法国兴业银行资产管理公司（SGAM）合并，Amundi资产管理集团正式成立。此阶段Amundi不断通过并购获取分销网络、产品能力和海外市场。2015年，Amundi最终实现上市。

第四阶段：上市后的全面国际化（2016年之后）。2016年，Amundi收购意大利裕信银行持有的资产管理公司Pioneer的股权，一举奠定全球第八大资管公司的地位。截至2022年，Amundi资产管理规模已达1.9万亿欧元。

• 三大维度拆解Amundi发展

渠道及客户。通过收购、成立合资企业和战略合作开拓第三方分销网络，不断发展母集团网络外的客群覆盖（见图2）。

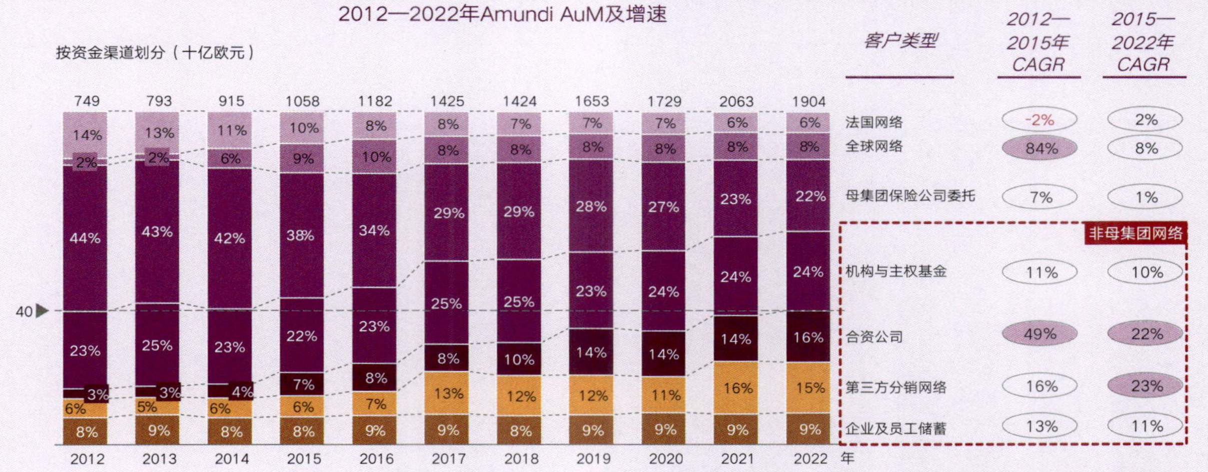

图2 Amundi通过收购、成立合资企业和战略合作开拓第三方分销网络，不断发展母集团网络外的客群覆盖

（资料来源：Amundi公司官网、BCG分析）

2015年前，Amundi以母行的零售网络和保险资金为主要的业务开展渠道，60%以上的资金来源于母集团网络。Amundi早期作为母行下属资管部门，基本以服务集团内部机构客户为主。子公司化运作后，CAAM开始借助母行影响力及渠道获取零售客户，并与母行签署分销排他协

① 整合的资产管理业务包括：法国农业信贷银行的资管部门、1997年收购印度尼西亚银行旗下的资管业务、2001年收购另类资产投资机构Alternative Investment Partners（API）。

议，母行渠道只销售Amundi产品。从2010年起，Amundi开始尝试通过收购和成立合资企业的方式获取分销网络资源，拓展母集团网络外的第三方客户。

2015年后，Amundi基于服务母行客户网络的经验，通过深化战略合作等方式不断开拓第三方分销网络。在服务母行的基础上，Amundi将该模式复制，以深度合作的方式进一步拓展外部客户。针对零售客户，与第三方渠道建立强合作关系。Amundi通过提供定制化的服务、产品以及工具，与第三方合作伙伴实现深入合作，形成相互促进的商业模式。针对机构客户，一方面，管理母公司的保险资金为Amundi拓展体系外机构客户提供了丰富的经验，如为母行建立的“欧盟偿付能力Ⅱ”①的解决方案能力可推广到其他保险机构客户。另一方面，Amundi也为机构客户提供定制化的服务和工具，如为企业年金客户提供员工查询系统设计、24小时呼叫中心等。2015—2022年间，Amundi第三方分销客户资金增速显著高于其他资金来源，年均增速达23%，并且截至2022年末，母集团网络外的资金来源占比已经达到64%。

2025年战略重点中，Amundi提出通过以下三大抓手继续开拓第三方分销业务，把握开放式分销的新机遇。一是深化与所有分销商的合作，尤其是与全球性分销商和财富管理机构的合作。二是在私人银行、数字化平台等不断增长的渠道中拓展业务，提升影响力。三是为分销商提供完善且契合需求的服务和数字化工具。

产品及服务。从早期的以固收为主逐步多元化，全面满足投资者需求（见图3）；并于2021年创设Amundi Technology对外输出科技服务。

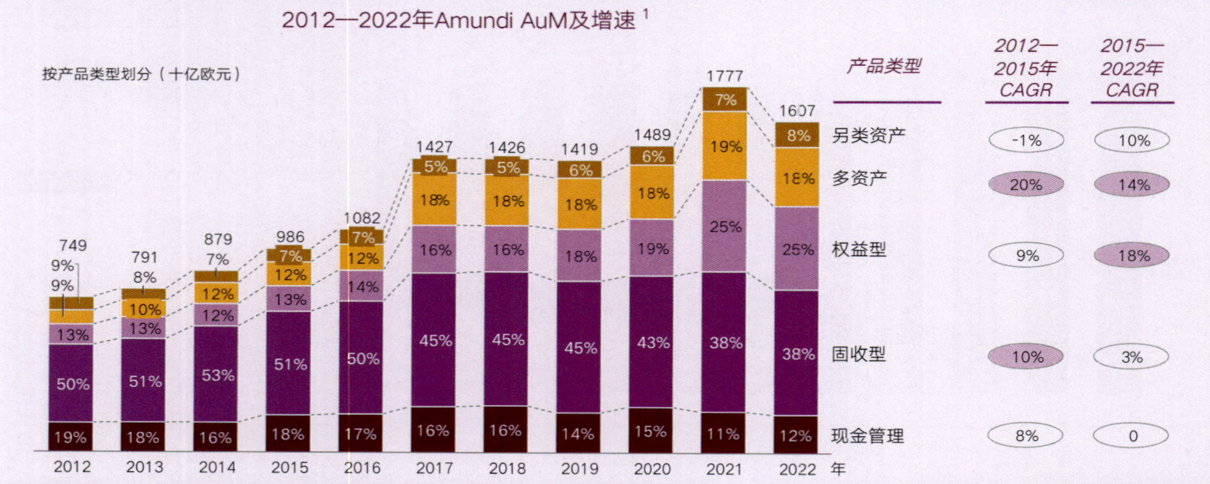

注：1. 不含JV。

图3 Amundi产品从早期的以固收为主逐步多元化，全面满足客户投资需求

（资料来源：Amundi公司官网、BCG分析）

Amundi早期主要依赖集团内部保险公司的委托资金，保险资金的性质决定了其以固定收益型为主的产品供给。从第三阶段起，伴随渠道及客户的拓展、自身投研能力的提升、外部并购

① Solvency Ⅱ.

及合资，多资产、权益型、另类资产等复杂产品的规模开始逐步提升。例如，2012年Amundi与海外领先量化投资管理公司TOBAM达成战略合作，取得后者10.6%的股权，以获得多元化投资定量分析工具，从而为客户提供多元化投资解决方案。截至2022年，Amundi固定收益型产品规模占比已降至38%。

2021年Amundi创设全新业务线Amundi Technology，对外输出科技服务成为Amundi全新增长点。ALTO（Amundi Leading Technologies & Operations）是Amundi自主开发和内部使用的投资研究和分销一体化平台。于2016年收获第一个外部客户，2021年Amundi创设全新业务线，将覆盖整个资产管理价值链的科技服务全面对外输出。目前为四类客户提供四大平台服务，2023年计划新开发ALTO可持续平台（内部使用）和ALTO客户报送模块（见图4）。2022年，Amundi Techonlogy共实现4800万欧元收入，相较2021年有35%的增长。[①]

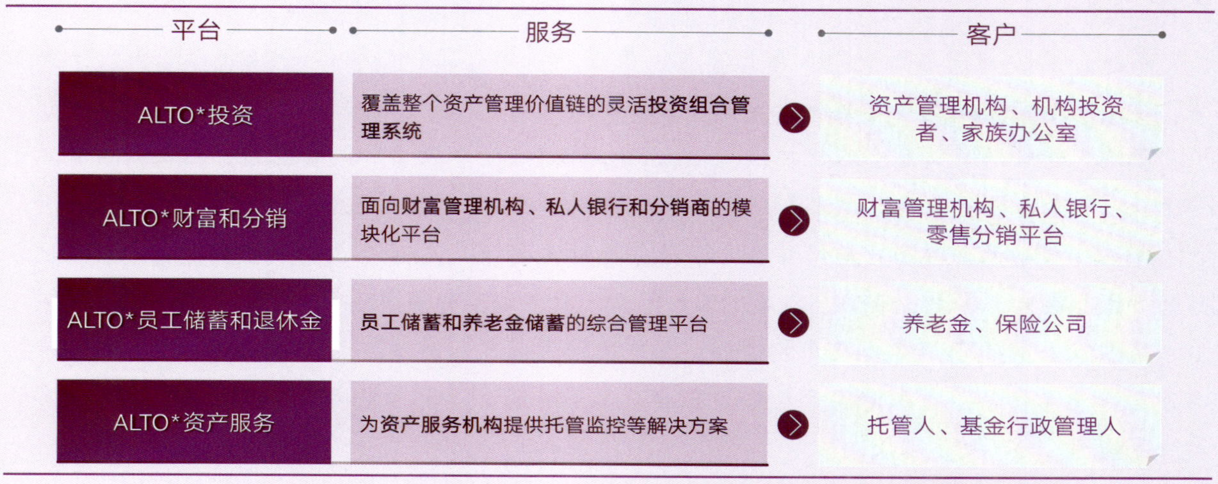

图4 Amundi Technology为四类客户提供四大平台服务，覆盖整个资产管理价值链

（资料来源：Amundi公司官网、BCG分析）

管控及组织。从早期依赖母行到实现与母行的双向协同。

第一阶段，作为母行下属资管部门，母行对其绝对控制。第二阶段，其成为独立法人实体后，CAAM充分借助母行资源，深耕母行客户，做大规模，同时也持续拓展外部客户，强化自身能力以更好地为母行创造价值。更名为Amundi并独立上市后，Amundi不断强化自身产品与投研能力，最终与母行围绕渠道赋能、投研支持、定制化综合解决方案，全方位强化生态协同。为了实现与母行的双向协同，Amundi推进的具体举措包括：

一是母行渠道协作与赋能。首先，Amundi为母行渠道建立专属的服务团队，提供人员培训、市场营销等方面的服务，形成深度合作关系。具体包括：无缝对接银行零售渠道，协助渠道进行市场推广、销售培训等活动；针对私人银行业务，派专人驻场进行销售；基于对渠道的深入了解，进一步根据渠道的客户特定需求建立专属的投资组合。其次，为母行设计数字化工

① Amundi公司官网。收入统计截至2022年12月31日。

具并嵌入母行渠道与客户关系管理系统，赋能渠道销售服务，包括投资顾问工具、销售人员培训工具和销售人员使用的定制化App等。

二是投研与产品能力支持。一方面，为母行私行业务提供大类资产配置研究、私募产品筛选、全委账户管理等专业服务；另一方面，为母行零售业务提供产品策略和研究等能力支持，加速业务升级。

三是定制化客户综合解决方案。一方面，基于与母行的深入合作，了解母行零售客户的产品需求，根据客户需求及市场动态及时开发和提供相应解决方案产品，增强母行渠道对零售客户的吸引力。另一方面，通过与银行账户端进行深度绑定，围绕客户需求，为客户提供无缝衔接的综合解决方案。

- Amundi五大核心成功要素

第一，充分利用母行资源。母行客户、渠道、资金、品牌影响力是Amundi发展的重要助力，奠定了Amundi成为全球顶尖资管机构的基础。

第二，持续的并购及全球化扩张。Amundi依托母行资本实力和平台能力，不断通过成立合资企业、对外合作和收购三种方式，实现对关键市场的进入以及产品和能力的布局。

第三，成功的外部客户网络拓展。在服务母行的基础上，Amundi将该模式复制，以深度合作的方式拓展外部客户，如配合各渠道客户的需求提供相应的解决方案产品等。

第四，全面的资产覆盖及产品供给。围绕不同时间段、地域、类型客户的不同需求，持续丰富自身产品供给。在保持固定收益投资领先优势的同时，大力发展多资产、另类资产、实物投资等能力。

第五，灵活的子公司/合资公司管控模式。相较其他独立机构，Amundi赋予各地区子公司/合资公司更高的自主权及独立性，允许各子公司/合资公司因地制宜地开发产品、渠道及市场。在亚洲市场（如印度、东南亚等）的成功很大程度上取决于此。

- 对中国银行理财公司的借鉴意义

首先，银行系资管的成功在很大程度上依靠与母行、母集团在客户服务与渠道上的深度双向协同和整合。在发展过程中与母行的深度合作并持续发掘协同机会以便提升专业能力并扩展业务。长期则应关注与母行的双向赋能，从而充分挖掘资管业务价值。

其次，母行应建立适配的管控和治理模式，赋予资管公司更多自主权，保持其独立运营。海外银行系资管子公司在运营和管控设计上以“独立运营”为主。欧洲领先银行系资管机构多在风险、技术、人力及财务等运营职能上保持高度独立，仅在品牌和基础运维上依赖母公司（见图5）。而国内理财公司目前在风险等方面尚未实现完全独立管控，未来亟须强化。

	东方汇理资产管理公司 (Amundi)	法国巴黎银行资产管理公司 (BNPP AM)	德意志资产管理公司 (DWS)	欧利盛资产管理公司 (Eurizon)
2021年AuM[1]（2022IPE全球排名）	2064万亿欧元（8）	6692亿欧元（33）	9276亿欧元（24）	4389 亿欧元（60）
母行	法国农业信贷银行 法国兴业银行	法巴银行	德意志银行	Intesa Sanpaolo银行集团（意大利第一大银行）
品牌	✓	✗	✓（部分独立）	✓
风险	✓	✓	✓	✓
IT	✓	✓	✓	✓
其他职能管理（人力、财务等）	✓	✓	✓	✓
基础运维（IT运维、基础运营）	部分共享			

✓ 独立性强　✓ 部分独立　✗ 不独立

注：1. 数据截至2021年12月31日。

图5　Amundi运营体系与母行整体保持高度独立

（资料来源：IPE、BCG分析）

4. 双向赋能：推动资管与财富行业协同与升级

4.1 大势所趋：财富管理市场广阔，三大趋势助推资管与财富加大协同

受居民收入增长、财富重新配置以及存量资产增值驱动，中国财富管理市场过去6年保持高速增长，截至2022年末，中国居民金融资产已经达到217万亿元。未来十年，我们认为中国财富管理行业仍将处于蓬勃发展阶段，BCG预计中国个人金融资产将保持9%的年复合增长率，到2032年中国个人财富管理市场规模将达到514万亿元，财富管理市场前景广阔（见图4-1）。

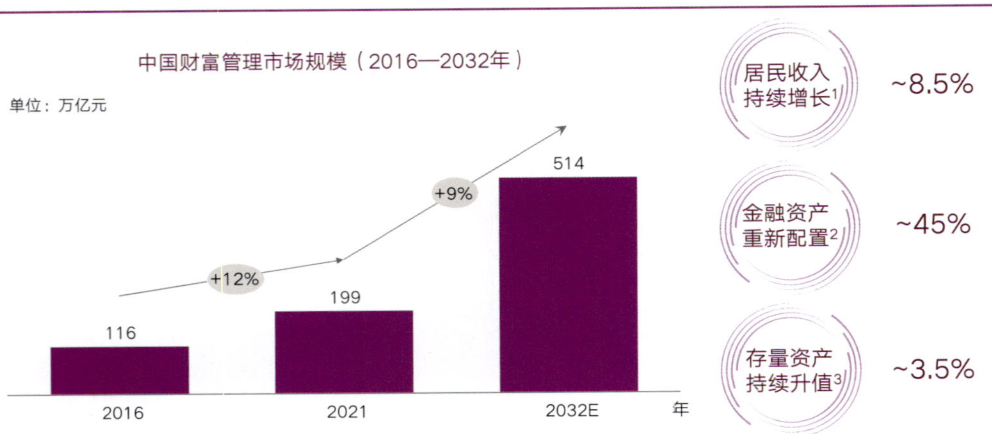

注：1. 中国人均可支配收入增速。
2. 中国居民财富结构中金融资产配置比例。
3. 存量金融资产回报率。

图4-1 中国财富管理市场预计未来10年保持约9%增速，到2032年将达到514万亿元

（资料来源：BCG中国财富管理模型、BCG分析）

与此同时，受数字技术、人口代际及监管政策的影响，我们认为中国财富市场的三大趋势对资管与财富之间的双向赋能提出更高要求。第一，客户需求升级，竞争加剧，助推买方投顾服务模式转型。买方投顾模式下资管机构赋能财富机构打造大类资产配置能力和产品化解决方案。第二，代际财富需求加速分化，差异化财富产品与解决方案需求显现。人口负增长催生养老客群投资解决方案需求；Z世代逐步成为主力，要求场景化、智能化产品和服务；高净值客群结构变化，新经济创富一代与继承二代崛起。第三，数字化重塑经营服务模式，资管与财富场景深度融合。截至2022年末，中国数字财富渗透率已达到51%，规模约111万亿元。智能投顾、基金销售平台等模式对资管和财富协同提出更高要求。

趋势一：客户需求升级，竞争加剧，助推买方投顾服务模式转型。财富客群投资者风险意识不断增强，综合配置理念渐入人心，投顾服务需求逐步显现。例如，近几年国内财富市场以“××50、××30”为代表的FOF或投顾类资管产品规模亮眼，某领先券商财富“××50”买方投顾资管产品规模2022年中保有量已突破1000亿元。因此，近年来领先银行与券商加速布局财富管理业务，客户导向的买方财富服务模式升级方向已成为业界共识。

趋势二：代际财富需求加速分化，复杂产品与解决方案需求显现。不同代际价值主张鲜明的客群不断涌现，例如Z世代、新经济创富一代等客群的崛起。借鉴海外成熟市场发展经验，不同细分客群受财富来源、教育背景、投资目标以及风险偏好等因素影响，在资产配置、产品选择及服务偏好等方面差异化需求显著（见图4-2和图4-3）。

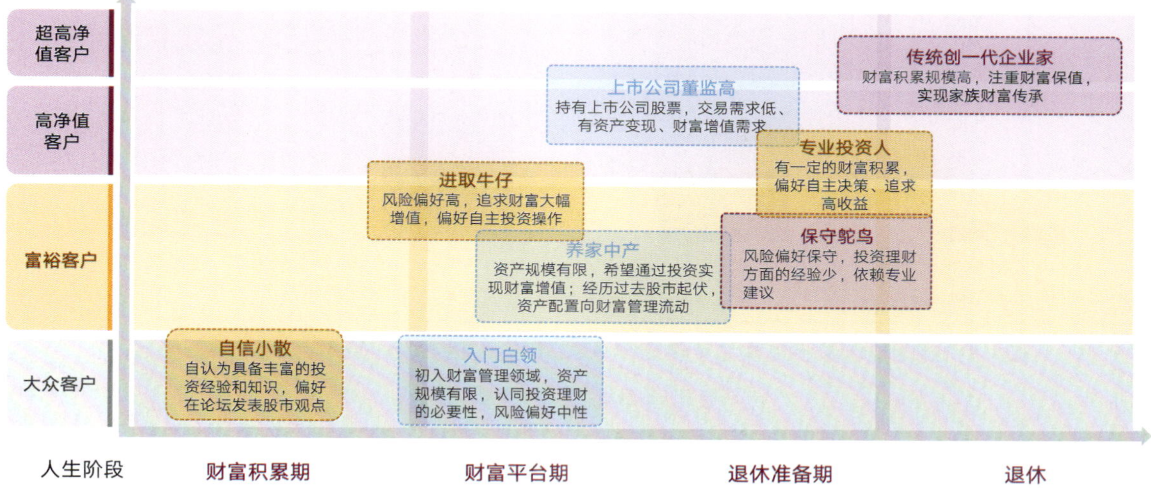

图4-2　受不同人群年龄、资产来源及风险偏好等因素影响，中国代际财富需求正加速分化

（资料来源：BCG中国市场零售客户财富需求调研、BCG分析）

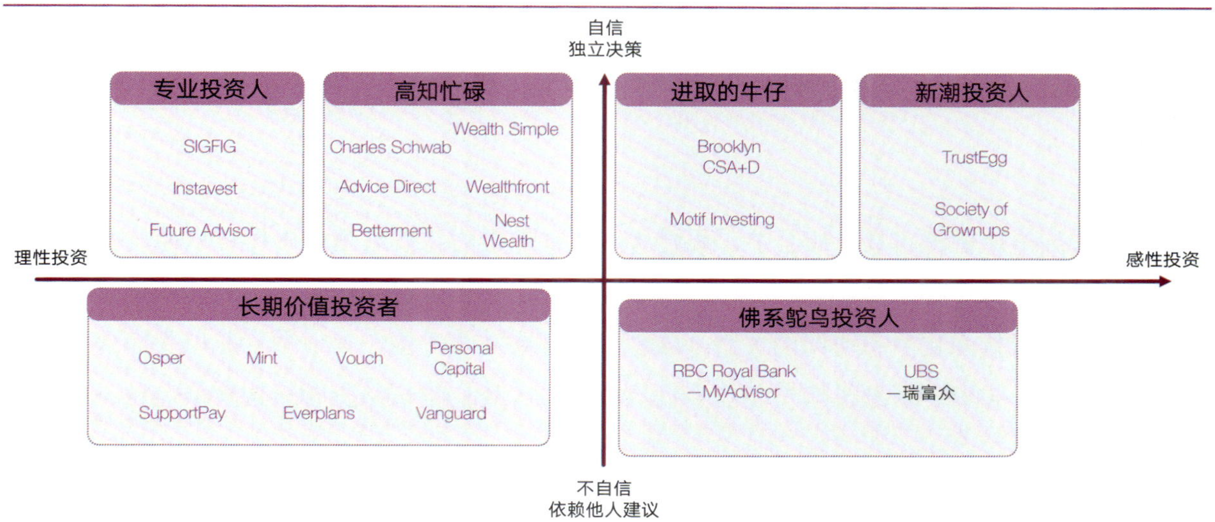

图4-3　海外成熟市场针对不同细分客群的差异化需求，打造产品化解决方案

（资料来源：BCG项目经验、BCG分析）

趋势三：数字化渗透日益加深，数字财富正重塑经营服务模式，资管与财富场景深度融合。BCG预计到2032年末，中国数字财富渗透率将超过70%，中国财富管理市场已迈入数字财富时代，机遇与挑战并存（见图4-4）。①一方面，数字化为财富管理注入新动能，大幅降低财富服务门槛、提升财富资源配置效率；另一方面，我们也观察到新数字时代下财富管理服务对财管机构和资管机构的经营场所、服务环节、服务内容以及运营能力提出全新能力要求。

中国数字财富市场过去6年经历快速发展，渗透率从2016年的24%攀升至51%，未来有望进一步提升

中国零售财富管理及数字财富管理规模

单位：万亿元

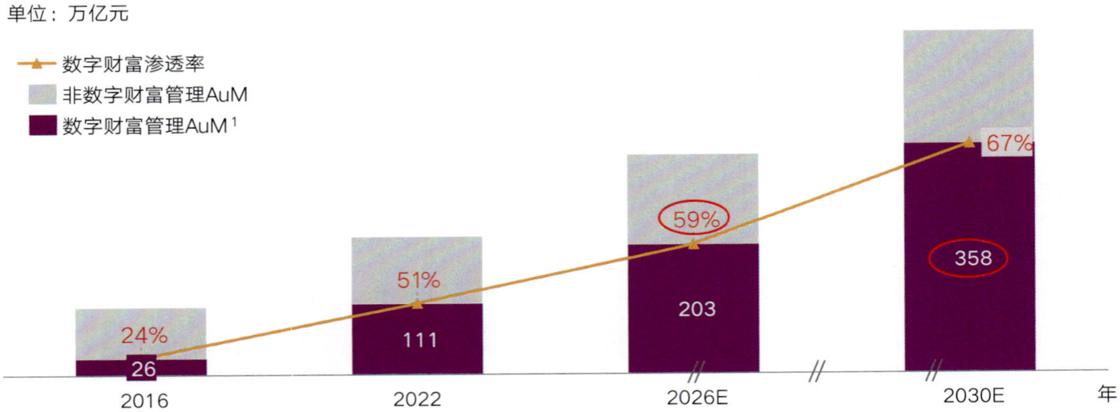

注：1. 数字财富指通过互联网财富机构、传统机构（银行、券商、基金、第三方机构）线上渠道开展的零售客户财富服务。

图4-4 财富管理数字化渗透不断提升，2030年数字财富规模预计达到358万亿元

（资料来源：BCG中国数字财富模型）

整体而言，我们认为随着数字化和监管政策的变化，客户需求日新月异，资管和财管的边界在保持必要的防火墙隔离的基础之上变得越发紧密。资管与财管是一枚硬币的两面，二者加速双向赋能，形成“财富+资管”协同服务是大势所趋。

4.2 顺势而为：三大模式深化财富端、资管端双向赋能，共建闭环生态

在《中国资产管理市场2018》中，我们从中国金融集团化发展角度出发，以专题方式对标海外金融集团财富管理与资产管理的协同模式，并提出明确自身协同定位，强化营销整合与能力共享是资管机构强化生态协同的关键。随着客户理财需求升级、渠道数字化以及净值化转型等因素驱动，各类资产管理机构核心能力已显著提升，我们尝试从资管机构价值定位、能力要

① BCG中国数字财富模型。数字财富指通过互联网财富机构、传统机构（银行、券商、基金、第三方机构）线上渠道开展的零售客户财富服务。

求等方面总结资管机构未来与财管机构双向赋能的不同模式，供从业人员借鉴参考（见图4-5）。

	专家赋能型	生态伙伴型	双轮驱动型
财富与资管关系	• 产品 +关键财富服务环节支持，如投研服务、客户教育 • 打造数字化工具赋能财富投顾	• 资管方入驻财富开放平台，财管方提供运营工具和阵地，双方联合实现端到端客户服务	• 同时打造财富平台和资管平台 • 在满足风险隔离的基础上双向协同
适用条件	• 能力互补，双向协同	• 生态平台型财管机构 +资管机构	• 集团型机构，兼具财富能力和资管能力
代表机构	• 某全球领先的资管机构为外部投顾提供财富管理技术解决方案	• 互联网财富平台+各公募机构	• 各银行理财（零售财富 +理财子公司） • 某全球领先的资管机构（资产管理+财富管理）

图4-5　资管与财管双向赋能三大模式

（资料来源：案头研究、BCG分析）

• 模式一：专家赋能型

专家赋能型是指资管机构在资管产品或解决方案专业提供方价值定位的基础上，围绕财富管理服务价值链关键环节（KYC、财务规划、资配建议、产品甄选与匹配、投教陪伴），利用自身在产品、投研、科技系统等方面的专业能力全面赋能合作财管机构，进而整体打造客户导向、投顾驱动的财富管理服务。从全球范围看，资管机构专业赋能财富机构主要聚焦以下四个方面。

一是宏观与投研输出。市场与资产研究能力是领先资管机构的核心竞争力，与之相反，国内财管机构由于长期以来的产品驱动和刚性兑付，大类资产配置、产品遴选等专业能力薄弱，在服务财富客户场景下专业短板尤其突出。这是短中期资管机构与财管机构实现合作共赢的最佳切入点。例如，国内某大型互联网财富平台金融产品团队，通过与合作基金公司建立常态化调研与协作机制，定期走访各基金公司，学习和收集宏观经济走势、大类资产配置动向、重点产品策略等信息，结合平台客户大数据分析，形成理财师和智能客服资产配置与产品推荐建议。

二是解决方案型产品输出。随着代际财富需求差异日趋显著，客户场景化理财需求日渐丰富，例如，针对个人养老投资需求，通过目标日期基金帮助投资者不断调整权益类和非权益类资产的配置比例，以人力资本理论等为基础打造更加稳健的下滑曲线。截至2022年末，美国目标日期基金的总规模已超过2.8万亿美元，中国仅为195亿元人民币，规模仍有差距。[①]

三是资管工具与系统支持。领先资管机构为构建自身多资产、多策略投资能力，打造了

① Wind，Morningstar。美国目标日期基金的总规模包括共同基金和集合投资基金（CITs）规模。

强大的数据和科技平台，随着标准化和工具化产品的不断丰富，通过科学的产品筛选、配置标准化产品帮助客户实现差异化投资组合策略是财管机构的重点选项。海外领先资管机构顺势而为，提供产品平台解决方案。例如，某全球领先的资管机构为外部财富顾问提供财富管理技术解决方案，支持客户数据咨询、投资组合构建、风险分析等，提升投顾工作效率和服务质量。

四是投顾赋能与培训。根据BCG测算，2022年中国财富管理行业理财师从业人员约有85万人，预计2027年将达到122万人。目前除国有大行和少数领先股份制银行已建立较为完善的理财师培训体系，大部分中小银行、券商以及第三方财富机构仍被理财师队伍专业性不足所困扰，这也成为制约行业健康发展的挑战。随着AI等数字技术的不断发展，人机结合的智能化投顾赋能与培训工具将逐渐成为可能，而资管机构可以更高效、便捷地将专业理念融入数字化工具，赋能一线投顾。例如，国内某领先股份制银行打造投顾平台，通过对接、整合多家资管机构宏观研究与行业观点，结合自身专业判断，为一线投顾动态、滚动生成总行市场参考观点和客户沟通模板，该行理财师在市场热点解读、资配建议分析等客户关键对话环节的专业水平大幅提升。

- **模式二：生态伙伴型**

生态伙伴型是指资管机构主动融入财管机构主导的财富开放平台，利用自身品牌影响力与团队专业能力，直接为开放平台终端客户提供投资产品和服务。该模式下资管方不再只是产品供应方定位，还将与财管方共同开展用户转化、客户经营、产品销售以及投资咨询服务。例如，目前国内某大型互联网财富平台打造的“财富号”开放生态，各公募基金公司在平台成立“线上旗舰店”，借助平台流量和运营工具直接经营关注店铺的“粉丝客户”，输出研究观点、销售产品、开展投资者教育。生态伙伴模式下资管机构主要能够提供三大价值输出。

一是客户转化与挖潜。新财富时代基金销售重点从一站式理财产品超市的“拼收益”，转变为以客户需求为中心的“拼服务”。生态伙伴模式有助于在客户转化环节实现客户、资管、财管的三方共赢。资管方利用投研优势为客户提供更加及时、专业、个性化的市场观点和产品推荐；财管方辅之以数据和运营支持，协助解决客户投资痛点，提高产品保有量规模和客户黏性。例如，资管方借助互联网财富机构开放大数据平台和标签平台分析用户数据，在其平台“财富号”进行千人千面的精准营销。

二是投资者教育和客户陪伴。在宏观市场环境变化、资管新规落地、投资风险加大的背景下，监管部门不断强调投资者教育的重要性，财富开放平台的设立有助于推进普惠金融服务，帮助大众投资者获取金融知识，形成财富稳健积累。例如，国内某大型互联网财富平台为其“财富号”入驻的资管机构提供包括智能运营引擎、智能决策参谋等运营中台，资管机构能够在自运营阵地中通过直播、理财活动、社区交流等形式，高效进行客户全生命周期的投教和陪伴。

三是专业投顾服务。随着基金投顾业务试点落地，资管方可通过旗下财富管理机构或与第三方基金销售机构合作，参与基金投顾业务。具体而言，目前市场主要有两种合作模式，其一是在KYC、配置建议、投后陪伴等环节整合资源优势，合作推出基金投顾产品，例如，国内某大型互联网财富平台和海外资管成立合资投顾公司，其智能投顾产品基于集团海量用户数据，分析客户风险偏好和投资目标，并匹配投资策略；其二是资管方借助平台进行产品宣传和直接面向客户的投顾服务，例如，某头部公募基金在某大型互联网财富平台板块、自运营的小程序中均上线了基金投顾产品，根据客户对投资需求相关问题的回答，推荐相应的策略。

• 模式三：双轮驱动型

双轮驱动型又称全能经营者，凭借在财富端和资产端强大的品牌影响、客群储备和投资能力，主导构建财富开放生态制胜。例如，某全球大型资产管理集团以资产管理起家，坚持产品创新，发扬资管基因中的优势，并通过强品牌、低费率和卓越投顾服务体验，弥补渠道能力短板，成功自建开放财富平台，打造平台经纪商，实现资管和财管双向共振。

针对双轮驱动型，本报告“4.3节”将做进一步分析。

值得注意的是，前文描述的三种模式之间并不是“非此即彼”的关系，一家资管机构可能是不同模式的有机结合体。例如，国内头部公募基金公司目前既是双轮驱动型又是生态伙伴型，下文所提及的某全球大型资产管理集团凭借并购和强大的管理能力，则有可能成为覆盖三种模式的全能型机构。国内资管机构应结合自身发展目标和资源禀赋进行选择。

4.3 他山之石：国际领先资管机构“财富+资管”闭环生态先进实践

某全球大型资产管理集团成立于1946年，经过76年发展，已成为全球第四大资产管理集团，截至2022年末，其资产管理规模（AuM）为3.9万亿美元，资产零售账户数超过3440万（见图4-6）。

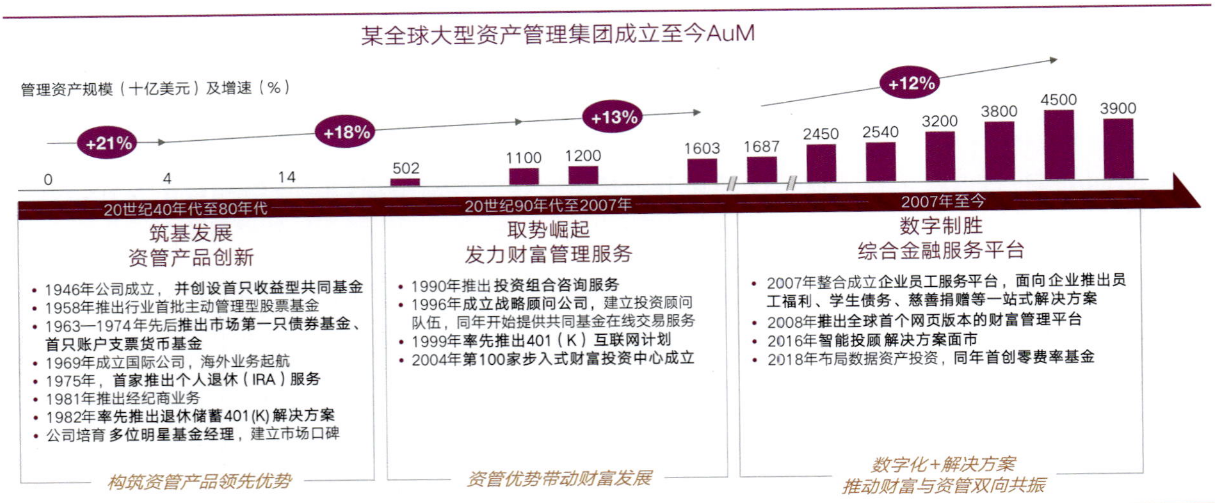

图4-6　某全球大型资产管理集团成立至今已有76年，过去20年保持双位数高速增长，规模全球排名第四

（资料来源：公司年报、案头研究、BCG分析）

作为美国拥有最大的直销财富平台的资管机构之一，该机构从资管机构发展成为综合金融服务平台，历经三大阶段。该机构以权益类主动管理共同基金起步，早期专注于资产管理产品创新，以养老金、退休金解决方案闻名，实现行业口碑和资产规模的快速提升，随后发挥资管产品优势，通过投顾业务拓展、股票经纪和国际化扩张、金融科技平台建设等举措成功实现零售客户财富业务布局，受托资产规模再上台阶，成长为“资管+财富”兼备的综合金融服务平台。其发展之路主要分为三大阶段：

阶段一：筑基发展——资管业务持续创新。1947年，该机构推出首只主动型股票共同基金，随后成功把握美国20世纪50年代至60年代战后经济繁荣机遇，凭借多只成长型股票基金出色的业绩表现，如1962年成立，由传奇基金经理管理的麦哲伦基金（Magellan Fund），树立了自身主动型基金投资专家的品牌。与此同时，该机构在这一阶段勇于创新，前瞻布局养老金业务、货币基金、海外业务、经纪业务，一方面积累了零售客户基础，另一方面奠定了未来发力财富业务的行业地位与基础能力。

阶段二：取势崛起——发力财管业务。1983年，该机构设立第一家步入式投资中心，开启财富管理投顾服务体系建设。2000年后，伴随互联网浪潮，该机构一方面在传统投顾服务的基础上，推出线上养老金解决方案、线上基金交易服务，继续拓展零售客户；另一方面，加快建立投顾服务体系，2007年建立全球首个线上财富平台，面向投顾人员提供全方位展业赋能，吸引众多独立理财师使用该平台托管客户资产，成功开拓第三方投顾客群。

阶段三：数字制胜——资管与财富双向共振。2008年后，随着数字化投资和服务兴起，在财富服务方面，该机构陆续推出智能投顾服务和人机投顾服务，健全多层次投顾服务体系，并将各类型产品化解决方案全面纳入智能和人工投顾服务中，深度融合资管与财富服务。与此同时，其大力发展被动型产品，强化指数产品和养老、投顾、经纪业务协同，例如，通过“零费率”指数基金、ETF等产品为财富业务开展客户引流等。

目前，该资管集团整体综合金融服务覆盖公募基金、股票经纪、投顾服务、寿险和年金、储蓄和信托、私募风投、数字资产等综合业务板块。具体而言，按照资管和财富业务划分，资管板块由共同基金、ETF、养老目标基金、保险等子公司构成；财富管理板块进一步可分为投顾服务、股票经纪业务、寿险和年金业务以及其他业务。该资管集团的成功在于其自身强大的品牌影响力、持续的资管产品创新、客户导向的服务创新以及资管与财富业务协同等核心能力，其众多实践值得国内各类资管机构借鉴。

• 强大的品牌影响力

综观成熟市场领先资管、财管机构，强大的品牌影响力是极具共性的核心能力，该机构也不例外。该机构早期主要凭借亮眼的资管产品管理人和创新型产品树立市场品牌形象，自20世纪70年代起，该机构就开始设立基金管理学院，通过积极营销来放大明星基金经理品牌效应，塑造了一批传奇式明星基金管理人，他们助推了公司20世纪的高速发展，也奠定了其主动管理投资专家的品牌声誉。迈入数字化时代，公司仍然高度重视品牌营销宣传投入，根据广告公司MediaRadar的数据统计，其2021年在北美市场数字媒体、平面媒体和电视广告花费超过1亿美元。

• 持续的产品创新

回顾该机构70多年的发展历程，其在单品类资管产品、解决方案、投顾服务以及金融科技领域均创造了很多个“行业首创”。以养老业务为例，20世纪70年代，美国推动养老金体系改革，该机构专注养老金业务发展机遇，1975年率先推出个人退休账户（IRA），帮助客户在IRA中节省税前资金，并于1978年、1982年相继推出非营利组织退休储蓄403（b）计划和企业退休储蓄401（K）计划，同时匹配不同的企业体量、个体户等企业形态持续创新自雇人士401（K）等特色储蓄计划，截至2021年末，该机构成为美国企业退休投资计划的第一大供应商，市占率超过30%。投资业务方面，除养老、经纪和投顾服务外，其还善于围绕细分场景开展产品创新，例如面向子女教育投资，推出529储蓄计划，该投资计划支持根据客户住地（美国特定州、其他国家）和管理偏好（受益人年龄等）选择不同的投资组合，支持客户从计划中提款以支付子女从小学到高等教育的教育费用。

• 客户导向的财富投顾服务

由于不同类型客户投资理财需求、风险偏好、服务习惯各异，财富管理服务的成功很大程度上依靠专业投资组合搭建与客户导向的差异化服务模式。以零售投顾服务为例，该机构

1989年首次对外推出投资组合顾问服务，2008年正式成立财富中心开始大力发展零售客户投顾业务，经过近15年的发展，目前零售客户全委托投顾服务主要由两家持牌子公司承载。具体来说，投资组合管理人：旗下有100多名专业投资人员，负责公司旗下所有投顾业务条线的资产配置、投资组合和风控模型的设计与管理，在组合设计环节，各投顾业务线会与这一子公司共同明确投资组合的基金池，由其最终构建投资组合并向投顾业务线收取服务费率。多层次零售投顾服务：目前已经形成了面向不同层次客群的立体式投顾服务体系，主要包含四大投顾服务品牌（见图4-7），包括面向大众客群的智能投顾、面向大众富裕客群的人机结合投顾服务、面向富裕客群的专属顾问财富服务，以及针对私行客户的特定策略投顾服务。截至2022年末，公司拥有超过一万名持牌投资顾问，全权委托管理资产规模约5600亿美元。

某全球大型资产管理集团财富管理多层次投顾体系

服务模式及门槛	产品	投资标的	最低起投额	收费模式
智能投顾	智能投顾	旗下某系列基金	无投资门槛	<1万美元：无费用 1万~5万美元：3美元/月 ≥5万美元：0.35%[4]
人机结合	智能投顾和远程电话服务	公司自有基金	2.5万美元	0.50%[4]
团队和远程服务	咨询服务团队和远程电话服务	自有及非自有共同基金和ETP[2]	5万美元	1.10%[4]
专属顾问（账户资产达25万美元）	战略投资	单一资产类别：股票、债券、ADR[3]或ETP	股票：10万美元 债券：35万美元	股票：0.20%~0.90%[4] 债券：0.35%~0.40%[4]
	财富管理	自有及非自有共同基金和ETP，按需投资个券	5万美元	0.50%~1.50%[5]
专属顾问和专属财富管理团队（可投资产达1000万美元[1]）	私人财富管理	自有及非自有共同基金和ETP，按需投资个券	200万美元	0.20%~1.04%[5]
外部投顾网络推介	财富顾问解决方案	*视具体情况而定*		

注：1. 统计财富管理和战略投资服务账户中的累计资产。
2. ETP=Exchange Traded Products，交易所交易产品。
3. ADR=American Depositary Receipt，美国存托凭证。
4. 每年按资产规模收取，随资产规模递增，费率递减。
5. 每年按资产规模收取，随资产规模递增，费率递减，个券策略收取最高0.40%的额外费用。

图4-7　某全球大型资产管理集团财富管理业务多层次投顾服务体系

（资料来源：公司官网、Simfund、案头研究、BCG分析）

- **资管与财管业务无缝协同**

该机构极其重视不同类型业务条线间的交叉协同，这也是其实现综合金融服务的重要手段。从协同的目的来看，公司跨业务协同主要有两个出发点。一是为客户提供一站式解决方案。例如，公司个人养老账户（IRA）客户可优惠使用经纪服务自行管理资产和投资，或直接联动公司代为管理，或无缝链接公司的投顾服务，自助使用智能投顾推荐的人工投顾开展投资，这种业务嵌套结构一方面能够实现交叉销售，另一方面能够满足不同客户的投资偏好，提升客户黏性。二是服务公司战略，培育潜力业务。例如，2018年公司推出“零费率指数共同基金”，该基金只面向公司客户账户开放，不收取任何费用，零费率基金虽然牺牲了管理费，但为其经纪业务、投顾和养老业务带来了流量，同时也提升了市场对公司被动产品的关注度。截至2022年年中，4只零利率指数基金规模超过220亿美元。

4.4 能力升级：四大核心能力制胜未来

中国财富管理市场前景广阔，资管机构应采取何种模式推进资管与财管双向赋能？借鉴海内外先进实践研究，结合中国实际情况，我们希望提醒中国资产管理机构注意的是，尽管不同模式均存在少数成功案例，但各类成功案例所需的市场环境与资源禀赋具备一定的历史特殊性。整体而言，相比海外，中国财富管理市场处于发展初期，各类资管与财管机构同样处于转型升级的关键阶段，在这一背景下，我们认为各类型资管机构在探索赋能模式的过程中应该优先关注核心能力的建设，所谓“工欲善其事，必先利其器”，唯有首先夯实自身能力基础，才会具备更大的合作伙伴选择空间与成功概率。

接下来我们根据领先实践研究，对资管与财管双向赋能所需的四大核心能力进行探讨。当然，需要注意的是，不同资管机构目前所处发展阶段、资源禀赋以及自身战略目标等存在差异，能力的升级落地还需进一步定制。在此我们更多的是抛砖引玉，引发行业对能力建设的思考。

4.4.1 核心能力一：资管品牌影响力

过去，各类资管机构普遍定位自身为专业产品提供方，由于不直接服务终端客户，机构品牌露出有限，产品投资业绩、基金经理排名等即成为主要的品牌背书，品牌体系建设不被大多数机构所重视。在投资收益加速波动和资管市场竞争加剧的叠加影响下，一方面机构品牌背书逐渐成为客户选择投资产品和服务的重要考量因素；另一方面为突破资管产品同质化竞争的桎梏，领先资管机构纷纷加大公司品牌建设，例如，光大理财自2018年创设七彩阳光产品体系，以阳光“红橙金碧青蓝紫”七种色彩，分别代表股票类、混合策略类、固定收益类、现金管理类、另类资产、私募股权类、结构化投融资类七大类资产配置，资产属性明确、风险等级清晰、客户理解直观、同业独具特色。但整体而言，目前资管行业品牌影响力相比财富端领先机构，在品牌特色、品牌定位以及客户认知度等方面还存在不小差距，仍需加快补齐短板。借鉴领先机构经验，我们认为资管品牌建设有两大切入点。

- **打造资管机构品牌数字营销能力**

中国财富市场已迈入数字财富时代，资管机构通过自有渠道、流量平台、社交内容平台等渠道直达客户的场景日益丰富。一方面，资管机构能够通过自身直销渠道、微信公众号等私域流量经营平台，直接开展机构、产品和服务各层次品牌营销与宣传，强化存量客户对机构特色与核心优势的认知度；另一方面，资管机构通过自有渠道、流量平台、社交内容平台等渠道直达客户的场景日益丰富，资管机构能够通过直销渠道、微信公众号等私域流量经营平台，或通过增强机构线上客户经营能力，高效对接流量平台的大数据分析资源，资管机构能够进一步放大自身品牌影响力。例如，汇添富、华夏、南方基金等近年纷纷组建独立品牌队伍，开展品牌建设与合作生态线上运营。

- **聚焦产品化解决方案、定制化投资策略等方向，打造特色产品与服务子品牌**

目前国内资管行业鲜有形成极具市场认知度的特色子品牌。一方面在“刚兑”时代环境下，资管产品包装以高收益、明星基金经理等为主要卖点，营销策略简单；另一方面，大部分资管机构过往不太重视品牌建设，除公司品牌广告投放外，产品层的营销包装主要由各代销渠道执行。随着不同细分客群（代际、区域、行业等）差异化财富需求不断扩大，资管直达客户并开展运营交互的场景日益丰富。更进一步地，我们认为资管机构未来可以考虑围绕精选产品、场景化解决方案和定制化投资策略三大方向，打造特色子品牌，从而提升大众投资者对其品牌的认知度和信任度，并凸显自身独特的竞争优势。

例如，国内某领先券商自2019年率先推出“50系列”产品服务子品牌，市场反馈积极，并带动一系列“50系列”竞品品牌争相面市。具体而言，以“中国50”为代表的“50系列”子品牌成功地向客户传递了两大特色优势。一是明星产品优选。突出依托该券商长期市场跟踪，优选50位优秀资产管理人，既巧妙放大传统市场研究品牌优势，也满足国内客户“追星”的投资习惯。二是定制化配置。营销宣传上一方面强调面向每位客户量身定制资产配置方案；另一方面也强调通过配置降低投资收益波动，缓解客户焦虑。

4.4.2 核心能力二：解决方案研发能力

在《中国资产管理市场2018》中，我们从中国不同资管机构差异化制胜模式角度出发，探讨了各类资管机构差异化发展模式，提出公募基金最具潜力打造“解决方案专家型”商业模式。随着客户多元化投资需求与资产配置理念迸发，叠加财管机构加快向买方导向的财富服务转型，我们认为解决方案研发能力已经成为各类资管机构应对未来市场竞争不可或缺的核心能力之一，并在资管机构与财富机构赋能实践中发挥重要的“桥梁”作用。总体而言，我们认为资管机构需要围绕三个方面构建解决方案研发能力。

- 客户需求的深刻洞察

资管机构需要积极向财富端延展，通过合作平台或自有渠道深度了解客户投资目标、风险偏好、流动性水平、资产负债等方面需求，并以此为输入设计与之适配的资产配置与投资方案。以光大理财为例，创立并持续完善“产、研、投”系统化投资架构，产品端将以投资者的风险、收益、流动性等形成的“投资组合风险预算”为立足点，交与投研团队开展投资策略研究和大类资产配置，在此基础上落地产品设计与投资运作。

- 产品设计能力

在理解客户需求的基础上，资管机构需要具备全面与丰富的产品体系，精细化的产品研发与存续管理，既能够满足不同客户全方位资产增值需求，也能够保持产品风格稳定，及时向客户传递产品最新的信息与投资观点。例如，某全球领先资产管理机构的ETF产品覆盖70多个行业、多样化的投资主题（如ESG、5G、自动驾驶）和投资策略（如Smart Beta、最小波动投资策略、单/多因子），满足不同客户的投资需求。

- 投研与资产获取能力

资管机构需要具备对宏观和大类资产轮换的分析和判断，匹配产品结构设计和投资策略构建，灵活配置各类资产，从而达成不同客户的收益、风险、流动性偏好的投资目标。

4.4.3 核心能力三：端到端客户财富服务协同

过去，由于客户理财需求与资管产品相对单一，在产品销售模式下，一方面，在投资理财服务环节端，以产品推荐、下单持有为主；另一方面，资管机构产品生产与财富机构产品代销的职责边界清晰，各司其职。随着财富管理从“卖方销售”模式向“买方服务”模式转型，推动客户财富服务旅程逐渐向“投+顾”综合服务演变，借鉴海外成熟市场经验，我们认为围绕客户财富服务四大环节（见图4-8），资管机构在财富规划KYC、资产配置与产品精选赋能以及打造智能投顾等方面能够与财管机构深度赋能，进而全面提升客户财富管理服务体验。

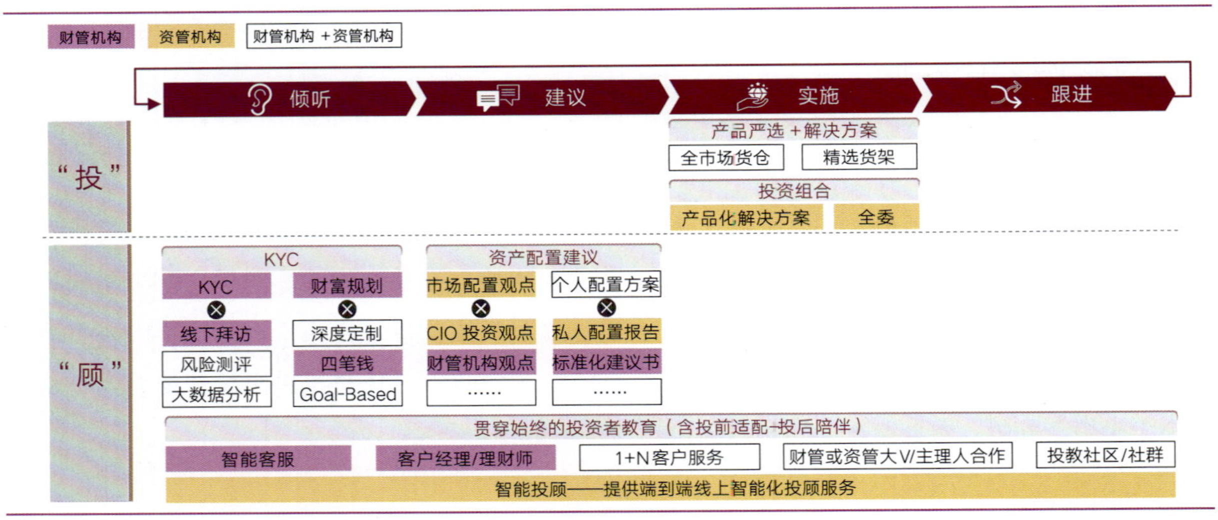

图4-8　核心能力三：围绕客户端到端财富旅程，深化双向赋能，全面提升客户财富管理服务体验

（资料来源：BCG分析）

• 财富规划KYC赋能

受数字化技术和销售适当性监管要求的驱动，国内大部分传统财管机构客户KYC基础信息（风险偏好、财富水平等）已相对完备，但对于客户整体财富水平、资金来源、投资偏好、流动性要求以及短中期投资目标等财富关键信息仍缺乏有效收集和验证。借鉴海外领先实践经验，随着客户财富增长和投资理念的成熟，我们认为财富规划是获取客户关键财富信息的有效切入点。以国内某领先股份制银行推出的财富规划工具为例，以"活钱管理、稳健投资、进取投资、保障管理"四笔钱为配置框架，首先通过大约10道选择题，完成对客户整体财富水平、投资经验、人生阶段及风险偏好的判定。其次，结合客户当前行内资产分布、过往理财行为以及标准化配置方案匹配度三个维度开展"财富体检"。最后，根据机构资配方案给出为客户推荐的投资建议与产品。总体而言，目前国内财管机构的财富规划工具仍处于起步阶段，四笔钱的资产配置建议相对粗糙、同质化程度高。未来资管机构可以考虑与财管机构共同打造财富规划工具，一方面能够协助财管机构在为客户提供财富规划建议时，提高客户定制化程度；另一方面能够帮助资管机构前置了解客户需求，指导资管产品后续设计。

• 资配建议与产品精选赋能

发挥资管机构多资产、多策略研究和投资能力的优势，在宏观政策、行业趋势研究及预测、大类资产配置以及基金经理与产品评价等方面向财管机构输出资管研究成果。一方面，补齐财管机构短期投研短板，协助其逐步构建和完善科学的大类资产配置体系与投研观点传导机制，最大化投研价值；另一方面，面向富裕及以上客群，赋能财管机构，协助理财师等为客户规划定制化的资配方案。例如，摩根资管构建起涵盖80余名投资和行业专家的专业团队，运用丰富的资本市场知识搭建起战略资产配置框架，结合开放式产品平台上500余名基金经理所提供的产品与服务，为客户构建投资组合。

- **协同打造智能投顾解决方案**

在金融普惠和数字增效的政策导向推动下，我们认为智能投顾解决方案将大有可为。各类资管机构一方面可以通过构建智能投顾解决方案，提升公域客户流量转化和自有渠道客户活跃度；另一方面可以打造面向人工投顾的赋能解决方案，输出给银行、信托等财富机构，帮助财管机构降低服务成本，提升客户服务体验。例如，目前全球领先的智能投顾提供商Vanguard Personal Advisor Service（VPAS）主打人机结合模式，结合自动化咨询平台与人工顾问的双重优势，在人工服务的过程中，为理财师提供客户需求洞察、市场观点收集、智能化配置方案生成等，有效降低了服务成本，吸引了大批客户转化。①

4.4.4 核心能力四：数字运营能力

长久以来，由于资管机构定位专业产品提供方，科技投入主要聚焦系统化投资研究领域（投研分析、交易效率与风险管理等）。正如前文所述，数字化正全面重塑财富管理服务模式，加快推动资管机构在服务渠道、服务环节、服务内容等环节与财管机构的相互赋能（见图4-9）。对资管机构来说，无论是生态伙伴型或双轮驱动型，都对资管机构在客户经营与服务陪伴领域的数字运营能力提出全新的要求。借鉴领先财管机构的经验，我们认为资管机构建立数字运营能力可以聚焦以下两个方面。

	从……	到……
服务渠道转变	传统财管网点和线上渠道	财管、资管线上平台、流量平台、场景融合
服务环节延展	以单纯线上销售或交易为核心	客户端到端财富管理数字行为的深度经营
服务内容升维	提供标准化的资管产品	提供客户导向的“金融+非金融”产品化解决方案
运营能力升级	关注线上交易便捷稳定	以“数字+算法”为核心的数智化运营

图4-9 数字化全面重塑财富管理服务模式，推动财管机构和资管机构在各环节相互赋能

（资料来源：BCG分析）

① 《中国资产管理市场2018》。

• “千人多面”的客户画像与需求洞察

借鉴领先财富机构经验，资管机构可以考虑首先构建客户标签的管理体系，通过逐步收集、沉淀和整合自有渠道、合作流量平台、公域社交媒体、投资顾问等全渠道触点客户信息，形成对客户基础画像与基础性财富需求的刻画。其次，引入数据与模型队伍，借助数据挖掘与模型技术，进一步丰富客户标签，并形成对客户潜在需求的深入洞察。例如，国内某领先股份制银行，通过自有渠道收集、客户经理输入和外部数据合作，收集了海量的客户信息，结合数据挖掘与模型计算，围绕一个零售客户能够形成数千个多维度标签，覆盖客户基础信息、行为信息和偏好信息，高效指导前台开展财富业务（见图4-10）。

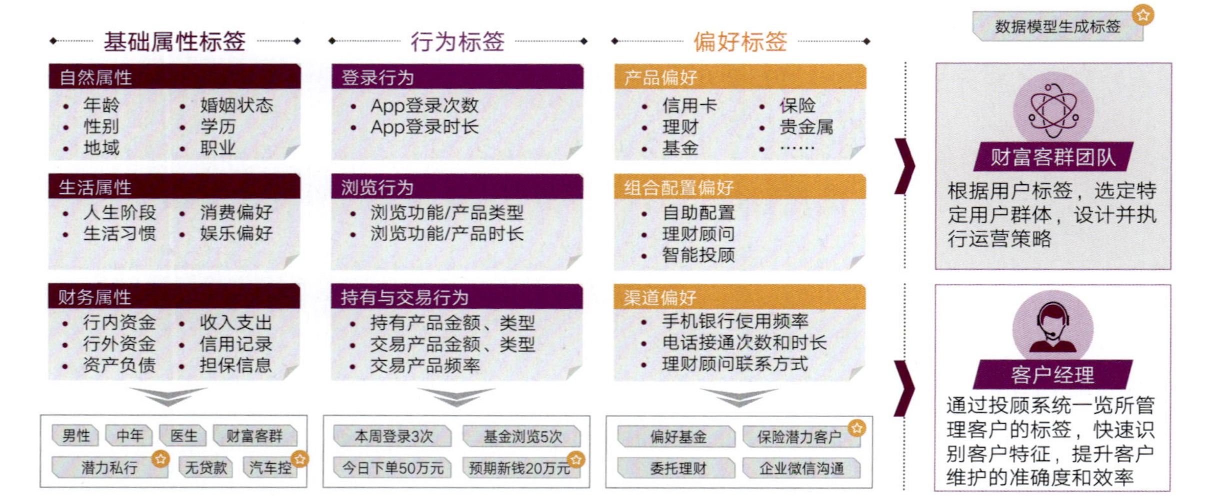

图4-10　某领先股份制银行财富客群多维度客户标签

（资料来源：专家访谈、BCG分析）

• 个性化的数字营销服务

在新数字财富时代，零售客户希望能够从资管或财管机构获得全天候、全渠道以及个性化的内容体验。一方面，资管机构需要加强自身渠道App、小程序或“线上旗舰店”的交互体验，甚至结合不同客群使用习惯的差别，推出不同版本；另一方面，借鉴互联网数字营销先进实践，数字营销强调“高效、精准、迭代”，资管机构需要围绕客户画像与线上行为轨迹，建立数字营销中台，能够围绕不同渠道、场景、客群等维度，高效组装营销策略和权益、生产活动内容、开展营销活动并实时追踪营销效果。

专题三

海外个人账户养老投资实践参考

• 中国养老体系面临压力，三支柱扬帆起航

中国老龄化程度加剧，养老金制度体系承受巨大压力。从规模看，中国养老金体量较小，与海外OECD国家相比仍有较大差距。截至2021年末，中国养老金总规模为14万亿元人民币，占GDP的比例为12%，过去几年间增速平缓。美国养老金体系规模庞大，2021年末规模为257万亿元人民币，2019—2021年间占GDP的比例从150%稳健增长至173%。从结构看，中国养老金体系仍主要依赖第一支柱，第二支柱覆盖不足，第三支柱尚处于起步阶段。2021年，中国第一支柱占比由2019年的78%降至68%，但仍高于海外国家。第二支柱占比则从2019年的22%快速提升至32%。第三支柱个人养老金制度于2022年11月正式落地，未来前景广阔（见图1）。

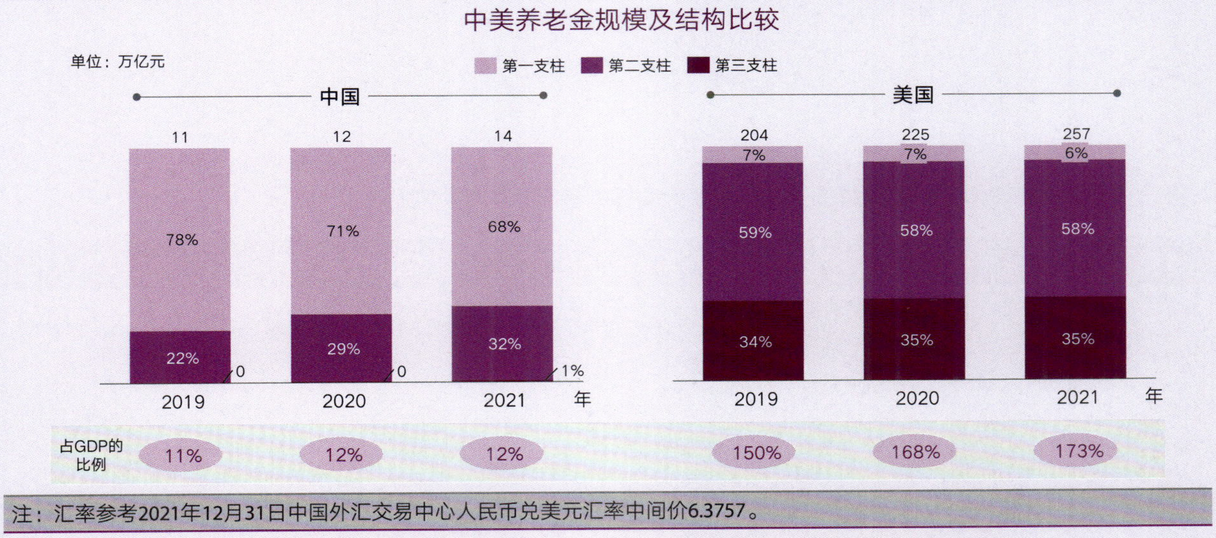

图1 中国养老金体量较小，第二支柱覆盖不足，第三支柱尚处于起步阶段

（资料来源：BCG 2022年中国资产管理市场模型、全国社会保障基金理事会、人力资源和社会保障部、ICI、BCG分析）

第三支柱的发展将为资管机构带来巨大的资金增量。目前，国内资管机构个人养老业务已扬帆起航，未来潜力巨大。通过观察海外实践，我们希望能为中国资管机构抓住三支柱机遇提供借鉴。

• 美国个人账户养老管理体系与投资情况

对于账户制度设计给予个人充分投资决策权的养老金制度，我们统称为“个人账户养老投资”。在美国，主要包括两种类型：一是确定缴费计划（Defined Contribution Plan，以下简称DC计划），二是个人退休账户（Individual Retirement Account，IRA）。截至2022年末，以上两类养老计划的总规模达20.8万亿美元，占美国养老金总规模的62%（见图2）。可见，个人账户养老投资在美国已经成为主流模式。

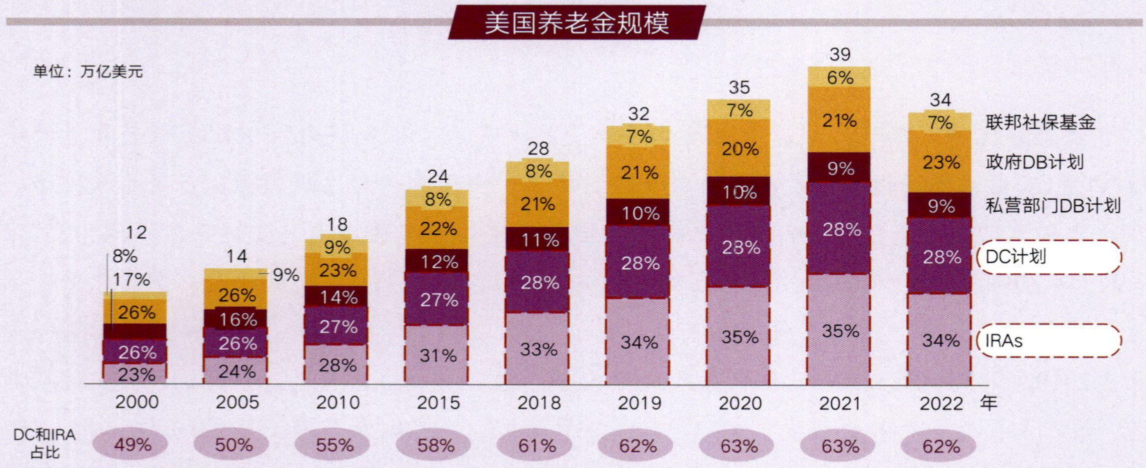

图2　个人账户养老投资在美国已成为主流模式

（资料来源：ICI、BCG分析）

表1　DC计划管理体系：中美第二支柱体系四大角色的参与机构类型对比

养老支柱	受托人或投资顾问	账户管理人	投资管理人	资金托管人
职责	筛选、评估及统筹其他三大角色，并提供资产配置、产品选择等投资建议	养老账户日常运营维护	提供专户投资管理服务或标准投资产品	资产分配、交割与清算
美国参与者	独立第三方投资顾问机构，如美世、罗素	资管机构	资管机构	银行
中国参与者	银行、保险、信托	银行、保险、信托	约20家持牌资管机构，主要是大型公募、保险资管和少量券商资管	银行

资料来源：BCG分析。

DC计划的管理体系。美国市场化开放程度高，监管部门对DC计划参与机构未设置准入门槛，由受托人或投资顾问全权负责筛选与评估。中美第二支柱养老管理体系中均由受托人或投资顾问、账户管理人、投资管理人、资金托管人四大角色构成，但不同角色的参与机构有差异（见表1）。根据美国《雇员退休收入保障法》（ERISA）的规定，代表退休计划参与人全权进行管理和资产投资的个人或实体，包括投资顾问、账户管理等参与方，都必须遵循信义义务（Fiduciary Duties），必须以计划参与者的利益最大化为原则，具体包括分散投资以尽量减少巨额损失的风险、遵守计划条款、避免利益冲突等。

DC计划的竞争格局。整体呈现头部集中，独立系资管机构优势明显（见图3）。2021年美国前十大DC资管机构规模占比达71%，独立系资管机构占据前四大席位。在养老第二支柱中，如何提供有竞争力的定价、确保产品收益表现、进行有效的投资者教育对于获得投资顾问及其背后客户的青睐十分重要。独立系凭借全面、深入的养老相关服务和优异的投资能力，成为最大的企业年金业务提供者。

美国独立系资管机构优势明显

2021年美国DC市场中资管机构排名[1]

独立系

排名	机构	DC AuM（十亿美元）	401（K）AuM（十亿美元）	DC市场份额（%）
1	先锋	2046	1721	18.3
2	贝莱德	1391	910	12.4
3	高达投资	1199	547	10.7
4	普信	694	308	6.2
5	道富环球	614	516	5.5
6	纽文	604	8	5.4
7	资本集团	588	550	5.3
8	保诚	299	196	2.7
9	摩根资管	287	251	2.6
10	北方信托资管	240	240	2.1
前十家合计				71

注：1. 数据截至2021年12月31日。

图3　DC计划竞争格局：整体呈现头部集中，独立系资管机构优势明显

（资料来源：Pensions & Investments、BCG分析）

DC计划的投资范围。监管部门对投资产品未设限制，通常由雇主为企业员工提供一定种类（一般为20余种）的标准化资管产品选择。通常DC计划的雇主会指定投资顾问或资管机构筛选并选择不同类型的资管产品供企业员工选择，雇员自主决定投资决策并承担投资风险。以DC计划中规模占比近90%[①]的401（K）计划为代表，共同基金和集合投资基金（CITs）是最主要的投资工具，合计占比达80%。集合投资基金是与共同基金类似、专为养老计划提供的集合投资工具，由于免受SEC监管，通常基金运营成本更低、费率和操作也更灵活，叠加税收优势，近年来受到401（K）计划青睐，占比持续提升至33%（见图4）。

① Cerulli。截至2021年12月31日。

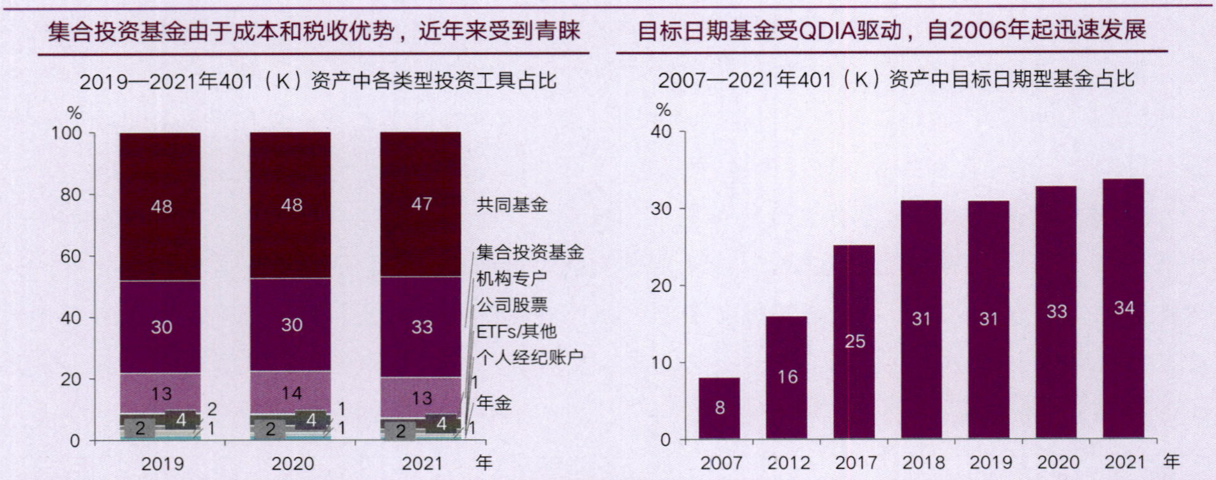

图4　DC计划投资范围：自主决策，共同基金和集合投资基金是最主要的投资工具

（资料来源：Cerulli、ICI、BCG分析）

2016年推出的合格默认投资工具（Qualified Default Investment Alternatives，QDIA）机制降低了投资者选择难度，同时提升了雇主主动性。QDIA指雇主在雇员无投资决策时，告知雇员30天后代表雇员将养老金投资于经过严谨筛选和监控的合格投资工具中，则雇主可以从投资亏损中免责。美国劳工部（DOL）规定了四种类型的QDIA产品：一是生命周期基金，指根据个人年龄或退休日期调整的产品，主要以目标日期基金为代表；二是专业管理账户，结合个人年龄、退休日期所提供的个性化投资组合；三是平衡型产品，主要以目标风险基金为代表；四是资本保全产品，为参与不足120天的账户提供的保本产品，账户参与人如选择在 120天内退出，则可免去惩罚性税收。QDIA机制促进了DC计划中目标日期基金的投资，401（K）计划持有目标日期基金资产规模占401（K）计划总规模之比也由2007年的8%上涨至2021年的34%（见图4）。

DC计划的资产配置。整体风格较为激进，主要配置权益类资产（见图5）。根据ICI最新统计，截至2019年末，在401（K）计划资产中，20岁人群和60岁人群的权益类资产占比分别达84%和57%。①

① ICI。权益类资产包括股票型基金、公司股票和混合型基金中的股票部分。

2021年美国401（K）资产配置，按计划规模[1]

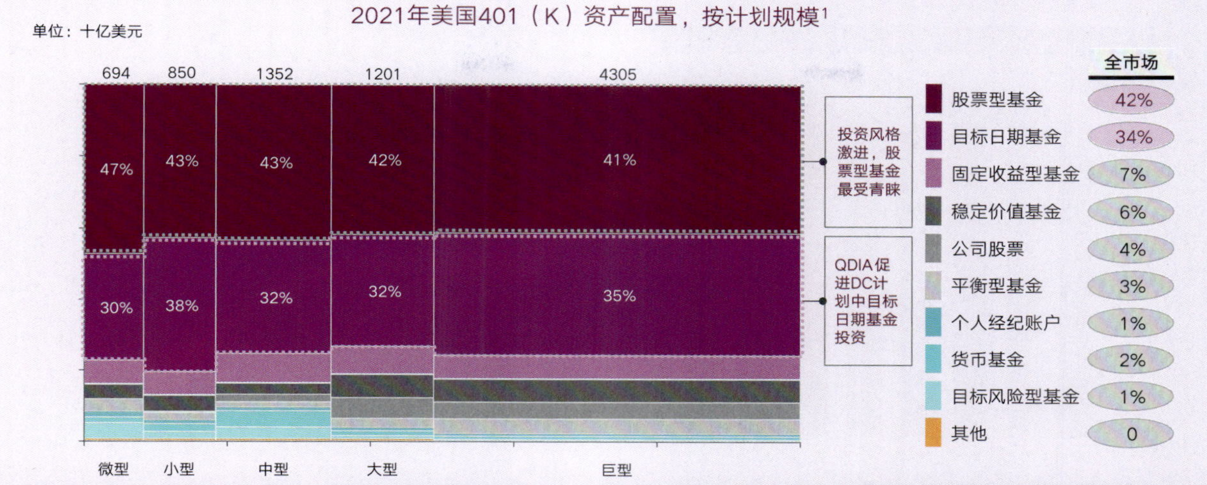

注：1. 微型：<500万美元；小型：500万~2500万美元；中型：2500万~2.5亿美元；大型：2.5亿~10亿美元；巨型：≥10亿美元。

图5　DC计划资产配置：风格激进，主要配置权益类资产

（资料来源：Cerulli、BCG分析）

IRA的管理体系。美国IRA体系与传统零售资管体系类似。财富机构作为投资账户的主要开设机构，负责获客、账户管理、投资顾问建议、提供资管产品；资管机构则负责生产产品、投资管理。

在IRA管理体系中，账户提供方扮演十分关键的角色。在美国，传统证券经纪商和零售直销平台等是最大的零售投资产品分销机构。IRA账户开设与零售分销渠道逻辑相似，因此IRA账户市场的领军地位也由以四大券商为代表的传统大型券商和富达、嘉信、先锋等为代表的零售直销平台把控。

IRA的投资范围。IRA可投资范围广泛、灵活，基本等同于普通投资账户。IRA的投资范围基本与证券账户投资类似，除去不允许投资人寿保险与收藏品外，可选择范围广泛。产品准入上，未设置相关限制。投资去向上，共同基金仍是最受欢迎的资管产品。同时，由于低费率以及被动策略越发受到认可等因素影响，被动类投资受青睐度提升，拉动其他资管产品占比提升（见图6）。

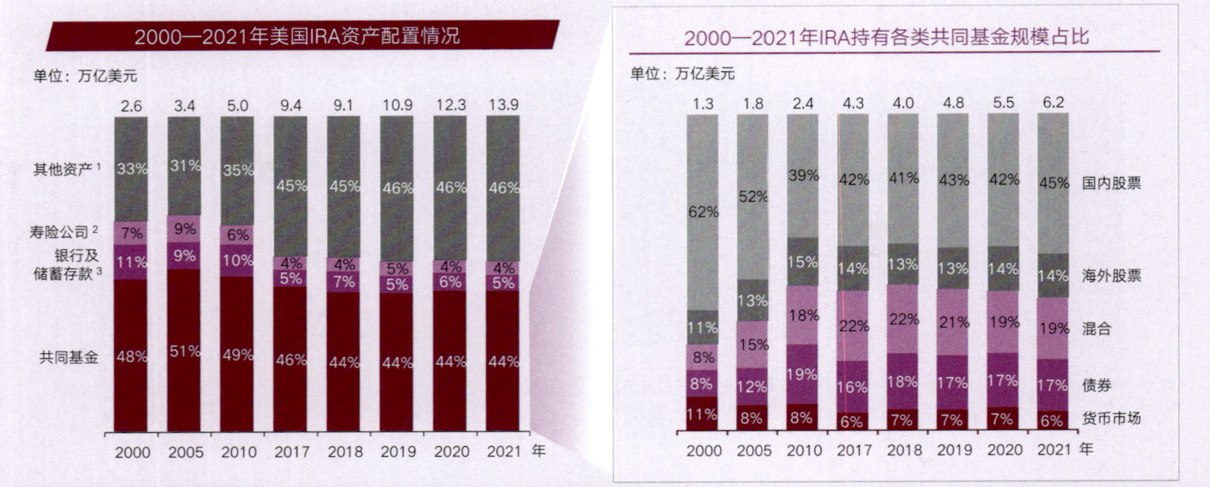

注：1. 其他资产包括个人股票、债券投资、封闭式基金、ETFs和其他通过经纪商或信托账户持有的资产。

2. 寿险公司IRA资产指IRA持有的年金，不包括可变年金共同基金IRA资产。

3. 银行及储蓄存款包括Keogh计划。

图6　IRA投资范围和资产配置：投向自由，以权益类基金和直接投资股票为主

（资料来源：ICI、BCG分析）

IRA的资产配置。以权益类基金和直接投资股票为主，目标日期基金占比显著低于401（K）计划。IRA的资产配置同样较为激进，根据ICI最新统计，截至2018年末，传统IRA资产中，权益类资产占比达51%，目标日期基金占比仅为10%。[①]在IRA所投资的共同基金中，国内股票型和海外股票型基金规模合计占比达59%（见图6）。

• 中外第三支柱特点和投资情况比较

2022年11月，中国个人养老金政策正式落地实施，36个城市（地区）入选养老先行城市（地区）。随后，个人养老资金账户可投资的储蓄、理财、基金、保险四类产品名录相继披露。中国个人养老金制度实行个人账户制并采用递延纳税优惠政策，参加人可自主选择购买符合规定的金融产品。这一制度的落地标志着中国资管机构养老金第三支柱赛道正式开启，个人养老金账户资金将成为市场长期资金的重要来源。资管机构未来可以从产品供给、客户教育、账户服务、生态经营等多方面发力，把握机遇。

以下我们选取第三支柱起步较早且最为成熟的美国市场与中国现状展开深入对比（见图7），以寻求借鉴。对比从制度层面和产品层面两个方面展开。

① ICI。权益类资产包括股票型基金、公司股票和混合型基金中的股票部分。

☆ 重点展开

		中国	美国
制度层面	账户设立	**起步初期，试点为主：** 2022年末启动，目前仅覆盖目标城市参加城镇职工基本养老保险或者城乡居民基本养老保险的劳动者	**开放早，适用范围广：** 1974年引入，2020年1月1日后放开70.5岁的年龄限制，所有美国公民均可自愿设立
	☆ 税收优惠	**统一标准：** 缴纳额度上限统一为12000元，按自然年度缴纳	**政策灵活：** 针对不同年龄、收入、婚姻状况的人群设定不同的额度，50岁以上2023年缴纳上限为7500美元
	☆ 领取制度	**领取条件相对严格：** 未对提前支取进行明确规定	**领取条件相对灵活：** 59.5岁后可领取，允许提前支取，但需补税并缴纳惩罚税；72岁后强制提取（罗斯IRA无限制）
	☆ 二三支柱联动	**尚无规定：** 当前第二支柱和第三支柱之间尚未出台接续转移的相关规定	**可相互接续转移：** 401(K)资产可转入个人退休账户中，特定情况下IRA账户也可逆向转回401(K)账户中
产品层面	投资范围	**相对有限：** 个人自主选择购买符合规定的储蓄存款、理财产品、养老险和商业养老保险、公募基金等金融产品（统称个人养老金产品）	**投向自由：** 自主配置各类金融资产，采取负面清单限制，不允许投资人寿保险或收藏品等
	产品准入	**清单制管理**	**无相关准入限制**
	资产配置	**配置偏保守：** 以固收类为主，追求稳健长期收益	**风格更为激进：** 以权益类为主，配置比例随年龄增长而下降

图7　中外养老金第三支柱特点和投资情况比较

（资料来源：BCG分析）

税收优惠。美国IRA税收优惠采用差异化标准，参与人身份不同，所适用的缴费标准也不同。中国参与人每自然年最高可免税金额统一为12000元。美国IRA则设置差异化缴费标准。首先，根据参与人年龄设置了两类最高限额，以便于接近退休的参与人加速养老金积累。2023年规定50岁以下为6500美元，50岁及以上为7500美元。其次，根据参与人是否被企业养老金计划覆盖设置了两类不同的缴费标准，具体缴费金额上限视参与人收入、婚姻状况及配偶等情况而定。

领取制度。美国IRA领取条件相对灵活。在提前支取上，中国暂时未对提前支取做明确规定；IRA允许提前支取但需补缴税款并支付惩罚税（见表2）。在领取时间上，中国未做具体规定；传统IRA规定必须在年满72岁时强制取款，支取不足额的部分需额外缴纳50%的税收，罗斯IRA则无相关限制。

表2　美国两种IRA均对提前支取收取惩罚税

模式	税收优惠			提前支取惩罚
	缴费阶段	投资阶段	给付阶段	
传统模式（EET模式，即免税—免税—征税模式）	缴费金额可以税延至给付阶段缴纳所得税	投资收益可以税延至给付阶段缴纳所得税	给付时缴纳缴费阶段与投资阶段所得税	若59.5岁前提取，需先缴纳缴费与投资阶段递延的所得税，并另外缴纳提取金额10%的惩罚税
罗斯模式（TEE模式，即征税—免税—免税模式）	缴费金额不可抵扣应税收入，仍需缴纳所得税	投资收益免税	给付免税	若59.5岁前提取，或缴费未满5年，将失去税收优惠，并另外缴纳提取金额10%的惩罚税

资料来源：BCG分析。

二三支柱联动。美国IRA特有的转账机制实现了养老体系各层次间的联动，同时也推动了第三支柱的规模发展。美国第二支柱的DC计划在参与人换工作或退休时可以转存为IRA。第二支柱的转存资产每年能为IRA市场带来千亿美元的增量，且呈现逐年上涨趋势。2016—2021年间，传统IRA转存资产达2.86万亿美元，而个人缴费的资产仅为1000亿美元（见图8）。

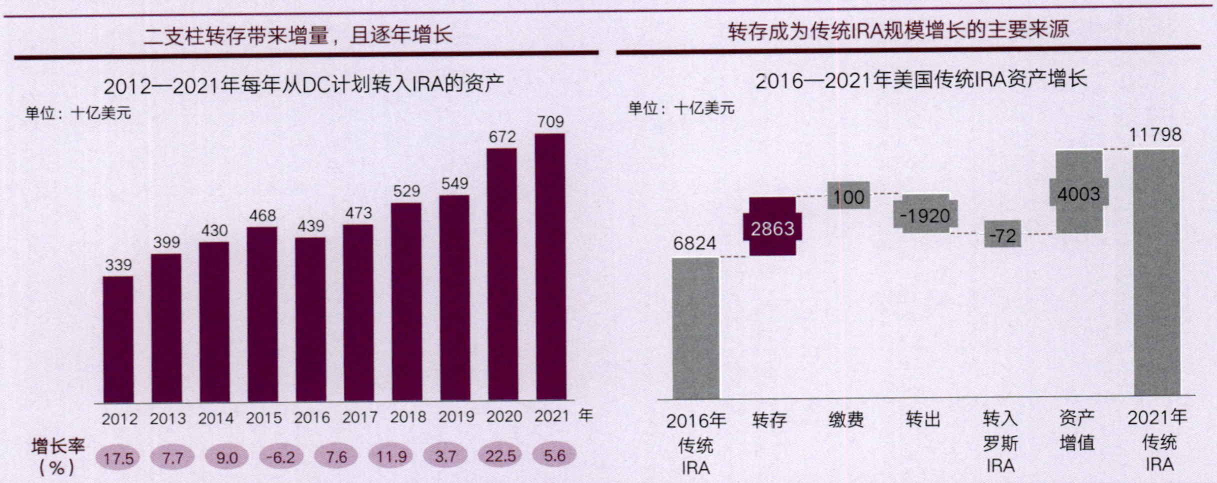

图8　二三支柱联动：从雇主养老金账户中转入资金成为IRA的主要资金来源

（资料来源：Cerulli、BCG分析）

• 海外资管机构个人养老实践参考

我们观察到海外领先资管机构开展个人养老金业务有三种不同的制胜模式，值得国内资管机构结合自身禀赋和业务目标作为参考，以便快速建立相应的业务壁垒（见图9）。

	模式一：基于账户端的综合养老服务	模式二：主动管理产品专家	模式三：低费率被动供应商
模式简介	• 依托零售渠道优势，把握账户端资金入口 • 充分发挥与财富管理的协同效应，将养老产品融入财富综合解决方案	• 凭借自身优异的主动投资管理能力和长期领先的投资业绩形成差异化竞争优势	• 通过被动投资和低费率形成规模效应，占据目标日期基金市场
关键优势	• 发达的零售业务渠道 • 财富管理业务的协同效应 • 二支柱品牌露出带来的客户信任	• 成熟且经验丰富的资产配置 • 覆盖全面的多资产投资能力 • 坚信长期价值的投资理念	• 独特治理架构下的成本优势 • 丰富的被动投资产品供给 • 持续的创新能力
代表机构	• 富达（Fidelity）	• 某全球领先的主动管理资管机构	• 美国某指数基金巨头

图9　海外资管机构个人养老金业务三大制胜模式

（资料来源：BCG分析）

模式一是以富达为代表的基于账户端的一站式养老服务。富达是全美第一大IRA账户提供方，占据20.5%的市场份额，把握账户端入口（见图10）。在此基础上围绕投资账户，为客户提供包括IRA账户投资产品、投顾服务、财务管理、税务咨询、寿险等全链条的一站式养老服务。针对不同的客户需求，富达在传统IRA、罗斯IRA等主流账户外，还提供以儿童、伴侣为受益人的细分IRA账户。同时，富达会根据客户的投资时间、目的、意愿、技能等个人信息，生成个性化的投资建议。例如，建议具备投资技能和时间的客户自行选择投资产品，对于缺乏技能的客户，则推荐购买目标日期或目标风险基金产品。除投资业务以外，富达还为客户提供多种数字化工具，帮助客户更好地规划退休生活，并且大多工具无须富达账号也可使用，这成为获客手段之一。①

美国IRA市场2022年第二季度排名及市场份额[1]

龙头直销平台　四大券商

排名	机构	AUA（十亿美元）	市场份额
1	富达	2392	20.5%
2	嘉信	1190	10.2%
3	先锋	990	8.5%
4	爱德华琼斯	683	5.9%
5	LPL	570	4.9%
6	摩根士丹利	558	4.8%
7	富国	473	4.1%
8	潘兴	421	3.6%
9	阿默普莱斯金融	371	3.2%
10	瑞银	249	2.1%

注：摩根士丹利数据中不包括E*TRADE，嘉信数据中不包括TD Ameritrade。
1. 根据受托资产规模（Asset Under Administration，AUA）计算。

图10　富达是全美第一大IRA账户提供方，把握账户端入口

（资料来源：Cerulli、BCG分析）

模式二是主动产品专家模式，代表是全球某领先的主动管理资管机构。此机构深耕养老业务，凭借长期以来的主动管理优势抢占市场，主要得益于以下三大优势：一是成熟的资产配置能力。公司搭建了“战略资产配置+战术资产配置+投资标的精选”的端到端投研流程机制。公司于1990年便成立资产配置委员会，主要负责决定战术资产的分布比例，并实时进行组合监控与管理。二是覆盖全面的多资产投资能力。公司1986年上市后便致力于进一步提升多元化投资能力，打造覆盖全球市场、资产、行业、风格的投资能力。三是坚信长期主义的理念。公司更重视长期业绩，考核一年、三年、五年、十年的绝对、相对和风险调整后收益，且各考核期业绩占比均衡。

模式三是低费率被动供应商，代表为美国某指数基金巨头。该机构是全美第一大目标日期

① 《中国资产管理市场2019》。

基金供应商，占38%的市场份额，规模达1.06万亿美元，遥遥领先于其他机构（见图11）。公司旗下目标日期基金系列共包含12只基金，即目标日期2020—2070年的基金以及一只收入型基金。系列内所有基金均配置公司内部被动指数型基金，配置内部基金模式下第一层母基金管理费为零，加之配置自身低费率的被动投资，实现了产品成本的最优化。2022年，公司目标日期系列基金平均费率为0.08%，远低于行业加权平均费率0.32%。①

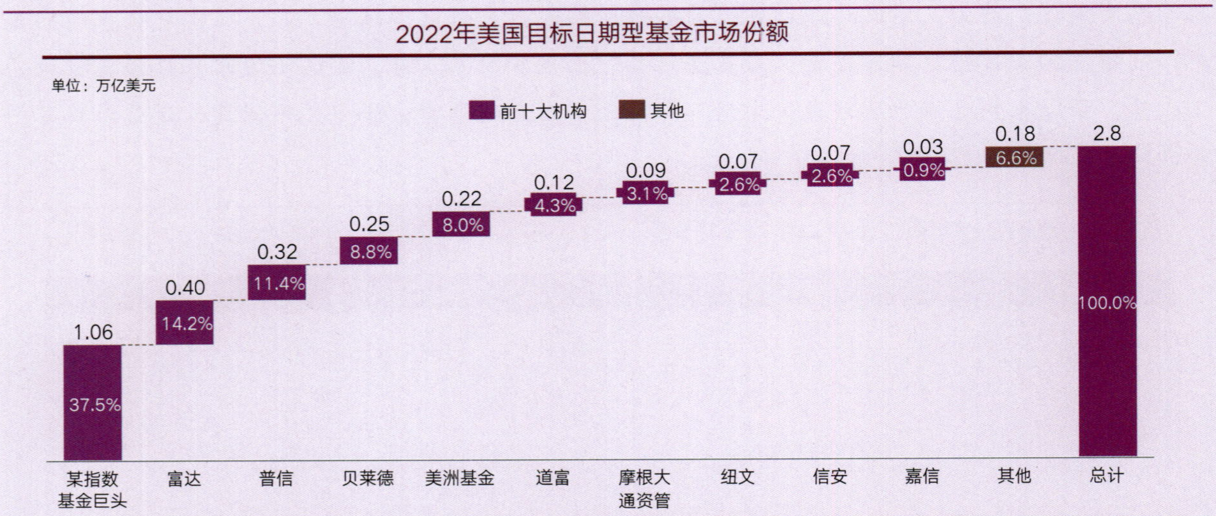

图11　某指数基金巨头为美国第一大目标日期基金供应商，占38%的市场份额

（资料来源：Morningstar、BCG分析）

① Morningstar。

5. 固收投资：基石所在、潜力巨大，共建生态能力提升

5.1 市场前景：中流砥柱、前景广阔，短期波动长期向好

债券市场是中国资本市场的重要组成部分，在过去十年快速发展，截至2022年第三季度，中国债券市场余额达20.9万亿美元，跻身全球第二大债券市场。①与此同时，债券市场已经成为中国直接融资渠道的中流砥柱，对支持实体经济发展具有重要意义。

固收投资对资管市场意义重大，未来发展空间广阔。具体体现在以下三个方面。

规模上，中国固收资管市场是全球第二大市场，以受托管理方式衔接资金端投资需求、配置资金、定价资产、赋能企业，帮助实体经济融资、融智（见图5-1）。截至2022年末，中国固收资管市场规模达12万亿美元，占整体资管市场规模的67%。固收资管充分发挥金融资源配置功能，为实体经济直接融资渠道注入大量资金，助力中国经济高质量发展。

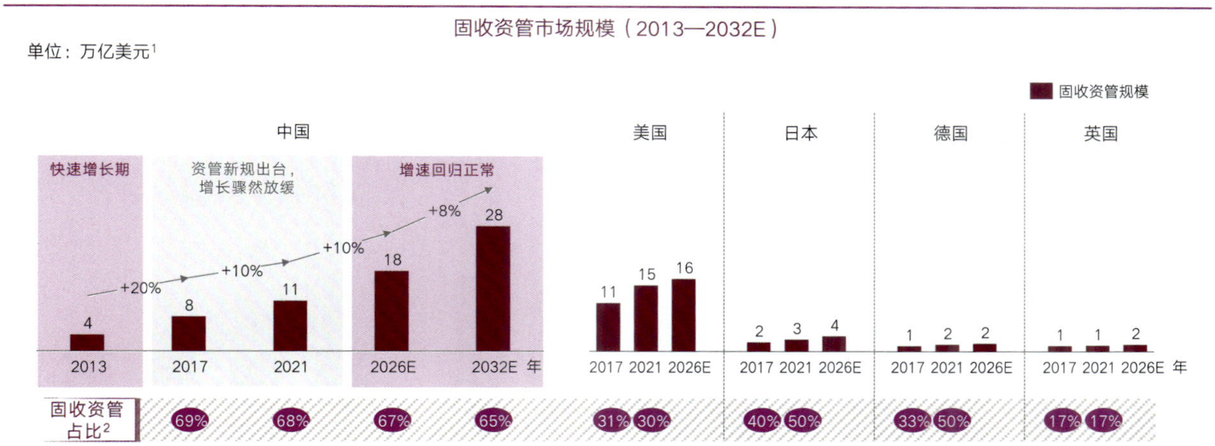

注：1. 按现行汇率换算，即1美元=7.30元人民币。
2. 统计固收资管占整体资管市场规模的比例。

图5-1　中国固收资管市场规模位居全球第二，占整体资管规模的近70%

（资料来源：BCG全球资产管理市场规模数据库、BCG分析）

需求上，中国资管市场中各类投资者对于固收投资有强烈的配置需求，固收投资满足了中国大量低风险偏好投资者的需求以及养老目标。我们预计2021—2032年间，伴随各类客群可投资资产的不断积累，中国固收资管市场资金体量将以约9%的年复合增长率增长（见图5-2）。其中，零售客群资金预计未来增速最快。伴随着未来中国居民财富的不断积累，以及资管渗透率的提

① 国际清算银行（BIS）。全球债券市场余额数据更新至2022年第三季度。

升，零售客群资管规模将不断扩张。与此同时，中国投资者风险偏好普遍较为保守，叠加养老投资需求，我们预计未来对于固收资产的配置仍将维持在60%左右的较高水平（见图5-3）。

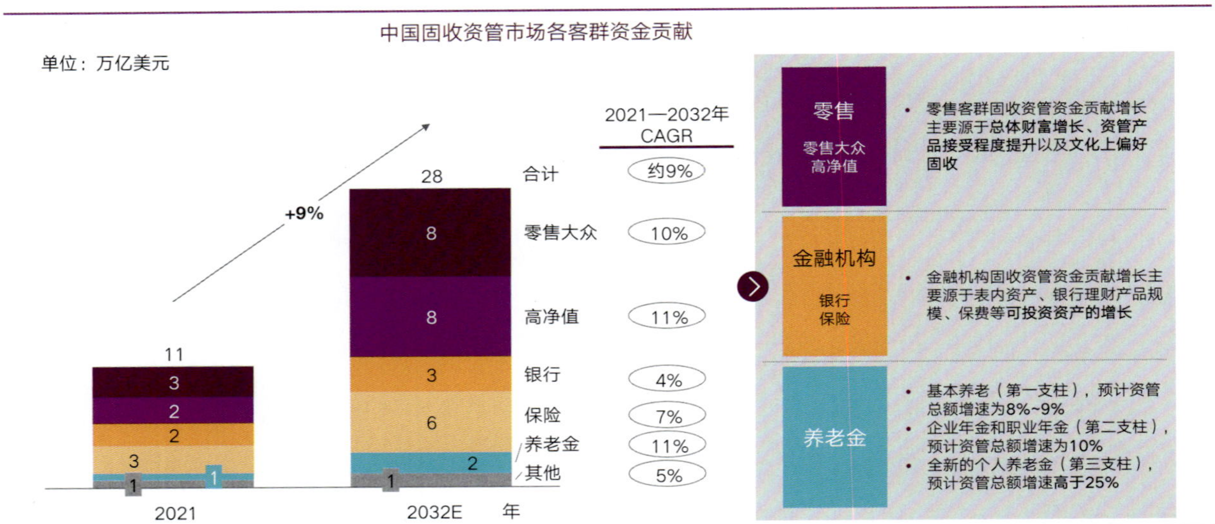

注：1. 按现行汇率换算，即1美元=7.30元人民币。

图5-2　预计2021—2032年间，中国固收资管市场资金体量将以约9%的年复合增长率增长

（资料来源：BCG中国资产管理模型、专家访谈、文献调研、BCG分析）

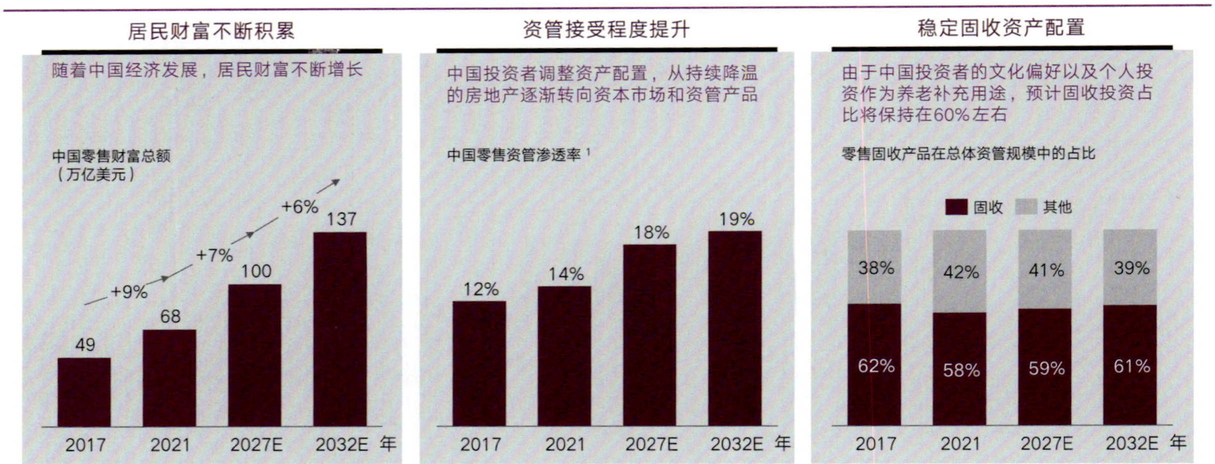

注：1. 零售资管渗透率=中国零售资管资金总额/零售财富总额。
2. 按现行汇率换算，即1美元=7.30元人民币。

图5-3　固收资管零售资金的主要增长动力来源于居民总体财富增长、资管接受程度提升以及文化上的固收产品偏好

（资料来源：Wind、国家统计局、BCG中国资产管理模型、BCG分析）

收益上，债券投资低波稳健，风险收益最佳，是资产配置中的“基石”所在。过去十年，中国债券的夏普比率显著高于其他大类资产，同时也高于美国、欧洲、日本债券，达0.45（见图5-4）。在细分债券资产类别中，部分债券类型的十年增长率甚至超过沪深300指数，例如企业债、高等级信用债、中票等；夏普比率也普遍高于A股（见图5-5）。

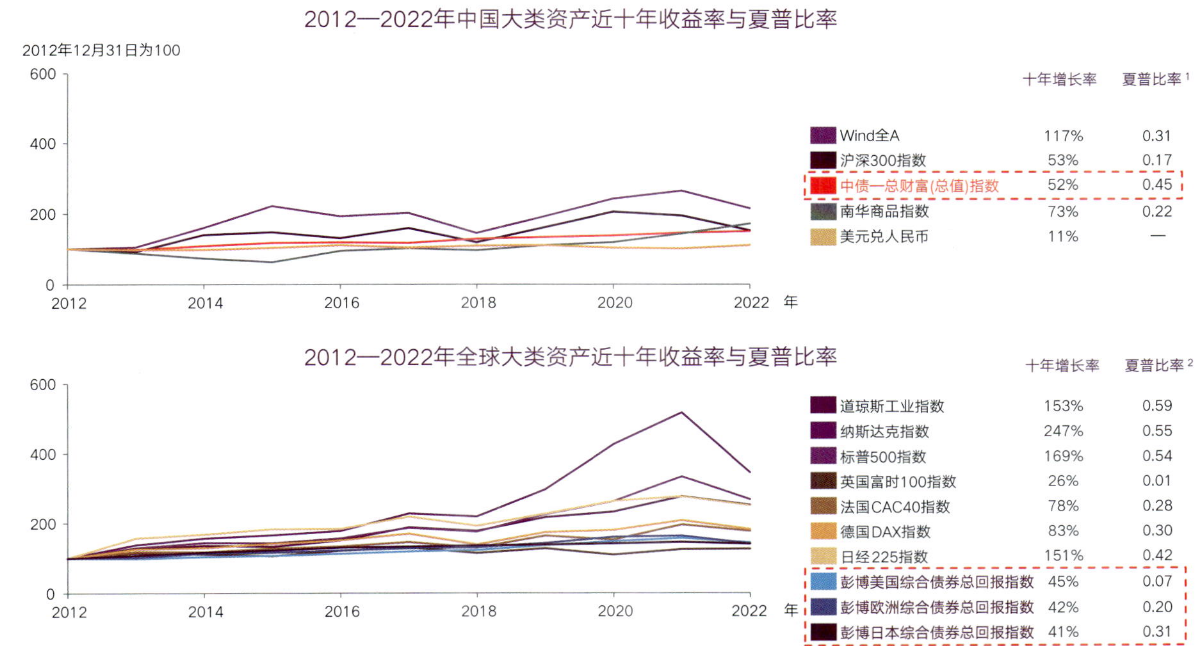

注：1. 中债—总财富(总值)指数夏普比率采用上海银行间市场七日回购利率作为无风险利率计算，其余为中国十年期国债收益率。
2. 股票指数夏普比率采用中国十年期国债收益率作为无风险利率计算，债券指数夏普比率采用Bloomberg数据。

图5-4　过去十年，中国债券资产风险回报优于中国其他资产以及海外债券

（资料来源：Wind、Bloomberg、BCG分析）

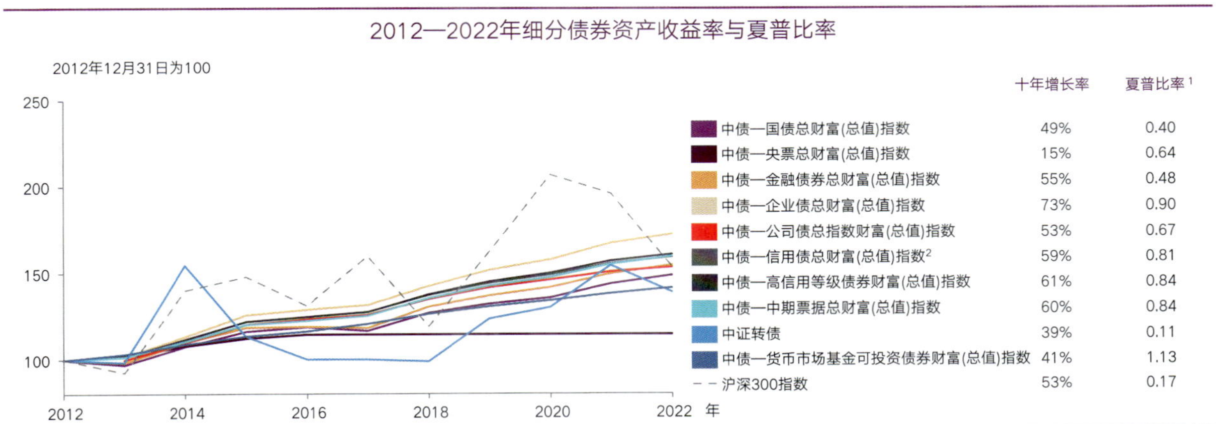

注：1. 细分债券指数夏普比率采用上海银行间市场七日回购利率作为无风险利率计算，沪深300指数夏普比率采用中国十年期国债收益率作为无风险利率计算。
2. 2013年12月31日为100。

图5-5　中国细分债券资产夏普比率普遍高于A股

（资料来源：Wind、BCG分析）

在经历了快速发展期后，中国固收资管市场即将迈入高质量发展的新阶段，所蕴含的巨大潜力也将被逐步释放。在此过程中，我们仍面临挑战。2022年11月债券市场的超预期波动一定程度上显露出了当前固收资管市场在资产端和资金端面临的发展困境。

在资产端，中短久期资产稀缺，债市资产荒持续。2022年4月以来，受以下因素的共同影响，固收资管市场面临资产荒：一是实体融资需求放缓之下信用债供给阶段性下滑；二是监管趋严驱使城投债承压；三是信用债收益率下行，信用利差整体压缩；四是非标资产供需两端受限；五是债券违约事件的发生促使机构信用下沉收紧。

在资金端，投资者以零售为主，且投资者教育待强化。首先，中国资管市场仍以短期资金为主导，银行理财市场中零售投资者数量占比更是高达99.01%，缺乏成熟稳定的机构长钱。[①]其次，中国零售投资者过去长期受保本刚兑文化影响，此次“破净风波”揭示出投资者对“净值化转型”的接受程度有限，未来资管机构亟须持续强化投资者教育，使投资者真正理解净值化转型内涵和理性长期投资的意义。

然而，短期波动不改长期向好趋势，我们坚信只要能够共同努力克服挑战，中国固收资管市场便能释放出更大潜力，迈向高质量发展新征程。

5.2 转型升级：市场历经结构变革，识别机遇释放潜力

资管新规落地以来，中国固收资管市场已经经历了深刻的结构性变革，产品结构成功实现转型（见图5-6），具体体现为以下三大变革。

从非标债权产品转向真正的资管产品。在资管新规下，投资于非标资产、“保本保收益”的传统资管产品正逐步转型为真正的资管产品。

从现金管理产品转向主动管理型固收产品。为防范系统性金融风险，监管机构持续压降现金管理类产品规模。由于风险回报特征相似，主动管理型固收产品普遍被认为是现金管理产品的直接替代品。

从简单固收产品转向“固收+”与特殊固收产品。简单固收产品难以满足中国投资者的风险回报要求。因此，包括“固收+”与特殊固收产品（如高收益债、REITs）在内的创新产品日益受到青睐，市场份额不断扩大。

① 《中国银行业理财市场年度报告（2022年）》。

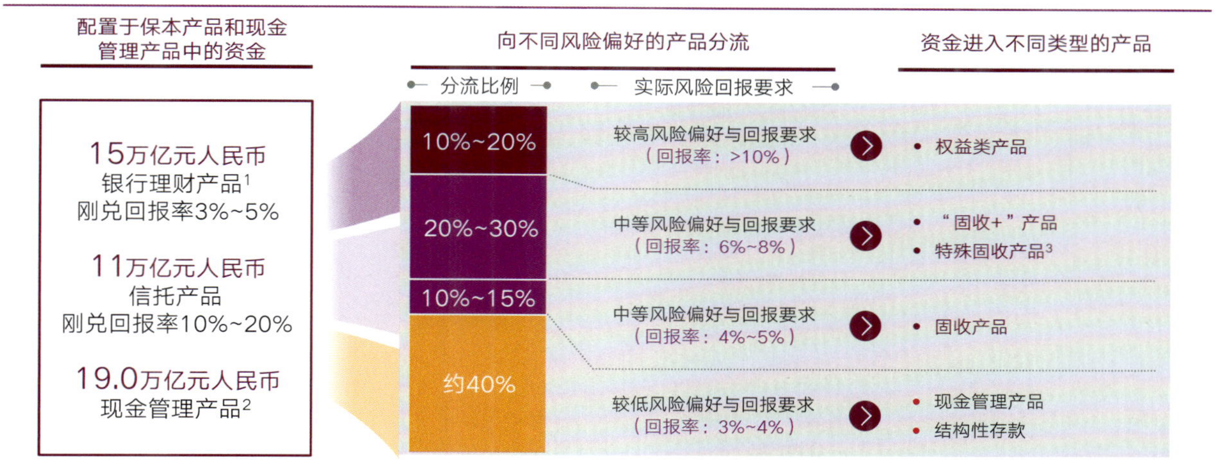

注：1. 不包括银行发行的现金管理产品。
2. 包括银行及理财公司发行的现金管理产品和公募基金公司管理的货币市场基金。
3. 特殊固收产品指采用了特殊投资或交易策略的固收产品，如高收益债、REITs等。

图5-6　投资于非标债权与现金管理产品的资金重新配置到主动管理型及更加成熟的固收资管产品

（资料来源：专家访谈、BCG分析）

放眼未来，为了进一步推动中国固收资管市场转型升级，充分释放市场潜力，我们对海外固收资管市场进行了深入观察，希望从中识别出中国资管市场的未来发展以及面临的新机遇。资管产品的广度和深度代表了资管市场的发展阶段，也是资管机构识别未来潜在发展机遇的重要依据。

广度上，中国固定收益资管产品的品类创新空间广阔。根据晨星（Morningstar）的分类[①]，中国债券型基金包含积极债券、普通债券、纯债、利率债、信用债和短债六类；美国债券型基金总体可划分为应税债券和市政债券两大类，并向下细分为37个子类别。中国固收资管产品种类此前的发展主要受限于底层债券资产的种类、规模和流动性。

深度上，中国固定收益资管产品的规模具有进一步扩容空间。美国市场单只债券型基金的平均规模为19亿美元，最大债券型基金先锋总债券市场指数基金（Vanguard Total Bond Market Index Fund）的规模达2786亿美元，最大主动债券型基金PIMCO收益基金（PIMCO Income Fund）的规模达到了1114亿美元；[②]中国市场单只固收基金的平均规模为20亿元人民币，最大固收基金的规模为492亿元人民币。[③]中国固收基金规模主要受限于整体资管市场的资金体量。

具体来看，对比中美固收产品细分策略，我们识别出以下三类发展机遇（见图5-7）。

① 根据晨星自2021年10月31日起采用的最新中国公募基金（非QDII）分类标准。

② Simfund，数据截至2022年12月31日。

③ Wind，数据截至2022年12月31日，统计所有短期纯债型基金、中长期纯债型基金、混合债券型一级基金、混合债券型二级基金、偏债混合型基金、债券型FOF、被动指数型债券基金、增强指数型债券基金。

分类	二级分类	产品类型[1]	2022年AuM（亿美元）	占比（%）[2]	中国现状	未来机遇
债券	信用债券	公司债券	10613	17.5		
		高信用等级公司债券	3711	6.1		
		高收益债券	3209	5.3		
		中期公司债券	6485	10.7		
		中等信用等级公司债券	1607	2.6		
		优先股	701	1.2		
		短期公司债券	6076	10.0		
		浮动利率债券	1403	2.3		
	市政债券	单一州市政债券	1772	2.9		
		全国市政债券	3230	5.3		
		高收益市政债券	1230	2.0		
		被保险全国市政债券	171	0.3		
		全国中期市政债券	1592	2.6		
		全国短期市政债券	1409	2.3		
	政府债券	政府债券	3004	4.9		
		中期政府债券	859	1.4		
		短期政府债券	2658	4.4		
		机构MBS	1288	2.1		
	海外债券	环球债券	4122	6.8		
		环球短期债券	868	1.4		
		环球政府债券	140	0.2		
		新兴市场债券	769	1.3		
		新兴市场单一国家债券	1	0		
另类	外汇	单一币种	33	0.1		
	另类	另类债券—反向杠杆	27	0		
		另类债券—正向杠杆	9	0		
		另类债券—多空	167	0.3		
混合	混合	偏债平衡型	1095	1.8		
		目标日期型 2000—2010年	173	0.3		
		目标日期型 2011—2015年	232	0.4		
		目标日期型 已退休人士	583	1.0		
		战略收益	1518	2.5		
		合计	60757			

发展成熟　方兴未艾　水平较低　3~5年　5~10年　>10年

注：仅包含公募基金（共同基金）和ETF，不包含货币市场基金。

1. 根据Simfund Global Objectives分类。
2. 统计产品类别合计占资产规模的比例。

图5-7　美国固定收益资管产品分类与中国未来发展机遇展望

（资料来源：Simfund、BCG分析）

第一，我们预计目标日期型基金在个人养老金制度落地后，短期将迎来快速发展（见图5-7中的发现点1）。目标日期型基金是资管机构为个人养老储蓄提供的解决方案型产品，是第三支柱的重要构成。2022年11月，中国第三支柱个人养老金制度正式落地，此后至2023年3月末，目标日期型基金数量由90只快速跃升至153只。①

第二，我们预计随着中国资本市场中底层资产的发展、流动性提升和投资者成熟，专注于细分债券资产的资管产品有望在中期迎来发展机遇（见图5-7中的发现点2）。中国市场中目前尚

① Wind。统计基金数量时未合并基金份额。

无此类细分产品。美国的固收基金按照所投资的细分债券资产精细化分类。美国市场中类型丰富的底层债券资产为美国固收基金的多元化发展奠定了基础。

第三，我们预计伴随着衍生品市场的逐步发展，中国固收另类投资策略和战略收益等复杂投资策略型产品中期存在机遇（见图5-7中的发现点3）。在美国市场中，战略收益型基金规模占比达2.5%。目前中国市场中此类产品尚处于发展的起步阶段。其发展主要受制于三大原因：一是中国资管机构综合投资能力有限，尚未诞生覆盖全资产类别和策略的多元化、综合化资产管理集团；二是国内衍生品市场起步较晚、发展滞后；三是国内监管对于资管产品的另类资产投资范围和杠杆率有一定限制。

5.3 生态构建：债券市场稳固发展，生态体系同创共建

固收资管产品端的发展需要首先从资产端入手，由固收生态体系中的各方共同着力解决现有问题，进而为固收市场未来的高质量发展奠定稳固的基础。

整体市场方面，债券市场走向统一将有利于提升市场运行效率。目前，中国债券市场根据交易场所主要分为银行间市场和交易所市场，两大市场在监管责任、债券发行和交易结算三个方面都有一定程度的隔离。

底层资产方面，债券资产广度、深度、活跃度的进一步提升将为资管产品创新注入新活力。广度上，中国债券市场各债券品种之间的风险收益特征有待进一步差异化，为投资者资产配置提供更多选择。深度上，细分资产深度待加深。以信用债为例，中国信用债存量规模占GDP之比为51%，美国市场为75%。[①]活跃度上，中国债券市场交易待进一步激活。市场中出现信用分层（资金集中投资部分债券），导致存在大量非活跃券。2022年银行间债券市场日均成交10893亿元，交易所债券市场日均成交1574.0亿元。[②]美国债券市场2022年日均交易量达9132亿美元。[③]

信用评级方面，强化债券市场信用评级结果的区分度和风险预警功能将显著提升市场效率和风险管理效率。首先，中国债券发行人主体的信用评级中枢偏高、区分度不足。中国主体评级等级中枢集中在AA+级，市场上主体评级为AAA级、AA+级、AA级的债券数量占比分别为41%、28%、28%，AA级以下数量占比仅为4%。[④]美国市场信用等级结果分布呈现以BBB+级为中枢的正态分布，AAA级主体发行金额占比不超过1%。[⑤]贴近实际且具有区分度的债券评级能够

① Wind，国家统计局，SIFMA，Oxford Economics。数据截至2022年9月30日。

② 中国人民银行。

③ SIFMA。

④ Wind。统计所有发行日期在2012年12月31日至2022年12月31日之间的信用债的发行主体评级，不包含无主体评级债券。统计各评级级别的债券只数。

⑤ Refinitiv。统计所有发行日期在2012年12月31日至2022年12月31日之间的公司信用债的发行主体评级，不包含无主体评级债券。采用标普评级级别，统计各评级级别的发行金额。

有效发挥风险识别和定价功能，从而大幅提升市场效率。其次，中国的信用评级结果未能有效起到风险预警作用。例如，在2022年的债券违约金额中，AA级及以上评级主体占22%。[①]信用评级的违约风险预警功能能够大幅提升债券投资者的风险管理效率。

定价估值方面，信用债风险定价功能的进一步强化与资管产品估值稳定性的提升对于保护投资者利益与促进市场长期稳定发展意义重大。定价上，由于信用评级同质化、交易不够活跃、信息透明度不足，叠加“隐性担保”等问题，中国信用债的信用利差有待在定价中进一步显现。估值上，当前信用债主要盯住中债估值，且信用债成交较少，在不具有活跃交易市场的背景下中债估值波动将对大量持有信用债的银行理财等资管产品净值造成巨大影响。2020年3月，新冠疫情和油价暴跌导致美国企业债市场受到直接打击，美国高收益债信用评级下调、信用利差上升。共同基金为弥补流动性缺口并满足投资高收益债的比例限制，被迫抛售信用债、股票等风险资产，并增持无风险资产。对于风险资产的抛售进一步加剧了资产价格的下跌，导致共同基金净值下降，引发居民和企业大幅赎回。2020年3月，美国开放式共同基金流出金额达3294亿美元，占期初AuM的1.7%。[②]其中，债券型基金的净流出金额最大，单月流出2890亿美元，占期初AuM的4.8%（见图5-8）。为满足赎回要求，机构对所持资产进行无差别抛售，资产抛售蔓延至无风险资产。为避免流动性危机进一步传染与扩散，美联储及时出台一系列救市措施为市场提供流动性支持。在此期间，未出现金融机构或共同基金破产清盘。此次流动性危机暴露出共同基金大面积赎回可能引发的流动性压力和对于基金投资者长期利益的稀释。为解决这一问题，2022年11月，美国证监会（Securities and Exchange Commission，SEC）提案要求所有开放式共同基金必须采用摆动定价（Swing Price），即当单日净赎回超过基金净资产的1%或单日净申购超过基金净资产的2%时，根据浮动因子（Swing Factor）对基金份额净值进行调整。[③]通过摆动定价制约基金持有人的频繁申赎，减少份额流动对基金业绩的影响从而保护存续投资者利益。这一机制自2015年起已经在欧洲和英国市场得以成熟应用。根据英格兰银行统计，英国资产管理机构在2020年3月的市场波动期加强了摆动定价的使用，2020年第一季度至第二季度间，月平均完全摆动定价使用次数从2019年第四季度的612次上升至749次，月均部分摆动定价使用次数从185次上升至399次。[④]

① Wind。不包含无主体评级债券。

② Simfund。包含共同基金和ETF，不包含货币基金。

③ SEC。不适用于货币基金和ETF。

④ 英格兰银行（Bank of England）。2019年第四季度使用完全摆动定价、部分摆动定价的机构总数分别为34家、61家；2020年第一季度至第二季度使用完全摆动定价、部分摆动定价的机构总数分别为55家、121家。月均使用次数等于期间使用的总次数除以期间工作日数，然后乘以期间月平均工作日数。

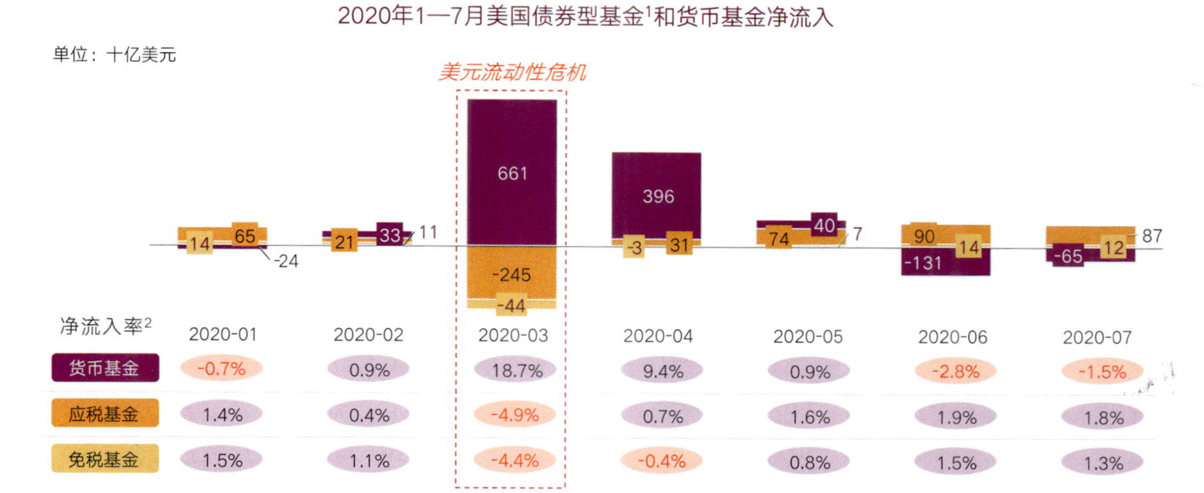

注：1. 包含共同基金和ETF。
2. 当期净流入除以期初总规模。

图5-8　2020年3月美元流动性危机下，债券型基金遭大幅抛售，资金大幅流入低风险的货币基金

（资料来源：Simfund、BCG分析）

机构行为方面，债券市场机构投资者券种偏好差异的消除、投资策略的丰富、对冲手段和机制的开发创新将引领固收投资迈向新高度。第一，目前保险、银行自营、公募基金、银行理财等机构的投资偏好存在差异。其中，保险资金更偏好中长期限的高等级债券；银行自营及公募基金偏好中短期的高等级信用债；而银行理财则是二级资本债、永续债以及中高评级城投债的主要参与机构。机构投资者之间券种偏好差异的消除将提升信用债市场的流动性，进一步焕发活力。第二，中国固收类资管产品整体设计较为简单，投资策略以买入后持有到期为主，且机构持仓集中。这意味着市场中大部分投资者的敞口都是同一方向的，不利于防控系统性风险。第三，衍生品市场不发达导致缺乏对冲工具，加之公募资管产品投资范围受限，市场上大部分机构未对债券头寸做风险对冲。

解决上述问题必将全面释放中国固收市场的巨大潜力。这需要固定收益生态体系中的各方一同努力（见图5-9）。中国固定收益市场生态体系包括一级市场发行、二级市场交易和基础设施三个层级。

- 一级市场发行是债券资产创设的重要环节。承销机构是其中的主要参与方，应严格履行核查责任、坚持市场化定价、不断创新资产。
- 二级市场交易环节涉及交易场所、交易中介和交易系统。通过完善做市商制度、规范货币经纪商发展、促进电子化交易等举措不断为投资者提升交易效率、降低交易成本，从而加强市场流动性、优化价格发现功能。
- 基础设施主要包括信用评级和登记结算托管机构。其中，信用评级机构作为债券市场的

“看门人”，亟待回归本源，需切实提升信用评级质量，为投资者提供可靠的投资决策依据，从而促进中国多层次债券市场构建。

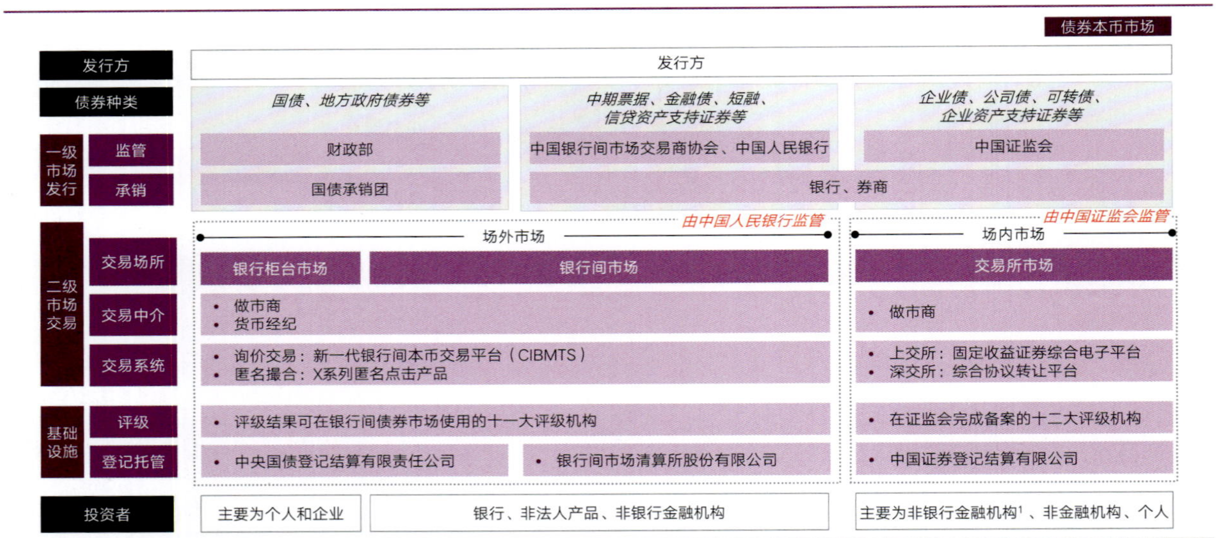

注：1. 部分商业银行允许进入。

图5-9　中国固定收益市场生态体系

（资料来源：BCG分析）

5.4 他山之石：海外资管机构固收投研能力系统化建设实践分享

海外资管机构的固收投资能力一般从投资理念、投研治理、投研流程、科技系统、激励机制五个方面开展系统化建设（见图5-10）。一是强化长期导向、客户导向的投资理念。这是贯穿所有体系和机制设计的统一原则，需在各层级形成共识，并落实到关键流程和机制设计之中，融入企业文化之中。二是构建清晰的投决治理架构并进行权责划分，通过专业化、精细化分工保障投研能力的体系化、平台化建设。三是建立标准化的投研流程，强化宏观研判、知识共享、风险管理。四是实现投研体系和流程的数据化、系统化。五是建立与长期导向、客户导向、平台导向相一致的考核和激励机制。第四点和第五点分别在2019年报告和2021年报告内已有详细介绍，以下将重点围绕固收投资讨论前三点。

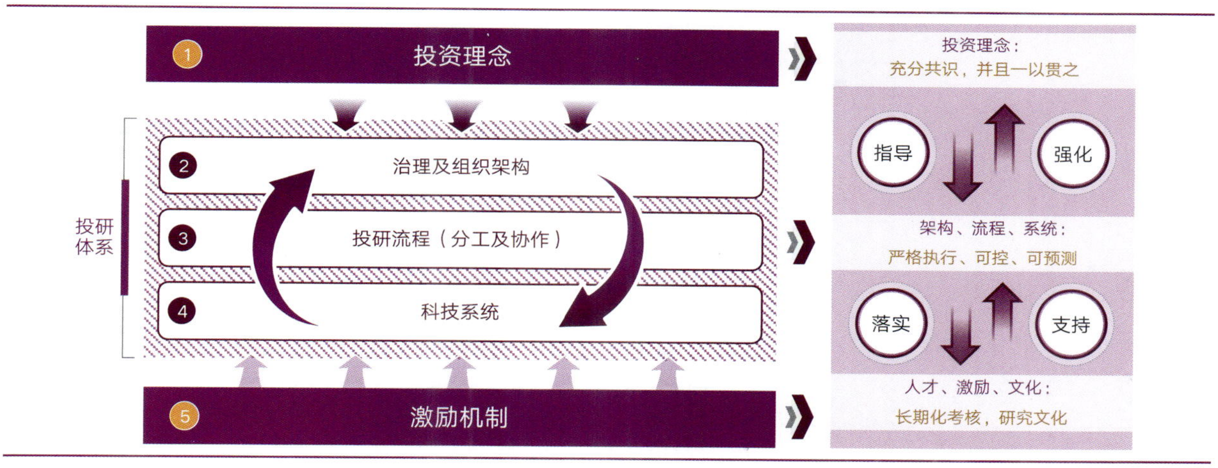

图5-10 固定收益投研能力建设是一个“系统化工程”

（资料来源：BCG分析）

5.4.1 投资理念

投资理念对外代表机构的投资风格，对内提供投资与研究团队的行为准则。明确并长期坚持一个投资理念并在投研中一以贯之，能够促进团队形成统一的投资价值观，是建立体系化投研能力的前提。

海外资管机构普遍强调在风险控制框架内进行规范的投资，秉承研究驱动，力求穿越周期，持续超越客户目标。某全球领先的固定收益投资管理公司的投资理念可以概括为以下三条，并且都在投研体系之中得以强化：一是坚持长期价值，长期宏观经济预测是公司投资中的重要支柱，能够帮助其在短期市场波动中保持航向；二是自上而下的宏观经济研判与自下而上的微观研究相结合的投研方法；三是强调独立研究和多元化，从而控制风险。某全球领先的保险系资管公司固收投资则坚持研究驱动，通过信用研究、量化分析和风险管理相结合的方式持续为客户创造超额收益。某全球头部投行系资管机构的投资理念是通过尽可能广泛的多样化投资机会，结合严格和详细的风险管理，从而产生持续的长期超额收益。

5.4.2 治理及组织架构

- 治理架构

清晰完善的治理架构和权责划分能够有力地支持投资理念的贯彻执行。海外资管机构通常给予投资经理高度决策自由，以充分发挥其潜能，同时通过体系化的投资管理框架对投资经理加以约束和控制，最终实现长期稳定的投资收益（见图5-11）。

治理架构	职能描述：投前	职能描述：投中	职能描述：投后
1 投资委员会	• 宏观分析与前瞻 • 投资指引的调整和设立 • 投资策略、投资目标的审批 • 投资经理的选择 • 投资流程的优化	• 投资运作的监督 • 合规和风控问题的监督	• 每月度或每季度投资业绩表现的回顾
2 风险管理团队		• 开展风险因子分析、压力测试、情景分析等投资风险测算 • 准确及时地进行风险监测和评估，并出具风险报告 • 监督投资经理的组合表现、投资风格是否遵循账户要求 • 组合业绩评估和绩效归因分析	
3 投资团队		• 自下而上挑选个券 • 构建投资组合	• 每月度业绩速报或每季度整体投资业绩汇报

图5-11　清晰的权责划分给予投资经理高度决策自由，并通过体系化的投资管理框架加以控制

（资料来源：案头研究、BCG分析）

不同于国内资管机构普遍采用的投资委员会领导下的基金经理负责制，海外资管机构投资决策机制下的投资决策权全权由基金经理掌握。首先，海外资管机构的投委会一般不干涉仓位区间和个股选择等具体的投资决策，负责的事务更加高阶。投委会的主要职能包括：投前的宏观分析与前瞻、团队整体投资指引的调整和设立、产品投资策略和投资目标的审批、投资流程的优化等；投中的投资运作、合规风控问题监督；投后的投资业绩回顾。其次，公司层面一般不设置股票或债券池。虽然每个投资团队通常会根据各自的投资策略和投资范围框定筛选范围，但是投研团队发掘的优秀个券只要不违背基金合同的规定，投资经理都可以自由决策是否纳入组合。例如某全球领先的资管机构的每个投资团队在投资时都拥有独特的理念和风格以及在地区、国家、行业和个券中配置的高度自主性。

但是，海外资管机构投资决策的自主权是基于明确的投资指引（或基金合同）、职责分工、投研流程、评价标准、业绩归因体系框架，从而有效地对投资经理的行为加以控制。

投前，投委会和产品团队会制定投资经理所需遵循的投资策略和投资指引，以合理约束投资经理的投资决策并保持风格稳定。通常涉及六大关键指标：投资期限、流动性要求、风险偏好、长期投资目标、目标资产类别和业绩基准。其中，业绩基准是海外投资管理中的重要指标，一方面投资经理的投资一般会以业绩基准为起点，重点研究投资组合相较基准在行业、个股上的超配与低配；另一方面资管机构会重点考核投资组合相较基准的偏差。

投中和投后，海外资管机构通常设置独立的风险管理团队，肩负双重使命，一方面为投资经理提供与投资风险相关的信息和建议，提高决策准确度；另一方面对投资结果进行监督和分析，确保投资经理有纪律地开展投资。例如，某全球领先的资管机构设立了独立的风险量化分析（Risk and Quantitative Analysis，RQA）团队，并在各投资团队中配备了专门的RQA成员；某全球领先的固定收益投资管理公司也同样在每个投资团队中配备了风险管理团队成员；某全球领先的保险系资管公司设置了量化分析和风险管理（Quantitative Analysis and Risk Management）

团队，团队成员数量占固收投资团队总人数的近20%。首先，风险管理团队会与投资团队密切合作，为其提供有效的投资风险分析，包括风险因子分析、压力测试、情景分析等。其次，风险管理团队独立监督投资经理的风险暴露，确保组合所承担的风险以及预期收益与投资目标保持一致。风险管理团队通常每周出具风险报告并与投资团队一同召开风险持仓会议，对风险持仓和投资业绩进行讨论。一旦发现严重超标或重大风险事件，风险管理团队将层层上报，直至公司管理层。

• 组织模式

合理的投研组织架构设置能够保障资管机构投研能力的体系化、平台化建设，同时也能够最大限度激发公司的投研潜能。

海外资管机构固收投资通常采用两种组织模式，投研一体化和职能平台化模式（见图5-12）。在投研一体化模式下，固定收益投资部门内按照细分资产类别划分投资小组，各小组内以投资经理为中心，同时配备研究员、产品专家、风险管理、交易员等。例如，某全球领先的固定收益投资管理公司内部按照细分资产（或产品）划分了十余个专业投资小组（Desks），各小组负责全公司所有对这一细分资产类别的投资，从而确保各投资组合中都汇聚了各细分资产类别的最佳投资能力。但是2016年公司也曾对投资小组加以整合以促进协作并互相支持，例如将投资级信用债、高收益信用债、银行贷款团队合并，将国债、通胀保值国债和机构MBS团队合并。在职能平台化模式下，固定收益投资部门内划分为投资团队和研究平台，两大团队内部再按照细分资产类别进行分工。例如，某全球领先的资管机构的固定收益投资部门下按照细分资产类别组建了行业专家（Sector Specialists）团队，负责自下而上的个券选择，同时利用公司统一的交易、宏观经济研究平台。

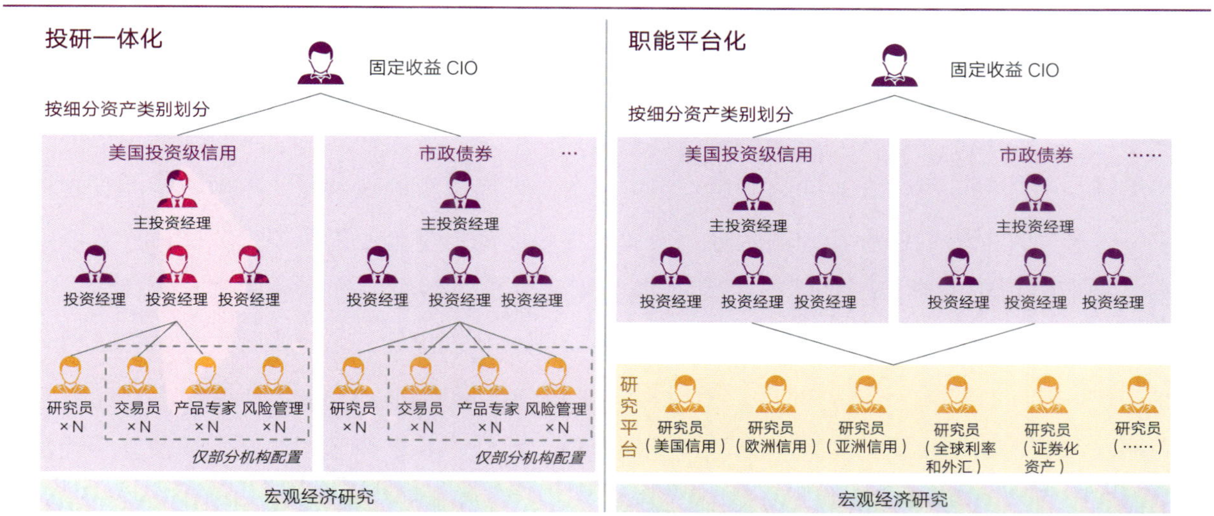

图5-12　海外领先资管机构固收投资通常采用两种组织模式，均强调按照细分资产形成专业化分工

（资料来源：BCG分析）

海外资管机构的这两种组织模式均强调按照细分资产类别形成专业化分工，有利于在细分领域形成深入、精细的研究，同时也保障了投研团队的体系化、平台化运作。不同之处在于投研一体化模式将研究职能设置在投研小组之内，强化了投研之间的团队协作和交流；而职能平台化模式则是将研究职能整合在统一的研究平台之下，促进了研究成果的共享。

海外资管机构“固收+”投资通常由多资产投资部门负责，先由多资产部门各团队利用专有的资产配置策略进行资产配置，再将客户资产切分成不同的部分（Sleeves），分别由各资产类别的专职投资团队进行投资管理（见图5-13）。这一组织架构的优势主要在于以下两点：一是能够强化资产配置的作用和能力，并对配置和仓位进行实时调整。二是由于配置的底层资产通常极为丰富且横跨全球市场，交由各资产类别团队开展投资管理能够最大化发挥公司的投研能力。

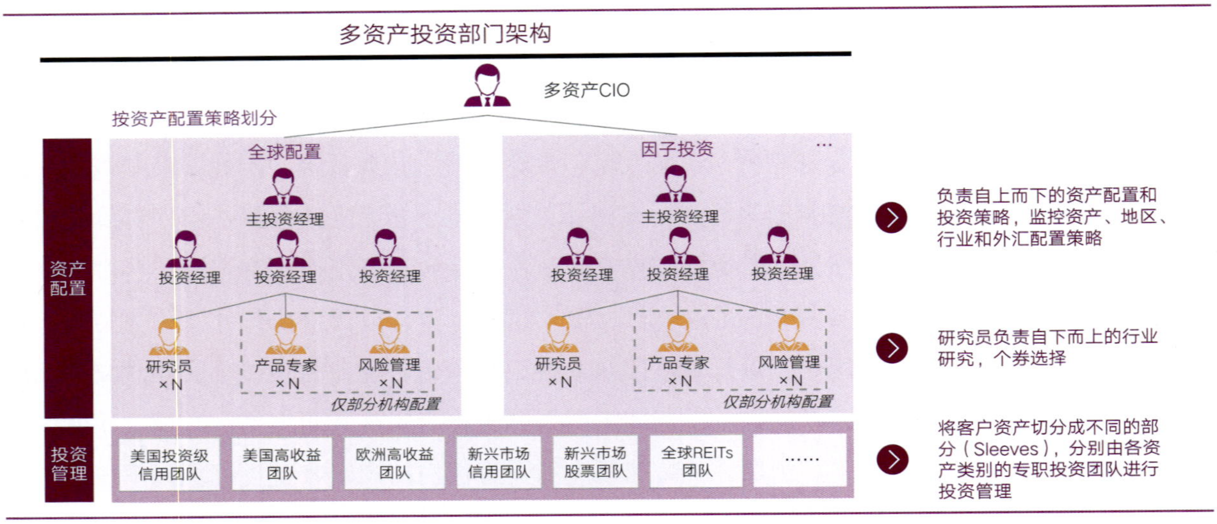

图5-13　海外领先资管机构“固收+”投资通常由多资产部门负责资产配置，再将资产切分成不同部分交由各资产类别投资团队进行投资管理

（资料来源：BCG分析）

基金经理团队制已经成为海外资管机构的主流模式，一方面能够缓解基金经理离职的负面影响，另一方面拓宽了单只基金的管理规模上限。在美国资管历史上，20世纪60年代也曾盛行明星基金经理制。然而在21世纪初期，明星基金经理离职潮的到来促使越来越多的资管机构由单一基金经理制转向基金经理团队制，从而最大限度降低基金经理离职带来的负面影响、保持策略和业绩稳定。例如，2014年9月某全球领先的固定收益投资管理公司中享有“债王”之称的明星基金经理离职，此后由其管理的明星基金规模急剧下滑，自其离职时的3770亿美元骤减至2017年9月的1550亿美元。此后，公司正式在部分投资策略中任命联合经理人共同管理，这一明星基金策略交由另外两家基金经理共同管理。此外，基金经理团队制下多位基金经理之间的分工和配合同样至关重要。海外目前普遍采用一位主投资经理（Lead Portfolio Manager）主导、多位基金经理辅助的模式。主投资经理负责对所有的买入卖出决定、仓位、配置、个券选择、组合风险等进行最终决策；其他投资经理则根据各自擅长的领域，负责为选券和投资提供支持，具体职责包括明确个券估值、确定投资观点执行方法、与经纪商就买卖头寸进行谈判等。

5.4.3 投资流程

标准化的投研流程与方法论意味着机构投研纪律的形成。执行标准化的投研流程与统一的研究框架，一方面能够淡化个人的作用，将投研能力以投研纪律的形式长期留存在机构内部；另一方面通过投研流程和方法论为所有团队成员赋能，使投研工作更为高效，投研能力得以延续迭代。在机构内沉淀流程与方法论的关键就在于为各个环节建立基准或标准。

海外资管机构固收投资在投研流程中高度重视宏观研判、知识共享和风险管理。

- 宏观研判

宏观研判是固定收益投资的基石，久期判断通常是投资经理研究的起点，而久期判断的核心就是对宏观经济的研判。

某全球领先的固定收益投资公司在固收投资流程中高度重视宏观研判，并且强调自上而下的投资逻辑一致性。其流程以举行经济论坛研判长期宏观趋势为起点，再由投资委员会将经济论坛上形成的观点转化为投资组合具体的投资风险目标，最后由投资经理在规定的投资风险范围内完成择时和选券（见图5-14）。

图5-14 某全球领先的固定收益投资公司在固收投资流程中高度重视宏观研判，并且强调自上而下的投资逻辑一致性

（资料来源：公司官网、BCG分析）

首先，公司每年会定期举行长期论坛和周期论坛，邀请经济学家、政策制定者等专家学者和全球投资团队一同对中长期宏观经济趋势开展分析和讨论，最终形成对宏观经济的观点共识。长期论坛每年5月召开，为期3天，展望未来3~5年的长期宏观形势，具体包括货币财政政策、通胀、全球贸易等。周期论坛每年3月、9月、12月召开，每次为期1天，展望未来2~4个季度的中期趋势，聚焦各地市场环境波动。经济论坛与会专家聚集了全球经济和政治界的重磅人物。2015年12月，公司还组建了全球顾问委员会，作为核心成员定期参会。全球顾问委员会由美联储前主席担任委员会主席，成员包括白宫前幕僚长、英国前首相、欧洲中央银行前行长等世界知名前政策制定者、学者和投资专家，最大限度地保证了宏观展望观点的全面性和准确性。

其次，投资委员会结合自下而上的研究将宏观展望观点转化为模型投资组合，再由风险管理和各投资团队共同商议决定各细分策略的具体投资风险目标和范围，从而确保公司内部投资观点的一致性。此外，他们每周还会举行4次2~3小时的会议，结合市场情况对投资方向进行讨论和修正。

最后，投资团队在先前规定的投资风险范围内完成投资组合构建。风险管理团队的职责便是确保所有投资组合符合公司的投资观点。他们会将相应围绕模型投资组合目标设置的范围参数输入交易系统中，并进行密切监控。当由于市场波动组合风险指标处于临界点时，他们会提示投资经理作出调整；当投资组合出现超标或偏离时，风险管理团队会帮助投资经理调整头寸，并在必要时将问题层层上报。

- 知识共享

固定收益投资所投的底层资产类别较为广泛，晨星将美国债券型基金细分为37个子类别，因此团队间的高效协作与知识共享就显得尤为重要。海外资管机构通过内部固化的交流机制、投研双方的有效反馈、快速及时的信息分享系统和方式保证投研体系的良好互动和沟通。

一是内部固化的交流机制，保证了投研团队之间的观点交流和持仓检视（见图5-15）。例如，某全球大型资管机构的固定收益投资部门通过每日的全球市场信息共享、定期的会议和论坛促进了内部的知识共享。每天，除了召开投研团队内部的晨会和持仓会议，该机构还会召开全球会议，由全球投资团队和RQA对不同资产类别进行市场回顾，充分保证全球范围内的协作。每周和每月，该机构固收投资内部还会围绕CIO宏观展望、外部宏观演讲、投资策略、细分行业观点、持仓讨论和风险绩效举行一系列会议，极大地促进了公司内部的知识共享。

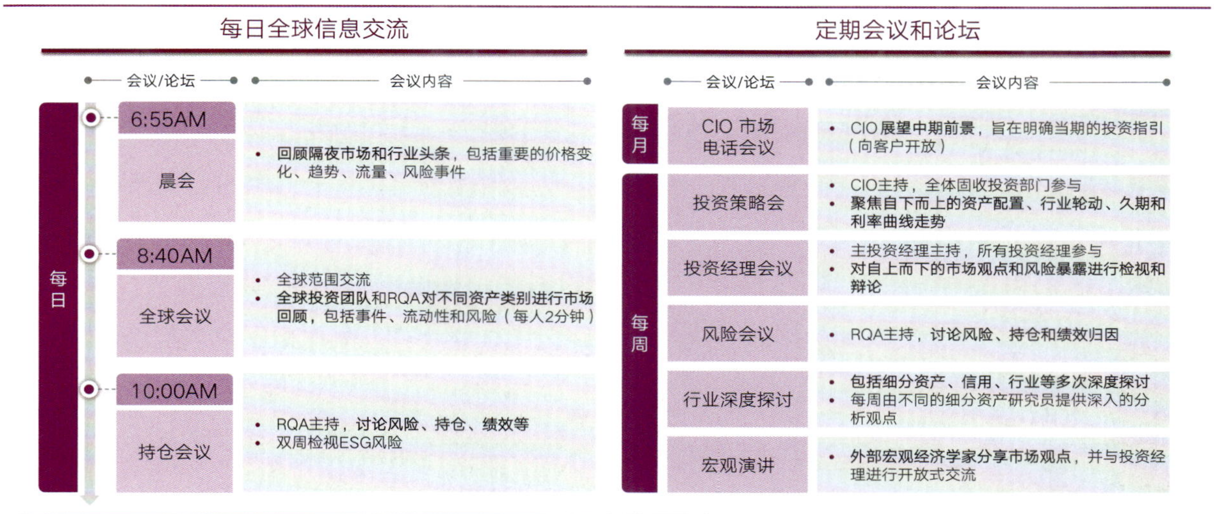

图5-15　某全球大型资管机构通过每日全球信息交流、定期会议和论坛促进团队协作与知识共享

（资料来源：公司官网、BCG分析）

二是投研双方的有效反馈，有利于最佳投研观点形成。在投资组合构建过程中，投资和研究人员应密切合作，深入交流，互相挑战既有观点。此外，基金经理在投资决策确定后，应向研究员反馈决策背后的具体原因和逻辑。

三是快速即时的信息分享系统和方式，保障了内部沟通及时、顺畅。例如全球某领先投行系资管机构的投研团队会将所有研究笔记放在系统平台上，以及当研究员负责的个券出现重大变化时，会第一时间通过邮件发送给大家。

• 风险管理

固定收益投资中的投资风险显现相对滞后，且风险收益并不对等，因此投资风险管理就变得至关重要。海外资管机构高度重视投资风险管理，将风险管理融入投资流程，形成绩效反馈闭环。

流程上，海外资管机构将风险管理融入投资流程，为投资团队在组合构建、对冲策略、量化风险收益管理等方面提供建议，帮助投资团队更加准确地理解风险并控制风险。例如，某全球大型资管机构建立了投资风险范式（Investment Risk Paradigm）五支柱。一支柱是事前风险计量，风险经理使用风险计量工具准确地计量投资、流动性、信用、赎回风险，并利用专有因子模型衡量投资组合中的风险，包括事前分解风险。二支柱是风险管理，风险经理与投资经理合作，确定各基金的适当风险水平，并确保风险承担与既定目标保持一致。三支柱是投资组合风险回报，风险经理定期与投资经理开会讨论风险持仓，包括评估投资行为方面的问题，例如决策偏见和绩效影响；并定期检视与市场行情和前景相关的风险水平。四支柱是绩效归因，风险经理评估投资经理预期与实际基金绩效之间的一致性和准确性；以及利用工具分解多种不同指标的风险贡献。五支柱是业绩分析，风险经理审查各基金相较基准、同行、可比账户的业绩；由首席绩效官（CPO）定期向高级管理层报告客观的公司投资业绩。

系统上，海外资管机构普遍借助科技系统实现组合持仓与敞口分析、绩效归因、组合风险和情景分析、资产配置分析、合规监控。例如，某全球大型资管机构的风险管理完全基于阿拉丁（Aladdin）平台实现，投资部门使用Aladdin进行风险因子分析、情景分析、压力测试；RQA则使用Aladdin出具持仓分析、业绩归因、风险管理报告。Aladdin 平台通过建立模型，分析3000多个风险因子，每周进行5000次压力测试，涉及1.8亿次调整计算，从而确保对风险因子及其影响的全面了解和深刻洞察。①

团队上，风险管理与投资团队的目标是建立“高挑战和高信任”的关系。海外大型资管巨头和中小型资管机构的风险管理团队模式有所不同。大型资管集团由于旗下管理的资产类别和投资策略复杂多元，通常在投资部门中内嵌专门的风险管理人员，确保风险管理人员能够充分了解投资策略和投资流程，并正确识别风险敞口，从而保证投资经理的风险承担是经过深思熟虑、多元化和分散的。中小型资管机构通常在公司层面设置集中的风险管理团队，主要依靠系统对投资经理加以监控，风险管理团队则主要负责定期检查和调整模型参数。

① 《中国资产管理市场2020》。

专题四

银行理财固收产品升级发展方向

2022年银行理财产品净值化转型进入攻坚克难的关键阶段，一方面理财产品需要围绕客户投资目标需求，进一步细化产品标签，选择适配的资产和策略，结合市场做好资产配置组合，实现理财产品风险收益特征的精细化管理，同时避免投资风格漂移；另一方面，提高消息对称性，加强投资者陪伴与服务，及时、准确地将理财产品风险收益特征传导至客户，以便客户全面认知和配置适合的理财产品。从资管机构看，净值化过程中产品体系日渐丰富，创新产品层出不穷。“固收+”、现金管理类、混合类产品规模快速扩张；养老理财、公募REITs和ESG产品陆续推出，丰富了产品的供给。但整体上，目前理财产品的种类、结构均不能充分满足客户的差异化与多样化配置需求。

本质上看，任何金融产品都面临收益性、安全性和流动性的不可能三角，银行固收类产品同样难以同时满足这三点，在相对平衡上的布局是最优选择。对资管机构来说，高收益、低波动和市场容量之间长期存在不可能三角，如何平衡三者的关系至关重要。经营理念上要由经营产品净值、对业绩负责的资产管理“KPI”目标转变为经营投资者账户净值、对老百姓的真实收益负责的投顾“KPI”目标。

• 银行固收类理财产品的发展困境

困境一：收益性与流动性的困境——非标资产配置空间进一步压缩。

资管新规落地后，银行理财非标资产配置空间逐步被压缩。截至2022年末，银行理财配置非标资产规模共计约1.95万亿元，占比为6.5%，规模和占比均创10年来的新低（见图1）。非标资产的供给和需求端都受到了约束：在供给端，房地产行业与城投平台发展增速降档，高收益的非标资产持续缩水；在需求端，资管新规对资管产品配置非标资产的行为进行了约束，在规模上限、久期匹配、退出安排等方面都有明确要求。随着非标资产的配置空间逐步收缩，理财产品收益也进一步承压。供需两端的压力导致非标资产可贡献超额收益承压，相对公募基金的资产配置优势有所削弱，“资产荒”困境愈加突出。仅有少部分长久期产品（如养老理财产品）仍能保持较高超额收益。

2013—2022年银行理财非标资产投资规模与占比

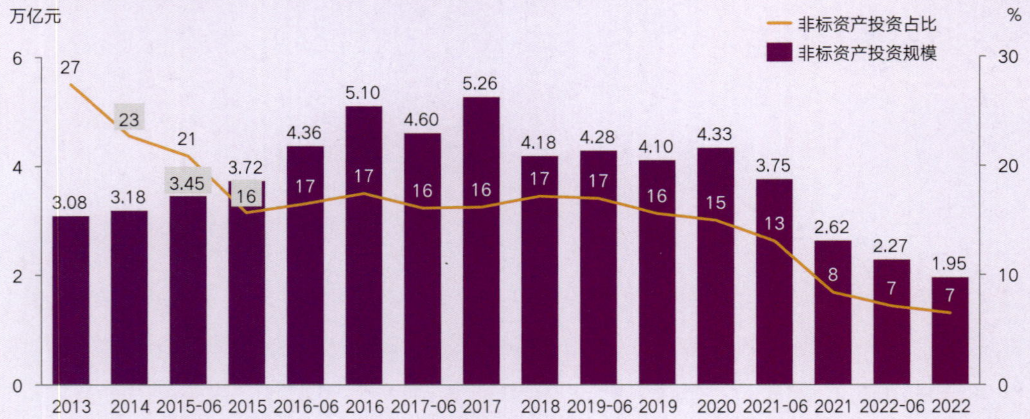

图1　资管新规落地后，银行理财非标资产配置规模与占比双降

（资料来源：《中国银行业理财市场年度报告》）

困境二：资产端与负债端矛盾带来的“资产荒”困境。

资管机构面临负债端的刚性约束，在规模增长目标下，资产端便成为重点突破方向。理财公司在产品创设端逐步甚至过度追求满足理财客群需求。从产品结构看，银行理财主要聚焦对接投资者的流动性管理需求与稳健增值需求，现金管理类和固定收益类产品规模合计占比超过93%，混合类理财产品在经历了2022年3—4月股市的大幅回调之后，规模延续下降趋势，与2019年相比，占比已从21.6%降至5.1%；仅少部分机构布局风险等级较高、对投研能力要求较高的权益类、商品及衍生品类产品，但规模占比不到0.5%（见图2）。

理财机构以满足母行客户中低风险投资需求为主的诉求，导致其产品结构逐步趋于单一化。

同时，为了满足零售客户的低风险偏好，理财机构逐步压降资产端风险，以应对净值化造成的产品波动加剧。截至2022年末，持有债券、同业存单、现金及银行存款等资产的比例超过80%。信用债配置方面，对信用下沉趋于审慎，AA+级以下信用债占全部信用债的配置比例较2018年末明显下降。从目前来看，理财产品已将资产端风险压降至较低水平。资产端可承受风险降低、叠加非标资产受到严监管，理财产品收益率承压；而资产端风险虽然已压降至较低水平，但风险仍旧超出刚兑部分客群的风险承受范围。

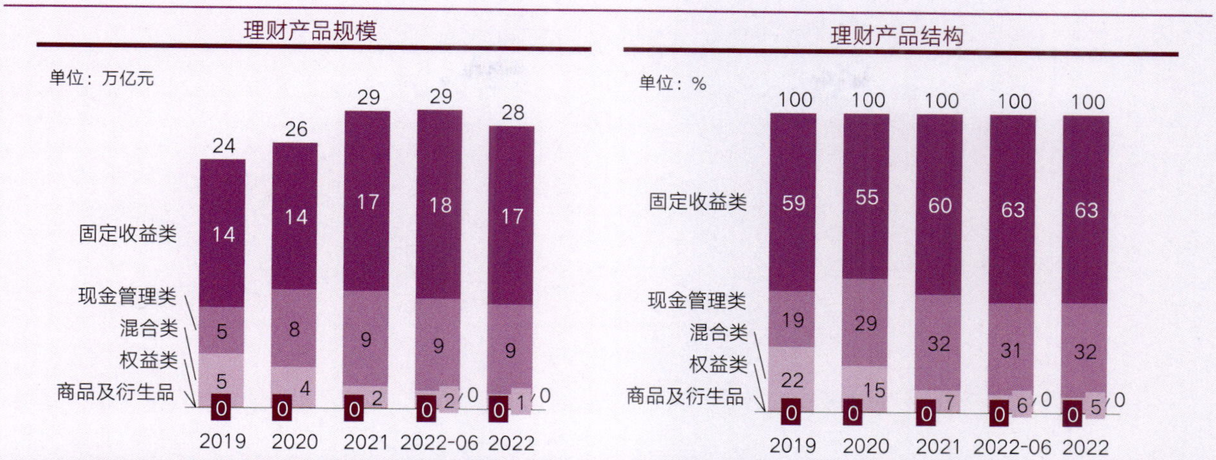

注：由于四舍五入的原因，可能存在分项之和不等于合计的情形。

图2　固收类、现金类产品规模占比逐步走高，混合类产品规模呈现收缩态势

（资料来源：银行业理财登记托管中心、中金公司研究部）

困境三：净值化以来市场环境较为适宜，但理财投资者教育依旧缺位。

资产端已经出现深刻变化，但负债端并未随之改变以与其适应。负债端资金的约束，实际上是理财投资者教育在过去10年存在失位，一直未能跟上资产端的变化所致。过去近20年，“保本刚兑”的属性扭曲了投资者对资管产品投资风险自担的认知，且投资者教育的缺位也一定程度导致理财客群非理性的赎回行为。即使在资管新规落地后，投资者教育落地也相对较慢。过去，对投资者来说，投资机构卖出产品即结束，投资者买入产品即所得。但是产品净值化后，净值波动导致投资者情绪波动，资管机构卖出产品只是开始，心理收益前置、实质风险后置的特征使净值化产品需要持续的客户服务。但是在理财业务竞争激烈、客户经理为完成理财产品销售KPI的背景下，资管机构在客户经营方面忽视了投资者教育的重要性。客观上，资管新规发布后较为优异的债市、股市表现，理财市场规模实现了稳步增长，误导了投资者对净值化的认识，一定程度上掩盖了投资者教育的失位。

困境四：定期存款形成对理财产品的挤出效应。

从过去4年来看，商业银行存款竞争较为激烈、叠加存款定期化的趋势，商业银行存款成本保持一定刚性（见图3）。截至2022年6月末，上市银行平均存款成本、个人定期存款成本较2018年均有所提升。另外，随着市场整体利率下行、理财非标资产配置空间收缩、净值化转型之下资产端风险压降，固收类理财产品收益率整体呈现下行趋势，且与个人定期存款的收益价差逐步收缩，从而导致对理财产品形成一定的挤出效应。在2022年末的赎回压力中，有一定规模的理财资金转为配置定期存款。

银行理财、定期存款、房地产收益率

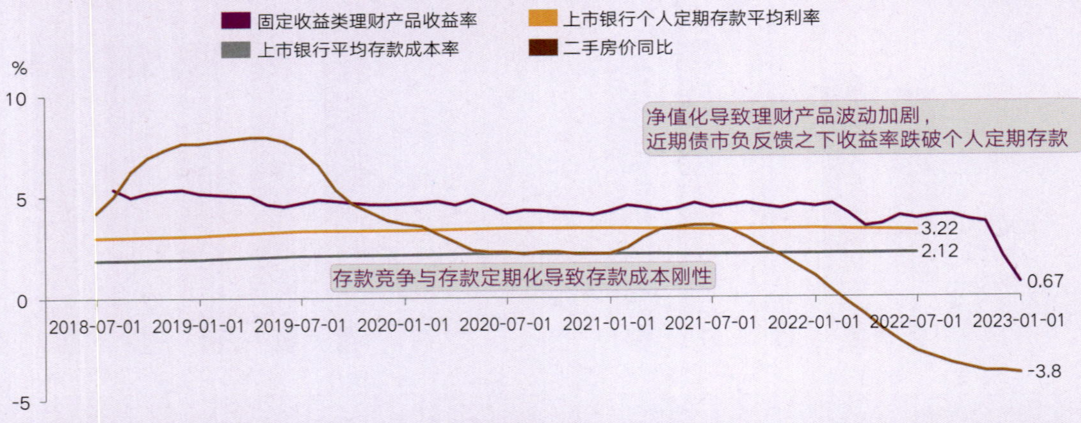

注：固定收益类理财产品收益率计算方式为：过去6个月净值变化算术平均年化收益率。

图3 存款成本刚性以及理财产品收益下行，导致理财产品的相对优势被削弱

（资料来源：公司公告、Wind、普益标准、中金公司研究部）

• 银行固收类理财产品发展的破局之道

《道德经》中提到，“有道无术，术尚可求也，有术无道，止于术”。银行固收类理财产品的升级发展固然也离不开自身内在的“道”与“术”。

以道驭术，术必成；离道之术，术必衰。固收类理财产品升级之道是合理管理资产端和负债端，实现二者的匹配。当下，核心之道是再造负债端，加快适应资产端的变化趋势，平衡收益性、流动性、安全性三要素。资产端对于资管机构而言已有较强的主动性，在人才和科技等实力支撑下，本质上约束并不强。但负债端因涉及投资者预期和行为变化，具有典型的被动性，只有经过长期陪伴、深入交流、共同成长，将资管机构的投资理念、投顾意识、产品体系、服务特点等内嵌其中，投资者最终才能形成“因为相信才看见”的良性状况，如此才能扭转当下“因为看见才相信”而导致的被动局面。

一个宗旨：树立与固定收益类资产风险收益特点相匹配的投资理念——投资固定收益产品赚的是什么钱？从投资者角度看，投资固定收益类产品，主要是获取票息收入，短期波动的资本利得不应是其关注的内容，当然资管机构敏感捕捉市场交易机会，能给投资者带来更高收益。例如，投资者购买了国债，不管是否持有到期，所能获得的本金和利息是确定的，即现金流是固定的。正因为如此，国债等债权类资产又被称为固定收益证券。从理财公司角度来看，固定收益类资产是其压舱石，鉴于如此巨大的规模，资管机构不可能做到获得α收益，只能在底层资产配置基础上获取β收益，并辅之以简单、容量大、可复制的被动策略。在这个宗旨下，重点弥补四个差异：理财行业投资者陪伴与客户感知的差异，债券资产特点与民众认知的差异，产品风险收益与老百姓内心真实偏好的差异，产品管理人与销售渠道对客户影响力的差异。

一个逻辑：投资者教育关键是形成良性的产品认知逻辑。从产品持有者的视角出发，重点在于产品的分析和体验，本质上是如何权衡投资者对于收益性、流动性、安全性三者的诉求。对于万亿元规模以上的资管机构而言，必须将投资者分层，并加强客户陪伴。在流动性问题不是突出矛盾的时候，收益性就会成为主要矛盾。当下客户对银行理财的主要认知是低波动、低回撤，以实现绝对收益为目标。低风险偏好客户是银行理财产品的主流客群。针对主流客群的绝对收益策略，对理财“三性”的排序是安全性、流动性、收益性。安全性方面，坚持低波动、低回撤，可以满足主流客群的存款替代性需求。流动性方面，布局好开放产品的周期或投资的周期，在此基础上追求收益率。收益性方面，经过市场洗礼后，广大客群可能会把收益性放在第三位，关注利率、业绩比较基准以及历史收益率等，因此可以适当调降业绩比较基准。通过三性的有效结合，对产品风险收益指标进行量化定位，用数字化形式让投资者更加直观地理解与感受理财产品的风险收益特征。整体而言，银行理财进行投资者教育的关键是促使投资者形成良性的产品认知。坚持与投资者共同成长，共同适应资产端的趋势变化。具体策略上，一方面做好增量客户引导，另一方面加强对存量客户的投资者教育。

• 银行固收类理财产品发展的升级之术

银行固收类产品可以在以下五方面布局升级之术。

1. 优化产品结构，加大封闭式产品发行力度。

对理财机构来说，封闭式产品具有负债资金稳定、非标资产承接空间较为充足、估值方式灵活这三大维度的优势。

封闭式产品负债端资金稳定。客户不会受到市场调整或者波动的影响而对产品进行较大规模的赎回，从而投资经理拥有相对自由的操作空间。2022年末的理财产品赎回压力，主要源自最短持有期产品和短期限的定开式产品，但封闭式产品整体压力较小。

封闭式产品可以投资更多的非标资产。由于资金封闭期限长，所以在资产端的风险承受能力相对有所提升，有利于在保持稳健的前提下增厚理财产品收益。3~5年的封闭式产品有更充分的空间配置非标资产，提升产品的收益；同时，非标资产使用摊余成本法估值，还能够助力稳定产品净值，维护投资者持有体验。

因此，从理财机构产品定位的角度来看，其具有意愿发行更多的封闭式产品，但需要建立在投资者教育以及产品核心竞争力构建的基础上，并非是易事。近年来，虽然封闭式产品的规模走低，但理财机构正积极拉长新发封闭式产品的期限：2022年6月当月新发的封闭式产品平均期限为443天，自2020年以来理财新发封闭式产品的平均期限逐步走高。截至2022年上半年，封闭期限在1年以上的封闭式产品规模合计3.44万亿元，占全部理财产品的比例为11.8%，较2020年末扩容1.42万亿元，占比提升4个百分点。

2. 加速“固收+”产品布局，提高产品收益弹性。

在低利率以及非标严监管时代，银行理财过去10年所依赖的资产红利已逐步褪去；在中高风险资产占比逐步提升、中国权益市场有效性较低的背景下，权益类资产将迎来其时代红利，助推中高风险资管产品规模的快速增长。权益类资产不仅可以增厚“固收+”产品收益，满足对接中高风险偏好客户需求，而且可以拓展资产范围，帮助理财规模实现可持续增长。未来，产品谱系更为全面、投研实力更为均衡的理财机构将获取更大的增量市场份额。把握权益资产的时代红利，可能是破解低利率时代资产收益率下行的有效手段，当然理财机构加强权益投研能力，分散权益类资产投资风险，增强产品的收益稳定性是必须具备的条件。

3. 坚持长期投资定位，早期予以战略性资源投入。

资管业务具有轻资本、抗周期属性，其成长性与盈利能力优于传统表内业务。参考国际大型商业银行的业务经验，资管业务在国际金融危机后的低利率时代的营收增速普遍高于全行营业收入，同时能为商业银行带来相对稳定的盈利贡献。理财公司按照市场化原则投入适配的战略性资源并进行团队建设，是保持理财业务具备市场竞争力的有效手段，并有望在中长期贡献相当规模的营收与利润贡献。但从目前理财行业发展情况来看，商业银行普遍仍将理财子公司定位为考虑全行综合效益的“客户服务中心”，即更强调综合业务发展空间、强调协同服务母行客户，从而一定程度限制了理财机构的市场化运行。尽管在现有模式下，短期内理财机构能够发挥“获客抓手”与“黏客利器”的功能作用，但这一发展模式可能和理财能力建设的中长期目标有所冲突，不利于理财机构构建强大的投研实力与业务护城河；建议商业银行应更重视理财业务的中长期效益。

4. 提升财富管理服务的专业技能，加强客户投顾陪伴的全过程管理。

财富管理业务的不断发展以及监管政策、产品形态及结构的改变，对当下的财富管理业务的销售服务提出了更高要求。理财经理在当下的销售服务中，更多的是需要为客户精准“画像”。为客户精准“画像”，既是履行“遵守投资者适当性管理要求，保护投资者合法权益”的监管要求，也是理财行业渠道端转型的必然途径。只有通过为客户精准“画像”，才能实现与客户之间的有效沟通，其目的有两个方面：一方面让客户正确认识产品，另一方面让客户认同、接受资产配置方案。处于一线的销售队伍不仅要提高职业技能，熟练掌握理财专业知识，成为客户“问不倒”“难不住”的专业人士，也需要精准吃透客户需求，通过日常交流掌握客户的风险偏好，预判客户匹配并可以购买的产品类型，这样才能将合适的产品卖给合适的客户。

理财子公司销售人员可与母行客户经理团队形成紧密合作。可以在每个区域配置对应的销售人员，并长期驻扎当地，以便深入了解当地客户的风险偏好和购买习惯以及更好地服务各区域的渠道。另外，可以打造并持续优化“陪伴式成长”的专业服务体系，围绕专业知识提升、营销技巧迭代和创新形式赋能三个方面，助力一线理财经理职业技能提升。不过也应认识到投资者的预期转变需要时间，财富管理时代需要强化投资者教育、投资者画像、预期管理、产品设计、投资研究、投顾陪伴等全过程管理。

5. 市场机构共同发力，促进债市稳定发展。

前期的债市负反馈主要由于各类投资者在投资行为上呈现趋势性的一致，市场卖盘量级大、没有有效的买盘承接。当下，固定收益率资产作为中国风险收益最佳的资产，是资产配置中的“基石”所在，银行自营资金、保险资管、公募基金等机构均是固定收益率资产的配置主力。各类机构资金共同发力，进行更紧密的合作，同时积极推动完善债券做市交易，不仅在短期内有利于为债市提供稳定买盘，一定程度上缓解理财产品的赎回压力，而且在长期内，促进债市稳定健康发展。

6. 另类投资：新周期下时代机遇，模式升级三大主线

6.1 中国另类资管市场潜力巨大

6.1.1 全球市场：四大资产类别，高速增长的大市场

另类资管包括另类资产（投资于非公开市场证券）和另类策略（投资于公开市场证券但采用特殊交易策略），可分为四大类：

- 私募股权。为非公开市场上市企业提供股权融资，可进一步按照投资阶段细分为VC、PE、并购等。
- 私募债权。由非银行为企业提供的债务融资，且不在公开市场发行或交易。投资策略包括直接借贷、不良债权、夹层债、特殊机遇和风险债务。①
- 实物资产。投资于各类实物资产，包括房地产、基础设施、自然资源等。
- 对冲基金。广义上包括各类采用特殊交易策略投资于公开市场证券的投资类型。

过去10年，另类资产管理快速成为全球资管市场的重要组成部分。截至2021年末，全球另类资产管理市场规模已达到近19万亿美元，年化复合增长率达10%，占整体大资管行业的比例从10年前的15%提升到17%（见图6-1）。

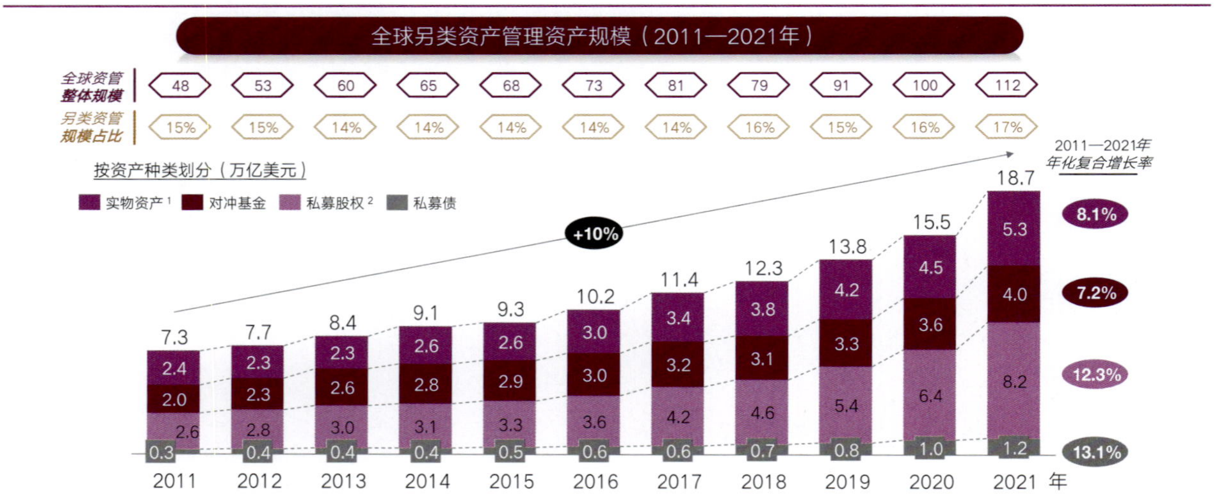

注：1. 实物资产包含房地产及基础设施。

2. 私募股权资产包含PE、VC、并购基金、大宗商品及其他流动性另类资产。

图6-1 2021年全球另类资产管理市场规模达到近19万亿美元，过去10年年化复合增长率为10%

（资料来源：BCG全球资产管理市场模型、BCG分析）

① 根据Preqin定义。

另类资产管理市场的快速发展也孕育出众多全球领先另类资管巨头，以全球某领先另类资管机构为例，经过近20年的发展，其已经成长为一家覆盖四大类别，总规模9750亿美元的多元另类资管集团（见图6-2）。

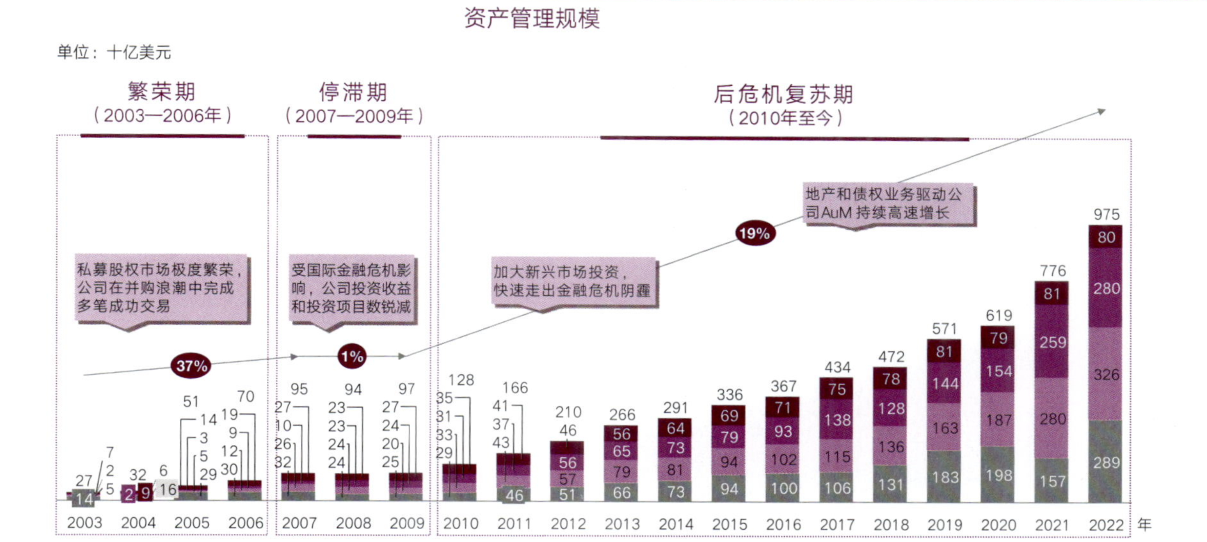

注：由于四舍五入的原因，可能存在分项之和不等于合计的情形。

图6-2　全球某领先另类资管机构多元化发展路径推动了其规模增长，2010—2022年集团整体资产管理规模增长近8倍

（资料来源：公司年报、BCG分析）

考虑到中国资管行业“对投资者负责，创造客户价值”和“助力实体经济，创造社会价值”的两大核心使命，再结合中国未来以国内大循环为主体、国内国际双循环相互促进的新发展格局，一方面在投资者端，企业和机构客户以及高净值客户对于另类资产的配置需求日益提升；另一方面在实体经济端，实体经济的发展产生大量资产盘活和私募股权、私募债权、实物资产融资需求，中国另类资产市场正处于升级转型的关键阶段。在后续内容中我们将聚焦讨论以私募股权、私募债权和实物资产投资为主的另类资产投资，对冲基金业务则不展开讨论。

6.1.2 中国现状：对比中外另类资产市场凸显资产和资金端差异

• 资产端：三大结构性差异

对比中美另类资产管理市场结构，主要体现出以下三大差异（见图6-3）。

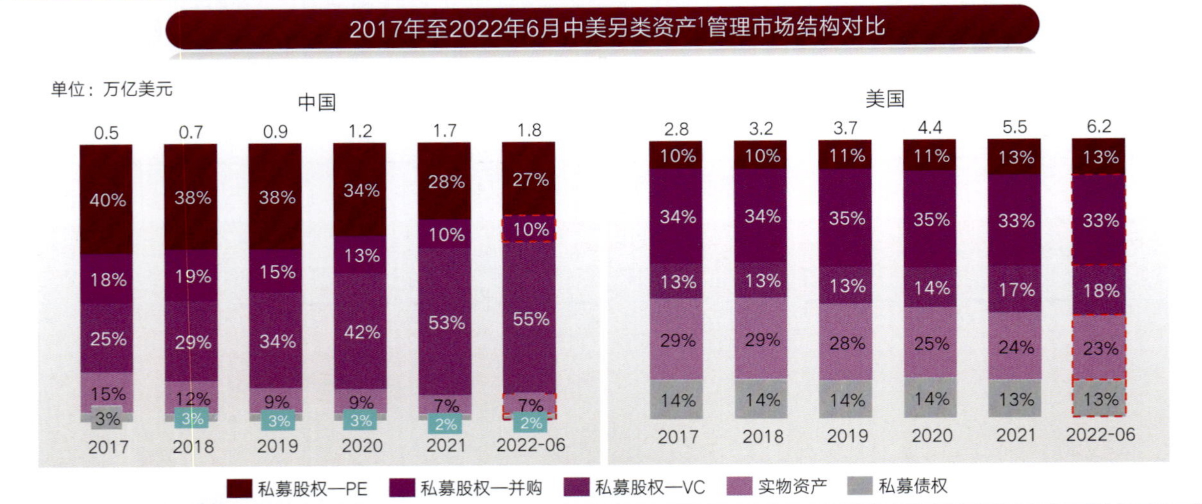

注：1. 考虑中美市场差异，为便于对比，剔除对冲基金、大宗商品及流动性另类共同基金。

图6-3　对比中美另类资产管理市场结构，各类型资产结构性差异显著

（资料来源：Preqin、BCG分析）

差异一是中国私募股权中以VC、PE为主，并购基金占比显著低于全球市场。中国已经形成了体量巨大的VC和成长型投资机构，但并购类股权投资仍不活跃。这主要是由于中国整体经济和企业所处的发展阶段以及市场化并购难度大等市场条件决定的。

差异二是中国实物资产投资占比远低于全球。中国市场销售型物业占比较高，REITs等关键金融工具发展刚起步，相对缺少对长期稳定回报需求的长期资金。

差异三是中国私募债权资产投资占比低于全球。中国非标融资市场发达，但主要依赖非基金化途径，同时私募资金投向房地产市场受到限制以及私募机构金融杠杆工具有限，导致另类资管机构难以在私募债权领域发挥更大作用。

• 资金端：结构与需求差异显著

中美LP结构以及LP的核心要求存在较大差别（见图6-4）。在LP结构上，美元LP以养老金、捐赠基金等大型长期资金为主体；而中国市场中则缺乏此类大型长期机构投资人。对GP的核心要求上，美元LP通常有成熟的评价体系，看重治理架构、团队核心人物、投资逻辑、过往投资业绩等；人民币LP强调战略导向、关系导向，LP多有指定投资地域与行业等战略性投资偏好和诉求，并且缺少系统化的GP选择标准和流程。

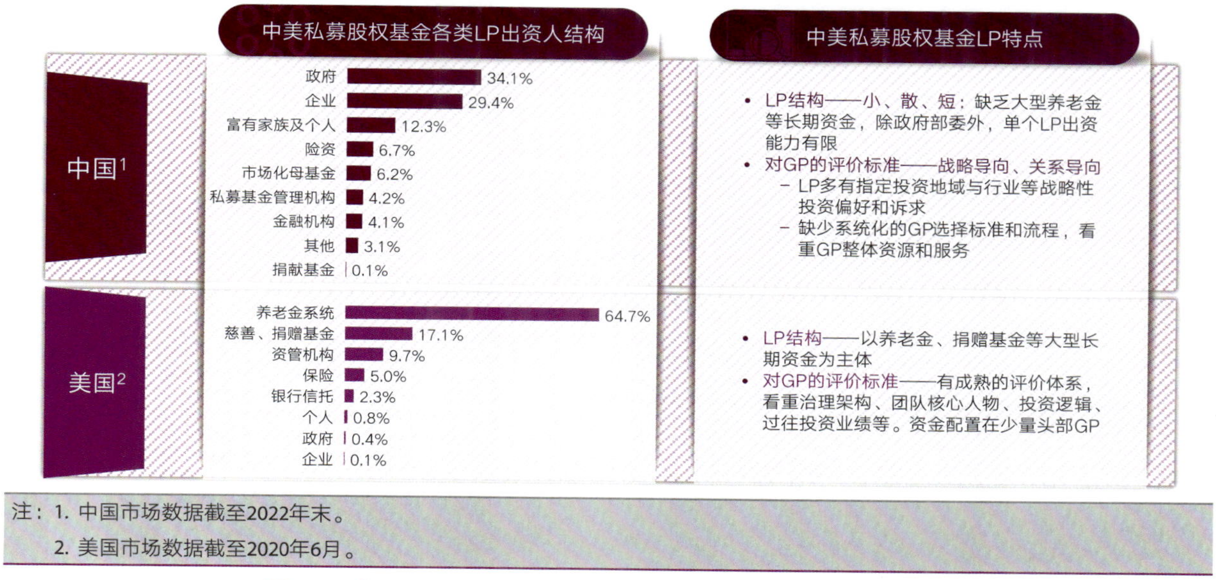

图6-4　人民币和美元市场LP结构以及LP对GP的需求差别较大

（资料来源：清科研究、Preqin、内部资料、BCG分析）

由于客户性质和供需结构不同于国内，海外另类资管机构很少为LP提供流动性安排。在客户性质上，海外LP以机构投资者为主，资金期限较长，倾向于配置长期资产；而国内LP投资期限则普遍较短，对流动性有强烈诉求。在供需结构上，海外另类资管市场在充分竞争下呈现头部集中趋势，头部机构发行的产品通常供不应求，因此头部机构缺乏为投资者安排流动性的主观意愿。

然而，为了满足高净值个人或其他少部分投资者的流动性诉求，海外另类资管机构通常采用以下四种方式。一是S基金（Secondary Funds）。美国有着成熟的私募基金二级交易市场，截至2022年末，美国S基金总规模达3018亿美元①，为市场释放大量流动性。二是定期开放回购。海外私募债基金或配置部分流动性资产的私募股权基金通常每季度开放回购，回购规模限定在发行份额的5%~25%之间，并且通常设置一定的约束条件，包括前两年不开放赎回、对于持有期不足一年的投资者收取2%的提前赎回费用、基金董事会出于投资者最佳利益的考虑有权修改或中止赎回等。三是配置部分流动性资产。海外部分针对高净值个人的另类资管产品在产品设计时会留出一定比例的资产配置流动性资产。例如，某全球大型资管机构发行的一只私募市场投资基金的目标投资组合中80%的资产配置于私募股权，包括直接投资和S基金；20%的资产为收益策略，主要投资于信用类工具、现金和其他固定收益证券。四是结构化工具。海外部分投行系资管机构联动母公司投行为LP提供结构化工具，主要方式为通过抵押基金份额为投资者提供短期流动性安排。

① Pitchbook。

6.2 新周期：三大因素驱动中国另类资管市场升级转型

在当前所处的新的经济周期下，我们认为有三大因素将驱动中国整个另类资管市场升级转型。

• 投资端：实体经济深化转型

首先是实物资产投资。地产行业加快向“持有型物业”转型，持有型地产规模比重进一步上升；国家战略导向的新型基础设施建设持续扩容（如5G基建、大数据中心、人工智能等）；新经济产业的发展带来专业园区等产业地产的投资机遇。

其次是并购投资。中国实体产业整合转型提速、国有资本重新布局，涌现大量企业并购投资机遇。

• 资金端：逆全球化等因素推动下资金结构转换

2022 年逆全球化等因素正在悄然推动中国另类投资资金端的结构转换（见图6-5）。

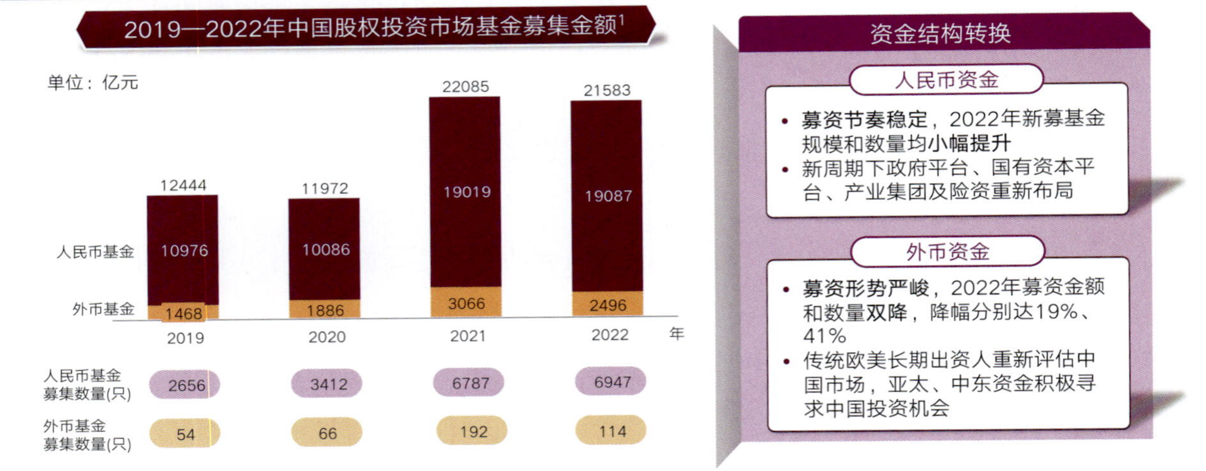

注：1. 包含早期投资、VC、PE。

图6-5 地缘政治等因素推动中国另类投资资金端的结构转换

（资料来源：清科研究、BCG分析）

一方面传统欧美长期出资人重新评估中国市场；另一方面人民币资金募集困难重重，背后主要有以下两大原因：一是人民币募资市场本身缺乏长期资金来源，二是中美LP类型、结构、投资策略和核心要求均存在显著差异。

因此，结合中国未来以国内大循环为主体、国内国际双循环相互促进的新发展格局，我们认为人民币基金和中资另类资产管理机构将迎来高速发展。

- 退出端：股权退出通道转变、REITs工具推出

首先是实物资产投资。境内公募REITs工具试点成功开展，伴随配套制度措施持续优化，借鉴海外市场发展经验，REITs发展潜力巨大，并有望改变行业格局。

其次是私募股权。受地缘政治风险外溢等影响，中概股不确定性仍然很大。伴随境内资本市场注册时改革加快落地，科创板、香港交易所或将成为主要退出市场，同时并购退出更为活跃。

6.3 新机遇：四大赛道机会、两大格局变化

展望未来，我们建议行业参与者重点把握四大赛道机会：

• 不动产和REITs投资。REITs工具加速落地，为不动产投资退出提供关键路径。新周期下新型城镇化、新基建、专业产业园区等领域大有可为。

• 逆周期特殊机遇投资。环境不确定性加剧，产业转型和整合加速，我们认为中国特殊机遇投资的黄金时代已经到来。

• 并购型私募股权投资。在高质量发展引领下，国内产业结构优化与企业提质增效提速，产业整合与企业分拆、剥离趋势上升为中国并购基金带来广阔的发展空间。

• 私募债权投资。资管新规落地，中国私募债权融资模式和资金主体将逐步发生转变。

与此同时，我们预计行业竞争格局将发生两大变化。

一是人民币基金和中资另类资产管理机构崛起。投资赛道切换、退出路径改变、政府和产业集团等开展新一轮战略配置，将推动人民币基金和各类中资另类资管机构高速发展。

二是形成以多方合作为特色的行业生态格局。新格局下政府平台、产业平台、持牌金融机构、市场化独立基金、领先外资机构等各自拥有差异能力禀赋，通过合资、Co-GP等方式开展生态合作才能更好地整合资源、合作共赢。

6.4 强能力：业务拓展和模式升级三大主线

一家另类资管机构从早期到壮大，通常沿三大主线设定战略路径：基金化、多元化、产业化（见图6-6）。

- 基金化：如何逐步降低自有资金使用，逐步打造募资能力。
- 多元化：如何结合“能力圈”扩展和外部并购，循序渐进扩展资产类别和策略类型。

• 产业化：如何通过自建或者并购，打造资产运营平台，建立资管能力护城河并依托平台开展资本运作。

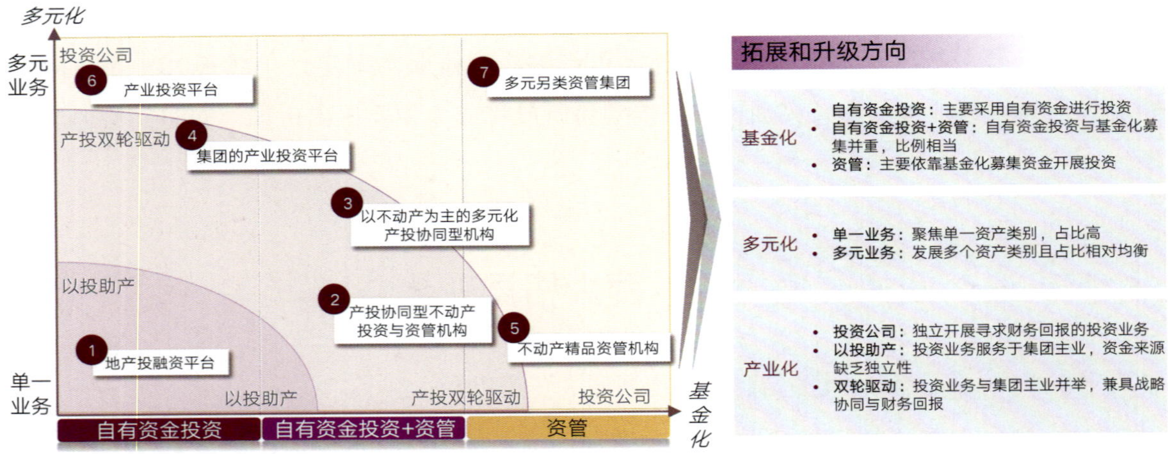

图6-6　另类资管业务拓展和模式升级三大主线：基金化、多元化、产业化

（资料来源：BCG分析）

• 基金化：轻与重

综观国内外，另类资管机构在自有资金使用上存在较大分化，背后反映出的是所处的不同发展阶段和商业模式选择（见图6-7）。例如，某全球领先的私募股权投资机构大量运用自有资金跟投，获取超额收益。该机构明确规定了自有资金的三大职能：一是作为种子资金，二是作为跟投资金，三是为股票、债券承销和信贷提供资本金。而且，该机构明确自营投资与基金业务要求一致，同样需要满足MOIC和持有期利率等回报要求。

国内另类资管机构可循序渐进地逐步实现基金化转型。某全球领先的另类资产管理公司通过自有资金出资孵化新产品，在后期逐步降低自有资金比例、扩大基金规模，循序渐进地实现基金化转型（见图6-8）。

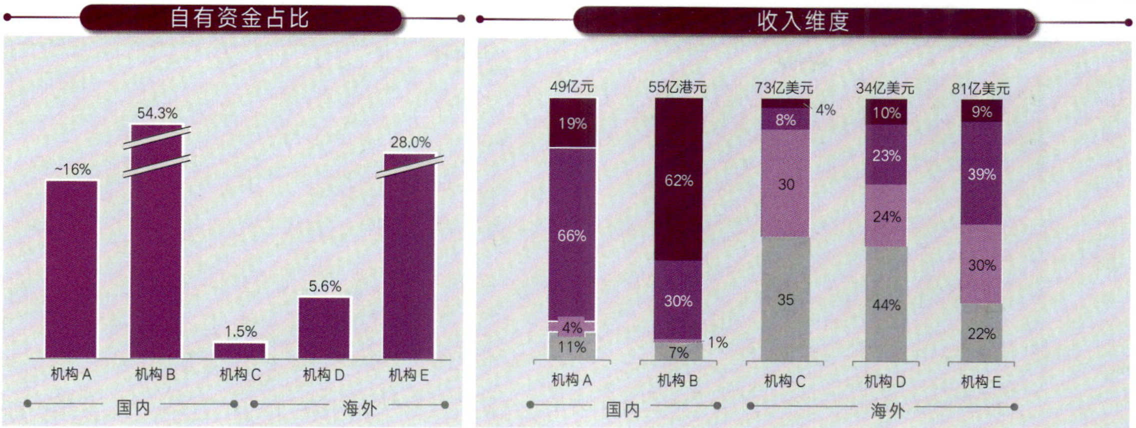

图6-7 另类资管机构在自有资金使用上存在较大分化，背后是不同的发展阶段和商业模式选择

（资料来源：公司年报、专家访谈、BCG分析）

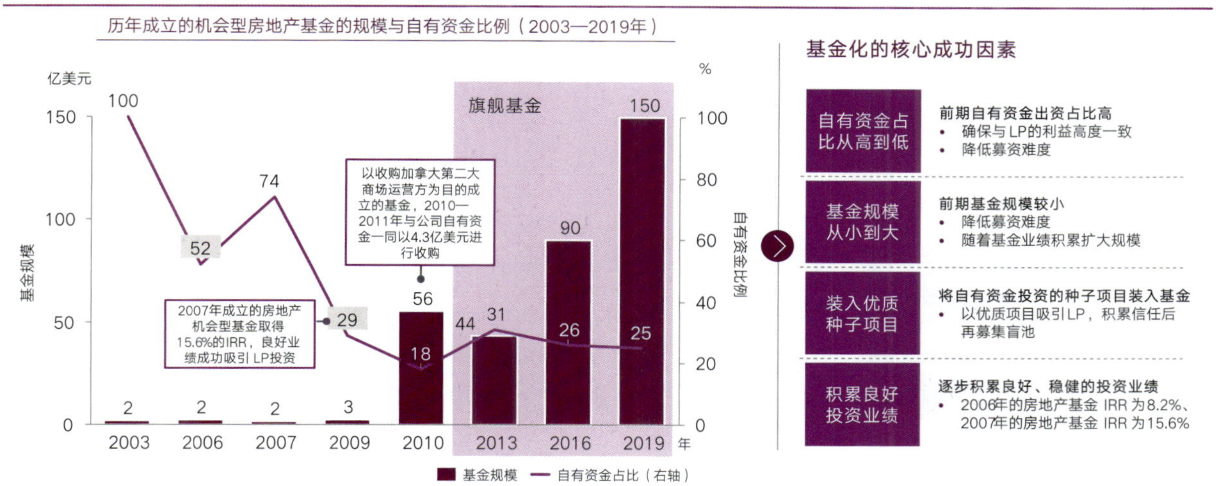

图6-8 某全球大型另类资产管理公司通过自有资金出资孵化新产品，在后期逐步降低自有资金比例、扩大基金规模，循序渐进地实现基金化转型

（资料来源：公司年报、专家访谈、案头研究、BCG分析）

人民币LP结构不断演进，呈现长期化趋势。其中，政府资金、企业资金占比不断提升。与此同时，各类型人民币LP的投资偏好和核心要求各有特色，例如险资划定了30 亿元在管规模的硬性门槛、政府引导基金则对特定行业引导培育设置要求（见图6-9）。

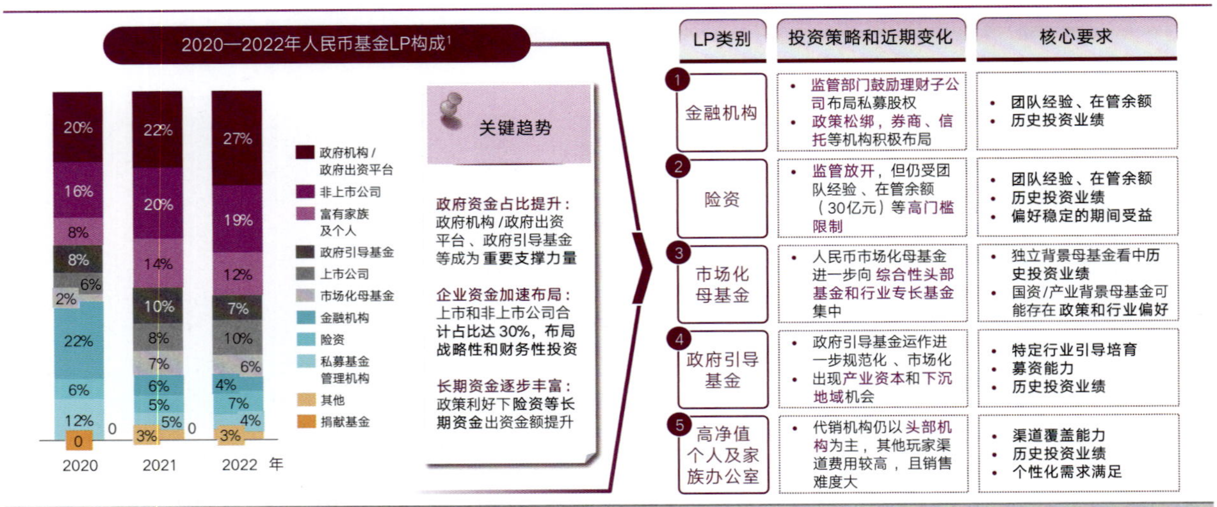

注：1. 按出资金额划分。

图6-9　人民币LP中政府、企业及长期资金占比提升，各类LP在投资偏好上各有特色

（资料来源：清科研究、案头研究、专家访谈、BCG分析）

在另类资管机构的自身能力建设方面，资管机构应重点强化人才引入和机制设计，优化基金化策略打法（见图6-10）。

图6-10　另类资管机构核心募资能力建设

（资料来源：BCG分析）

• 多元化：聚焦与多元

国际众多领先另类资管机构均已实现资产多元化，以下关键因素驱动了另类资管机构的多元化发展。

从GP角度看，一是带来全新增长引擎，在私募股权业务之外仍存在大量市场空白。二是品牌和成本上的规模效应，领先市场经验表明运营利润率与管理资产规模正相关。三是投资和运营协同，私募股权、夹层和地产在项目搜寻、项目判断、项目执行阶段皆有协同，例如，夹层和地产都会判断地产标的抵押物的价值和升值前景；私募股权不适合投资的中小型项目，可能适合夹层基金以股债结合的方式投资。四是平滑业务周期，资本市场偏好多元化资管机构。例如，四大上市私募股权公司之一的某机构，其2012年的上市最为艰难，因为市场担心其AuM高达63%为私募股权基金；后续该机构通过一系列举措调整私募股权占比至33%。五是深挖LP钱包份额，私募股权基金仅仅是海外机构LP少量配置的资产选择。以美国加州养老金为例，在其2960亿美元的AuM中，仅仅配置10%于私募股权基金；仍有53%的二级市场和9%的房地产配置待挖掘。

从LP角度看，首先是LP渴望高效的一站式服务，一方面需要全球多资产一站式服务，机构LP，特别是养老金和主权基金希望有可信赖的机构提供一站式的全球解决方案；另一方面追求更低的管理GP的成本，选择过多数量的GP会在无形中增加尽调、沟通和管理的成本。其次是要求有更合理的收费模式，统一计算Carry，避免各只基金产品单独计算Carry造成利益不一致，以及不同GP盈亏差距较大时，亏损无法补偿的问题。

国内资管机构可结合自身资源禀赋，在以下另类资产管理业务矩阵中寻求契合自身的多元化发展路径（见图6-11）。海外领先资管机构主要通过以下三大手段实现多元化：一是积极运用并购、战略合作等非有机增长手段，二是获取新业务所需的顶尖专业人才团队并匹配机制，三是围绕自身资源禀赋和能力逐步扩张。《中国资产管理市场2021》对海外领先机构的多元化路径和具体案例做了详细介绍，此处不再赘述。

图6-11　另类资产管理业务矩阵：四大类资产×四大类产品

（资料来源：BCG分析）

- **产业化：财务与产业**

整体来看，根据产业属性强弱不同，产业化可分为三种发展模式（见图6-12）。

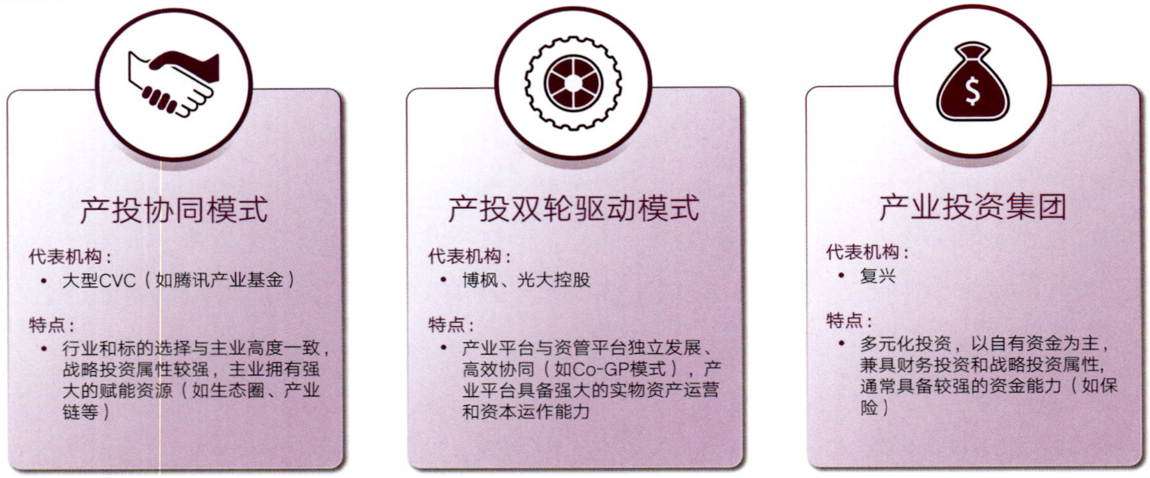

图6-12　产业化三种发展模式：产业属性强弱不同

（资料来源：BCG分析）

以博枫为例，博枫尤其擅长不动产、能源、基础设施等实物资产投资。博枫凭借“运营能力+金融能力”形成“运营+资管”双轮驱动模式，即博枫不仅是这些项目的资本投资人，而且是这些不动产持续经营的运营商。博枫通过百亿美元级别的旗舰基金提供资本，通过下设的不动产、能源和基础设施运营子公司提供资产运营服务。这使博枫能够取得穿越周期的长期业绩，实现最低6%~7%、最高20%的投资回报①。

①《中国资产管理市场2020》。

专题五

国内REITs市场展望

• 国内REITs市场发展回顾

发展REITs对市场投融资两端都意义重大，有助于推动中国实体经济发展。融资端，REITs为不动产投资退出提供关键路径；同时也为开发商增设银行贷款外的融资渠道。投资端，REITs与传统股票和债券相关性弱，为投资者增加股债之外的投资资产；同时方便投资者小额投资房地产。

2021年6月公募基础设施REITs在中国市场破土而出，两年来市场稳步扩容、底层资产丰富多元、配套制度不断完善。

市场规模上，截至2023年3月末，中国REITs市场累计募集规模达909亿元，较2021年末增长150%；共有27只REITs产品完成募集并上市交易（见图1）。

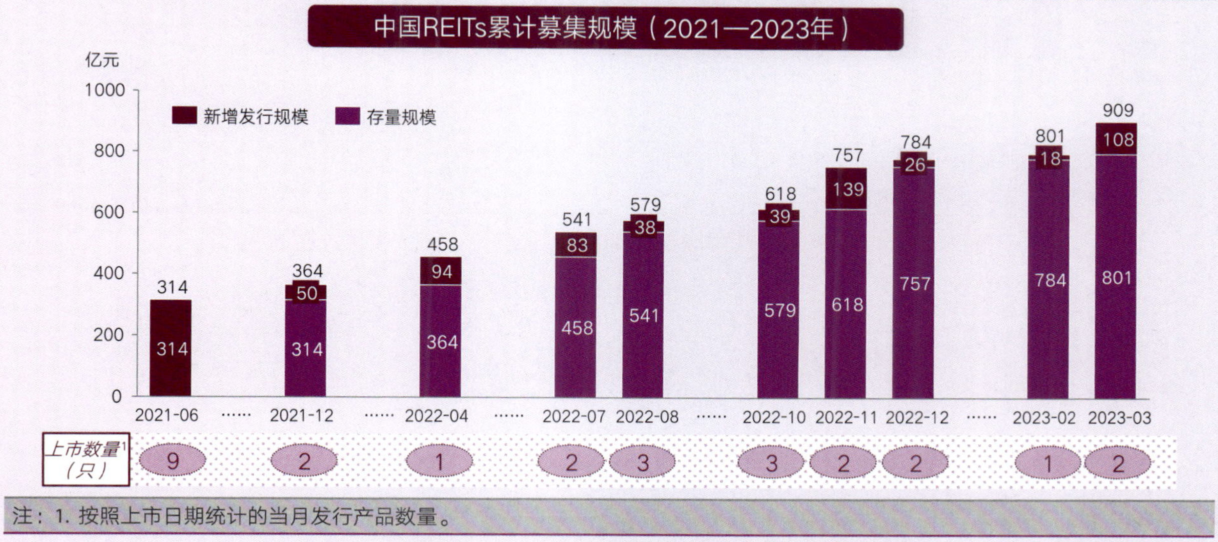

图1　中国REITs市场快速发展，总规模达909亿元

（资料来源：Wind、BCG分析）

底层资产上，目前已上市的27只产品中包括8只产业园区、7只高速公路、4只保障性租赁住房、3只仓储物流、3只能源基础设施、2只环保产品，底层项目类别逐步多元。①

① Wind。截至2023年3月31日。

配套制度上，相关部门先后出台配套政策推动REITs扩容，包括不断拓展底层资产范围、增添投资资金来源、出台配套税收优惠政策以及建立健全扩募机制。

• 全球REITs市场规模

全球REITs市场在过去20年间快速发展，截至2022年末，全球REITs总市值自2002年的1558亿美元增长至约1.9万亿美元，年均复合增长率达13%，全球REITs 数量达 910只。美国作为REITs的起源地，目前是全球规模最大的REITs市场，其市值占全球REITs总市值的68%。此外，亚太地区REITs市场自2005年起发展迅猛，日本和新加坡已经跃升全球第二、第三大REITs市场，分别占全球总市值的6%和4%（见图2）。

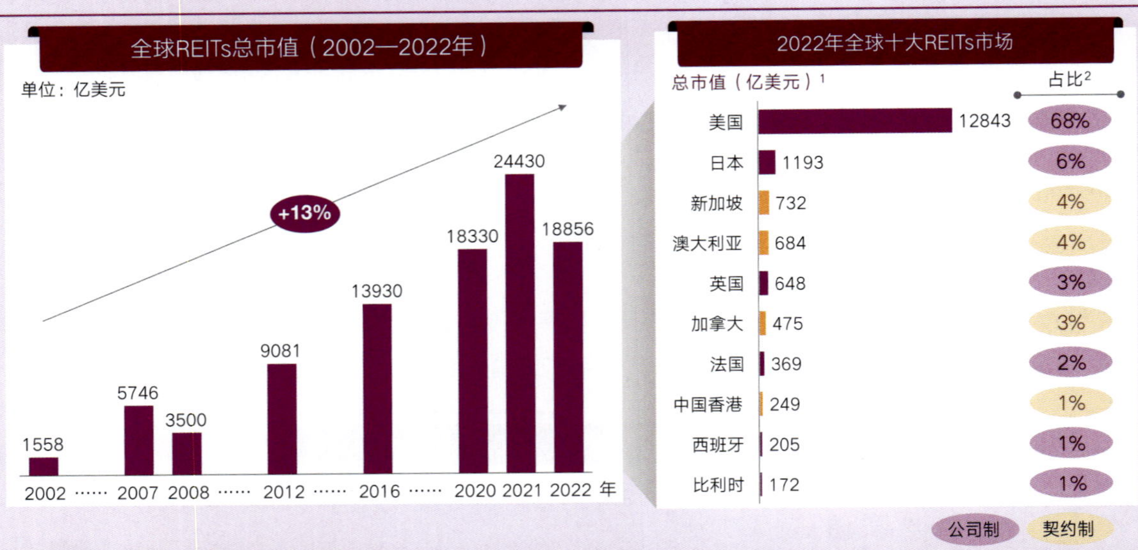

注：1. 仅统计公开发行REITs，数据截至2022年12月31日。
2. 统计各国REITs总市值占全球REITs总市值之比。

图2　全球REITs市场规模增长至约1.9万亿美元，亚太地区发展迅猛

（资料来源：Refinitiv、BCG分析）

• 全球REITs类型与排名

在全球市场中，REITs按组织模式主要分为两大类型，二者在法律依据、经营模式上都存在显著差异。

一是公司制REITs，以公司法为依据，具有独立法人资格。通过向投资者发行股份筹集资金用于不动产投资，投资REITs的同时即成为公司股东。美国、日本、英国等市场主要采用这一模式。

二是契约制REITs，依托于信托法律关系，以基金或信托为载体，本身非独立法人，而是一种资产。通常由基金管理人发起设立，通过发行收益凭证筹集资金用于不动产投资。常见于新加坡、澳大利亚等亚太地区国家，目前中国也采用这一模式。

以公司制为主的美国市场为例，领先REITs管理人中地产开发及运营商占绝对主导（见图

3）。这是源于美国市场中的REITs大多由地产开发商转型而来。

以契约制为主的亚太市场为例，领先REITs管理人均由不动产投资和运营平台担任（见图3）。这是由于其具备管理REITs所必需的地产运营能力和资产获取能力。

2022年美国十大公司制REITs[1]

排名	公司名称	细分行业	市值（亿美元）[3]
1	安博	物流	1041
2	美国铁塔公司	通信	986
3	Equinix	IDC	606
4	冠城国际	通信	587
5	Public Storage	仓储	492
6	西蒙地产	商业	403
7	Realty Income	商业	398
8	VICI Properties Inc	商业	323
9	威尔塔	医疗	310
10	SBA通信公司	通信	303

2022年亚太地区（除日本）十大契约制REITs[2]

排名	公司名称	细分行业	市值（亿美元）[3]
1	凯德（包括雅诗阁）	综合	238
2	嘉民集团	物流	222
3	淡马锡（包括丰树集团）	综合	167
4	领展	商业	156
5	华平（包括ESR）	综合	92
6	得克萨斯	综合	65
7	星狮地产	综合	65
8	Vicinity Centres	商业	62
9	Mirvac集团	综合	57
10	GPT 集团	综合	55

注：1. 仅统计公开发行REITs，按市值排名。
2. 仅统计公开发行REITs，包括新加坡、澳大利亚、中国香港市场，根据REITs发行人做市值加总后按市值排名。
3. 数据截至2022年12月31日。

图3　全球领先市场中REITs管理人排名

（资料来源：Refinitiv、公开信息、BCG分析）

• 美国REITs管理人策略演进

美国REITs管理人经历了从被动管理到主动管理，管理策略从简单到多元的演进（见图4）。

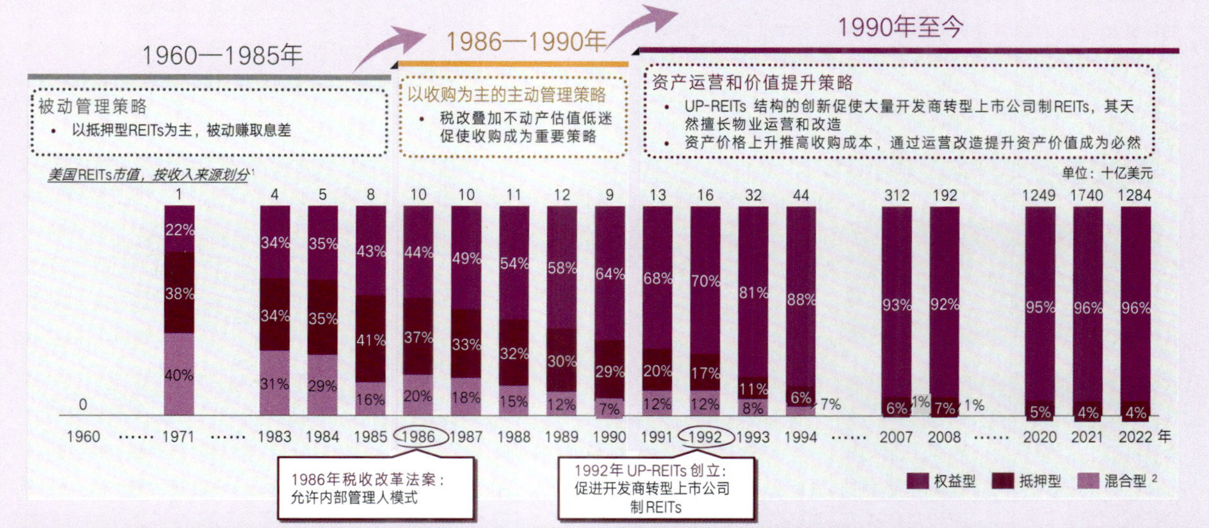

注：1. 权益型REITs直接投资房地产，收入来源为租金和转售；抵押型REITs投资住房贷款或MBS，收入来源为利息；混合型REITs介于两者之间，也从事放款业务获取收入。
2. 2010年后取消这一分类。

图4　美国REITs管理人经历了从被动到主动管理，管理策略从简单到多元的演进

（资料来源：Nareit、BCG分析）

1960—1985年，抵押型REITs赚取息差的商业模式决定了管理人采用被动管理策略。1967年抵押型REITs正式推出，此类REITs底层资产以抵押贷款为主，贷款主要投向房地产开发与建设，管理人从中为投资者赚取息差收益。抵押型REITs的发行人和管理人主要是银行，由于此类证券收益率不受当时银行利率管制约束，银行主要借助这一工具以更高利率提供贷款并实现出表。因此，在这一商业模式下，银行通常仅采用被动管理方式。

1986—1990年，1986年税改正式引入内部管理人模式，不动产估值低迷促使收购成为重要主动管理策略。1986年里根政府推出的《1986年税制改革法案》带来两项关键变革，一是允许REITs设置内部管理人，主动持有、管理和出售不动产；二是强化REITs的税收优惠政策，同时限制当时投资不动产的主流形式——有限合伙制企业的避税行为。这使权益型REITs优势凸显，迎来快速发展，并取代抵押型REITs成为主流。同期经济低迷、加之地产陷入寒冬，不动产估值探底至低于重置成本，使收购成为权益型REITs管理人的重要主动管理策略。

1990年后，UP-REITs结构催生大量地产开发商组建的公司制REITs，叠加收购价格上涨，使资产运营和价值提升重要性凸显。一方面，1992年创新交易结构UP-REITs应运而生，该结构能够保持地产商对物业的控制权，同时能够递延REITs购置物业的增值税，降低不动产转入REITs的门槛。自1993年起，大量地产商开发组建上市公司制REITs，这类管理人天然擅长物业的运营和改造。另一方面，20世纪90年代中后期资产价格回升，推高收购成本，促使REITs管理人在收购物业后必须采用多元化手段对资产进行运营改造，从而提升资产价值、实现投资收益。正是在这一阶段，美国REITs市场迎来大规模发展。到国际金融危机前，美国REITs总市值由1991年的130亿美元快速扩张至2007年的3120亿美元，年均增速达22%。

目前，美国REITs市场中主要包括三种类型的管理人：地产运营商、物业管理商和基金管理人（见图5）。

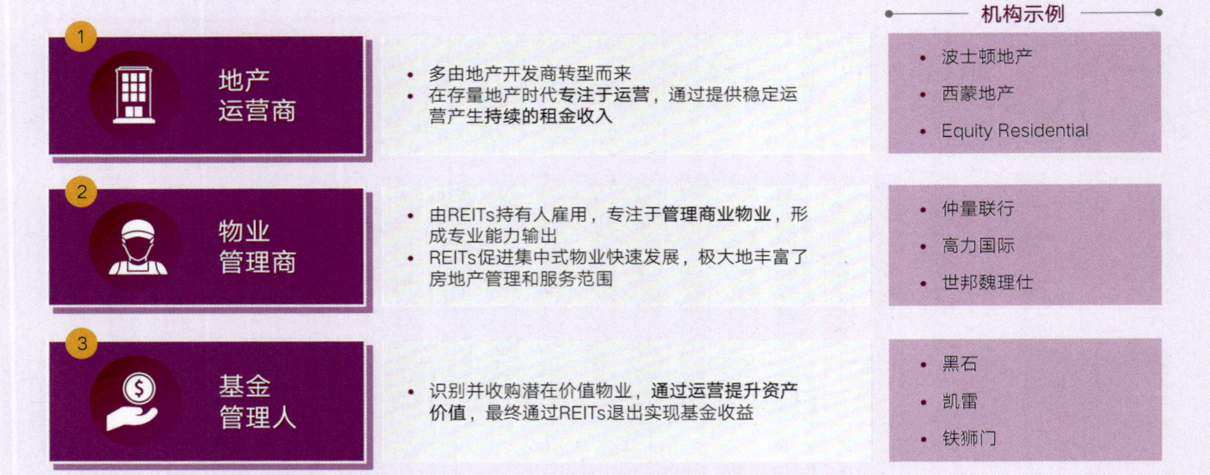

图5　美国REITs三类管理人包括地产运营商、物业管理商、基金管理人

（资料来源：Nareit、BCG分析）

• 中美市场发展差异

市场规模上，中国REITs总规模仍待扩容。中国公募REITs起步较晚，在经历快速发展后，截至2022年末，市场总规模达112亿美元，占GDP的比例为0.06%。①美国市场在经历60余年的发展后，总市值为1.3万亿美元，占GDP的比例为5%。可见中国REITs市场未来空间广阔。②

底层资产上，中国公募REITs资产类型仍有扩充空间（见图6）。截至2023年3月，中国公募REITs底层资产类型主要包括七大类，其中高速公路为第一大资产类型，占比达48%。美国REITs市场底层资产类型丰富，基本涵盖所有物业类型，其中占比最高的为基础设施、住宅和零售，分别为15%、15%、14%。

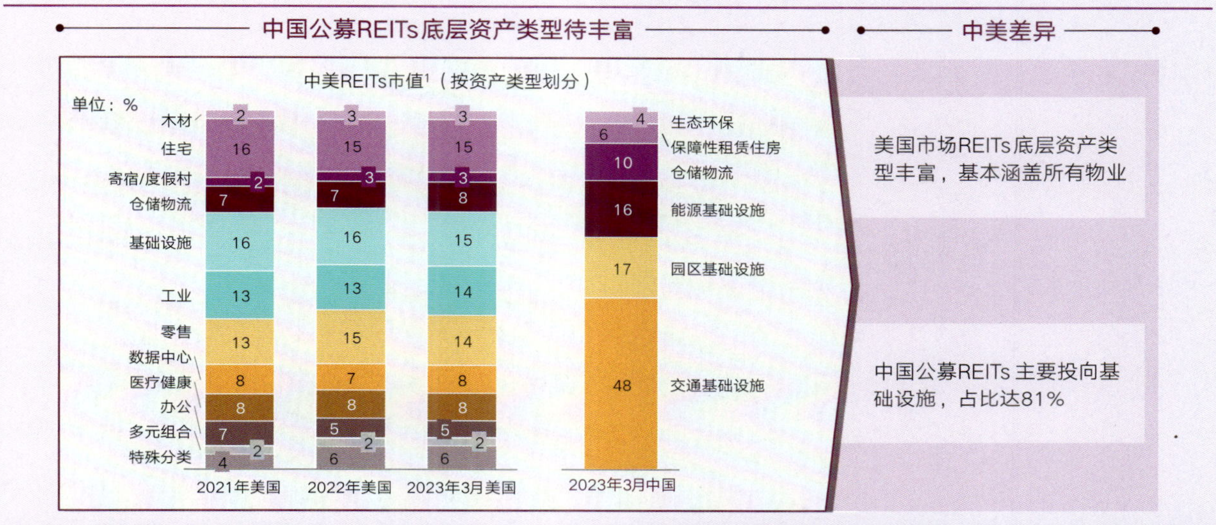

注：1. 仅包含权益型REITs。

图6 中美REITs底层资产类型对比

（资料来源：Nareit、Wind、BCG分析）

REITs管理人上，中国公募REITs管理人由公募基金公司和保险资管公司担任。美国大量公司制REITs由地产商直接组建，且普遍采用内部管理人模式，因此天然具备物业运营以及资产获取能力。中国REITs管理人目前主要是资管机构，其在地产获取、开发、运营和改造等方面缺乏相关经验，未来可致力于针对性能力提升。

• 对中国资管机构的启示

首先，中国公募REITs市场前景广阔，资管机构应在各环节中寻求积极参与。2023年3月，保险资管获准开展REITs业务，未来将以投资人和管理人的双重身份推动REITs市场发展。

其次，为应对未来底层资产的类型扩充，资管机构应提前构建相应的资产识别能力。2023

① Wind.

② Refinitiv.

年3月，中国证监会首次将商业地产纳入REITs试点，进一步推进REITs常态化发行工作，同时也释放了REITs类型进一步扩围的积极信号。

最后，REITs管理人应逐步强化主动管理能力。从全球REITs的历史和经验来看，REITs管理人应充分发挥主动管理作用、全面提升资产收益，这是促进REITs市场长期发展和扩容的关键。

REITs管理人应具备的主动管理能力包括：一是底层资产的运营、改造等价值提升能力，对于产业特点突出的资产，还应具有相应的产业能力；二是资产获取能力，持续的新资产来源是一只REITs基金具备长期吸引力的重要驱动因素；三是资本结构管理能力，结合宏观利率和经济形势，保持合理资本结构与杠杆率。

附录一

2023 年全球资产管理报告——总第 21 期

潮退海波平，求变觅新声。

引言

资管行业迎来拐点之际，各方均需对其运作方式加以重新思考。近二十年来，全球股市在各国央行宽松货币政策的支持下表现整体向上，为资管机构注入一针兴奋剂，贡献了从2006年至今90%的营业收入增长。然而，世界正逐渐步入利率走高、不确定性增强的时代。随着市场红利消退，过去曾被全球资管行业奉为圭臬的商业模式未来将难以为继。

2022年，利率上升速度远超预期，资本市场上演股债“双杀”，全球资产管理规模（AuM）创下自2005年以来的第二大年度降幅，整体下滑10万亿美元（10%）至98万亿美元，一夜重回两年前的水平。净流入率自2018年以来首次降至3%以下，仅为1.7万亿美元，占2022年初总资产管理规模的1.6%（见图1）。

牛市终结犹如釜底抽薪，此前因长期增长而掩盖的问题将被一股脑推上台前，资管行业的盈利能力将面临严峻考验。

不过，股市只是营业收入的众多来源之一，实现高收益并非仅此一途。此外，新技术不断涌现，使资管机构进入高增长的私募市场、推出高度个性化的产品和服务成为可能。把握以上要素，资管机构便可有效满足投资者的需求，在错综复杂的经济环境中奠定坚实的增长基础。

如今，富有远见的行业领导者已经认识到，唯有改变航向才能开辟新的蓝海。如果资管机构希望维持近年高增长和高收益的势头，一场由内及外的变革势在必行。

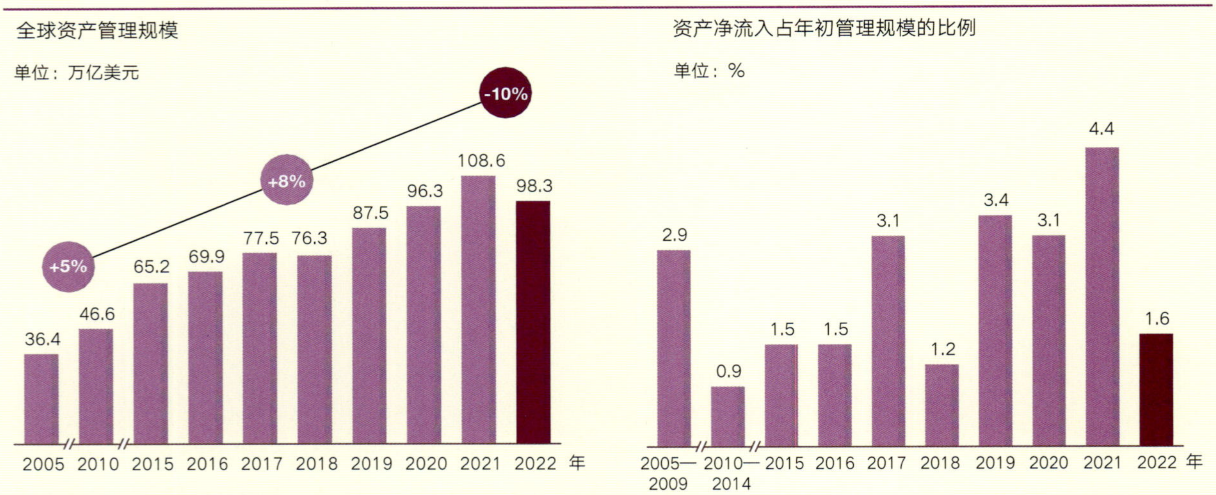

注：市场规模指各地区由专业资管机构收费管理的资产规模（见附图2），包括保险公司的自有管理资产以及委托给资产管理机构收费管理的养老基金，共覆盖全球44个地区市场，包括离岸管理的资产（不计入任何地区）。对于非美元市场，所有年份通用2022年末汇率，以此折算当前和历史数据。由于汇率变动、计算方法调整以及源数据变化，部分数据与往年报告有所差异。净流入分析通过74家领先资管机构的对标得出，资产管理规模共计62万亿美元，约占全球总资产管理规模的63%。

图1　2022年全球资管规模跌至2018年以来最低点，与2020年水平相当

（资料来源：2023年BCG全球资产管理市场规模分析、2023年BCG全球资产管理对标数据库）

转型的理由

全面审视行业塑造因素及所处的内外部环境，我们发现资管机构当前面临五重压力，行业价值链的各个环节几乎均囊括其中，转型的必要性即由此而来（见图2）。

压力之一：市场红利消退，增长难以为继

MSCI世界指数数据显示，自1987年起以10年为单位计算，2012—2021年全球股票回报率高于90%的年份。这一现象导致的直接结果等于变相为资管机构提供了“保底收益”。自2006年以来，资管行业90%的营业收入增长源于资本市场红利，持续的高增长使其有足够底气忽视日益上涨的成本、费率压力和大量资本流入低费率产品等问题。

因此，即使2022年是2008年以来投资回报最差的年份之一，各大市场仍对复苏充满期待。然而，进入新的一年，各国央行风向急转，不仅不再扮演市场推手的角色，反而连连出手为市场降温，意图在短期内达到减缓增长、抗击通胀的目标。事实上，即便全球央行抗击通胀成功、利率恢复至稳定水平，除非出现不可预见的重大冲击，否则市场不太可能再度见证大规模、成系统的经济刺激举措。因此，股市升值带来的营业收入增长恐将大幅减少，甚至可能会在过去十年的基础上腰斩。

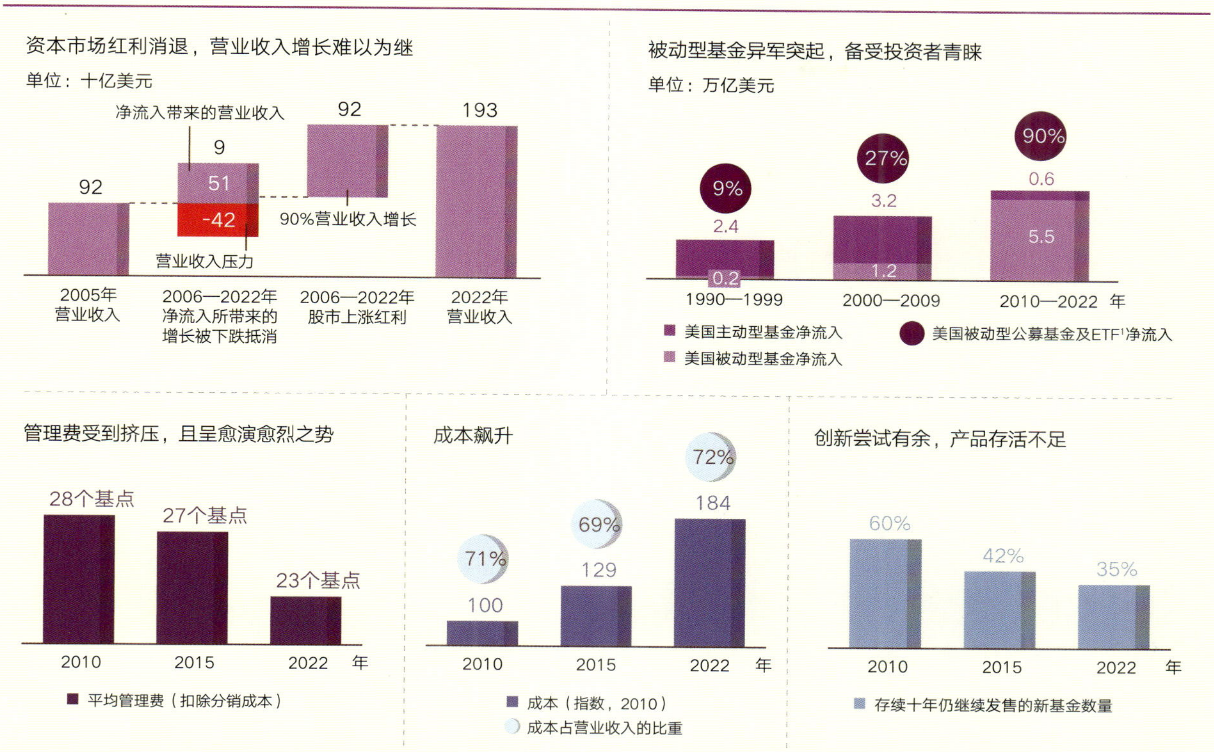

注：1. ETF=交易型开放式指数基金。

图2　资管面临重重压力，行业转型势在必行

（资料来源：2023年BCG全球资产管理市场规模分析、2023年BCG全球资产管理对标数据库、ISS市场情报Simfund、BCG分析）

压力之二：被动型基金异军突起，备受投资者青睐

放眼美国市场，被动型投资产品是2010—2022年股市持续上涨的主要受益者。净流入被动型ETF及其他被动型产品的资产份额高达90%，约为2000—2009年净流入规模的三倍。2022年，同样的故事仍在上演，被动型基金继续扮演赢家角色，净流入0.5万亿美元；与之相反，主动型基金则净流出1万亿美元。

可以预见，市场波动性增大将促使投资者对有能力超越基准收益的投资专长产生更多需求，但预计美国并不会出现大量资金向主动型基金回流的巨变。事实证明，被动型产品的价值主张非常具有说服力，且已深深扎根于整个行业生态之中。

从全球范围来看，各地区市场对被动型与主动型管理的态度迥然不同。在亚欧地区，由被动型公募基金和ETF管理的资产仅占21%和20%，似乎表明该地区的主动型产品目前仍处于避风港的庇护之下。究其原因，这一现象与多种因素有关。以中国和其他亚洲市场为例，主动型管理人普遍能够提供超越行业平均水平的回报，在二者的收益差距面前，指数产品的成本优势荡然无存。

不过，欧洲地区处于被动型管理之下的资产规模增速可能会高于亚洲市场。随着客户需求

增长，监管变化将为被动型管理创造更加有利的市场环境。英国已要求资管机构按公允价值计量和报告投资状况。同时，欧盟拟对《金融工具市场指令》（MiFID Ⅱ）立法框架进行修订，严格限制各类诱导客户交易的行为，让投资顾问更有理由建议客户选择费用更低的被动型基金。

压力之三：管理费受挤压，且呈愈演愈烈之势

一般来说，资产管理费呈现下行趋势，逐渐降低而非上升。费率定价不仅是被动型产品的重要差异化因素，越来越多的主动型产品也将其视为吸引投资者的一大卖点，以求在同质化现象日益严重的众多同类产品中突围而出。因此，资管机构调低管理费的压力势必越来越大。

自2010年以来，资管行业的管理费已平均降低15%以上，若将其代入2022年的总资产管理规模，仅此一项便可带来550亿美元的收入。BCG2022年发布的报告表明，部分客户仍然愿意为优异的业绩埋单。这一现象2023年同样存在，但仅有50%受管资产能够达到客户的要求。

过去的10~15年里，股市在上涨的道路上一路狂飙，丰厚的收益不仅足以抵消较高费率带来的营业收入增长和利润压力，更让资管机构赚得盆满钵满，但躺着赚钱的时代已一去不复返了。

压力之四：成本飙升

资产管理的成本基础构建于“丰年”的预期之上。自2010年以来，资管成本随资管规模一路水涨船高，但稳定的利润率掩盖了费率的下调压力。然而，自2015年起，成本占营业收入的比重逐年上涨，表明行业长期奉行的成本结构已难以适应新环境。据估算，约60%的资管成本为固定成本，且大多为与人工相关的成本。

展望未来，预计资管机构需在当前的成本基础上再减20%，才能保持此前的盈利水平。除了转型之外，资管机构别无选择。

压力之五：创新尝试有余，产品存活不足

为适应形势变化，在竞争激烈的市场环境中脱颖而出，资管机构对切分定制产品迎合不同投资需求早已驾轻就熟。这种多元化策略的确能够丰富产品组合，但数量增加并不等同于创新。事实表明，过往业绩卓著的成熟产品越来越受投资者青睐。综观全球公募基金和ETF，有75%的管理资产选择与存续十年以上的产品为伴。与此同时，十年前推出的所有产品中，仅有不到40%仍在发售，而在2010年这一比例为60%。

简而言之，行业目前所采取的产品创新策略并未产生应有的效果。资管机构亟须重新规划创新路线图，为客户提供创新产品和增值服务，以期在下一个十年立于不败之地。

变革是唯一的出路

展望未来发展，资管机构恐将陷入内外交困的境地：一方面，股市上涨红利不在；另一方

面，多重压力拖累业绩增长。据估计，如资管机构安于现状而不做任何改变，其利润的年均复合增长率（CAGR）将在近年行业平均水平（10%）的基础上近乎腰斩（5%）。在如此巨大的冲击之下，“寒气”将很快传遍整个行业。

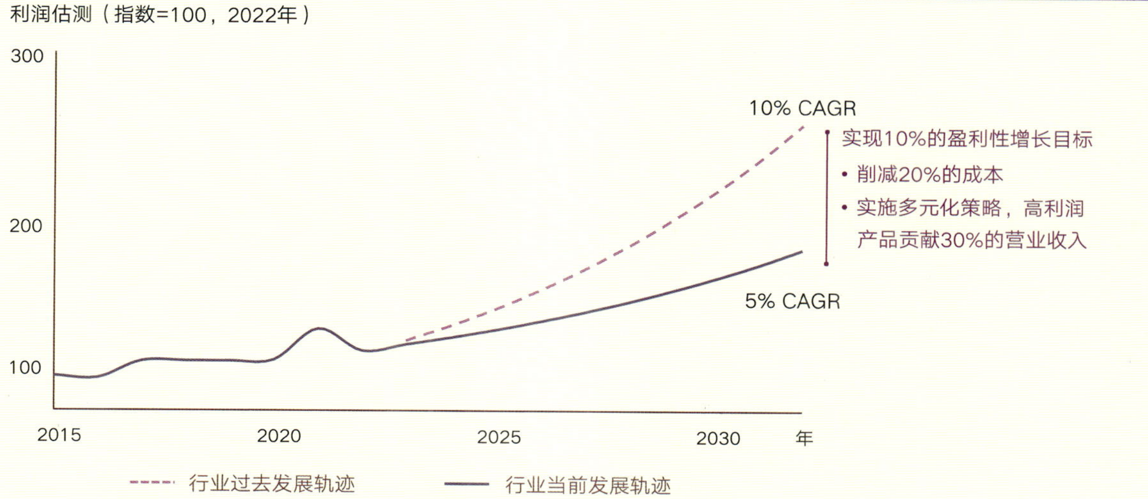

图3　资管机构须设定转型路径，重回盈利性增长的轨道

（资料来源：BCG全球资产管理对标数据库、BCG分析）

若要将利润增长恢复至历史水平，资管机构须从成本和营业收入两端双管齐下，从根源上解决拖累行业发展的难题。据估算，资管机构至少需要降低20%的成本。同时，还要改变营业收入结构，保证高利润产品的营业收入贡献率不低于30%，如另类投资产品（见图3）。

综观整个资管行业，有此认识和行动的机构寥寥无几。不过，通过转型举措满足日益复杂的监管标准，已成为许多保险系资管机构的共识。

资管机构迫切需要作出改变、开启转型之旅，并全面评估现行业务模式。坚持走完旅程的机构将在未来的岁月里变得更加强大和坚韧。

补充阅读

保险资管面临新挑战

相较其他资管业务，保险资管业务的资产管理更加复杂。2023年1月1日，《国际财务报告准则》（IFRS）第9号、第17号修订稿正式生效，新版IFRS 9和IFRS 17引入了一套新的保险会计准则，旨在规范市场参与者评估险企财务业绩的计量方式，涵盖投资回报和风险敞口等关键指标。

不过，并非所有保险公司都会受其影响，仅亚洲和欧洲的险企需全面适用新准则。但对于拥有亚欧保险客户的全球性资管机构而言，上述变化可谓“一石激起千层浪”。资管机构需与此类客户密切合作，通过新的计量逻辑、新的损益表和资产负债表计量标准，在更加详尽的报告要求下交出亮眼的业绩答卷。虽然新规主要围绕保险会计展开，但该举也将改变长期以来的行业一贯做法，不可避免地对保险公司整体业绩解读产生影响。而且，由于IFRS 9改变了作为险企损益表一部分的投资业绩的计量方式，投资组合经理需重新考虑当前的资产配置策略。

在新的计量逻辑下，险企的资产和负债都将以公允市场价值而非账面价值或历史价值计价。根据评估时的市场价估计值，以此种方式标记投资组合持有量，可在任何特定时间提升保险公司财务状况的透明度。但由于上述计量方式对金融市场变化较为敏感，预计关键业绩指标也将随之产生更大波动。

此外，新规还要求保险公司将投资组合的公允市场价值明示于季度损益表和资产负债表中。估值也必须放弃此前的报告标准，转而以更加精细、更为详尽的方式定义记账单位。

可以预见，在投资决策对KPI的影响方面，保险公司将面临更多投资者及其他利益相关方的外部审查。为此，资管机构需为保险公司提供必要支持，尽量避免将细化后的记账单位计入损失，从而弱化其对损益表的直接影响。

不仅如此，寿险公司还肩负着报告合约服务边际的责任，必须详细说明当前合约所包含的、应在保单有效期内实现的未来投资收益假设。资管机构的责任就是让上述收益从假设变为现实。

因此，保险资管机构应重点围绕四项举措，为保险客户提供所需支持。

第一，针对外部审查和收益波动，资管机构可设计相应的投资组合对冲相关风险。例如，机构可持续监控风险收益，并设定可接受的波动范围。

第二，资管机构可强化关键的投资决策流程和工具，保障新的计量逻辑得到有效落实。例如，机构应做好充分准备，必要时向利益相关方说明投资决策涉及的各项考量与取舍，并及时提供有关久期、资产负债、风险溢价等相关考量因素的透明信息。同时，还要注意对负债端保持动态跟踪分析。

第三，资管机构可进一步细化投资组合的构建规则，引导资产配置朝收益、波动性和风险资本占用三者最佳平衡的方向发展。面对利益相关方的期待，资管机构要向其提供高频交易型资产（如股票）的透明信息，流动性较低的资产（如房地产和另类资产）也不能除外。因此，机构需定期评估上述资产的公允市场价值，以使收益率对保单持有人有足够的说服力。

第四，资管机构需采取变革管理举措，赋能投资团队转变业务视角，以新思维适应新常态。举例来说，过去资管机构每年与保险客户会谈的次数可能屈指可数，但按照新规的执行标准，现在每月甚至每周都要举行会议。

不仅如此，仅基于过去和当前业绩计量公允市场价值，并不足以应对新挑战。转型战略还应纳入预测能力建设，并将其用于指导保险客户的投资组合决策。资管机构可考虑与金融科技公司合作，取长补短构建此类能力，或投资仿真引擎等变革性技术，并以此为基础构建定价模型，此举不仅可评估现有资产的公允市场价值，还可模拟各种未来情景的影响。

由于预测模型能够帮助机构了解不同选择的利与弊，为投资决策提供有效输入和支撑，因此一直是大型资管机构和领先的保险系资管公司的重点投资对象。如能运用得当，这一细分优势同样可为小型保险公司创造大量价值。

目前，保险公司仍处于适应新准则、建设新能力的阶段，对于为其提供资管服务的机构而言，这正是提升自身价值、推动双方合作关系深度发展的大好时机。

路在何方？

通往未来的道路就在脚下，但需要转变思维方式，从战略高度紧扣三大主题，靠转型谋发展：盈利能力（优化成本结构，筹集转型资金）、私募市场（开发高增长产品，实现营业收入多元化）和个性化（更新沟通方式，维护客户关系）。

盈利能力

近几年来，资管机构的成本增速平均比营业收入增速高约2%。在“牛市”的支撑下，这一情况尚可接受，也未引起行业对成本合理化的特别关注。但今时不同往日，时代已经变了。

与2021年相比，2022年资管机构的净营业收入大幅下滑约11%。在总成本没有明显改观的情况下，总利润急剧下降27%。北美地区资管机构的利润下滑更为明显（32%），而得益于净营业收入跌幅较窄，欧洲同业的利润仅下降了13%。

资管行业的价值链涵盖一系列成本因素，机构需逐一评估才能有效推进成本降低（见图4）。

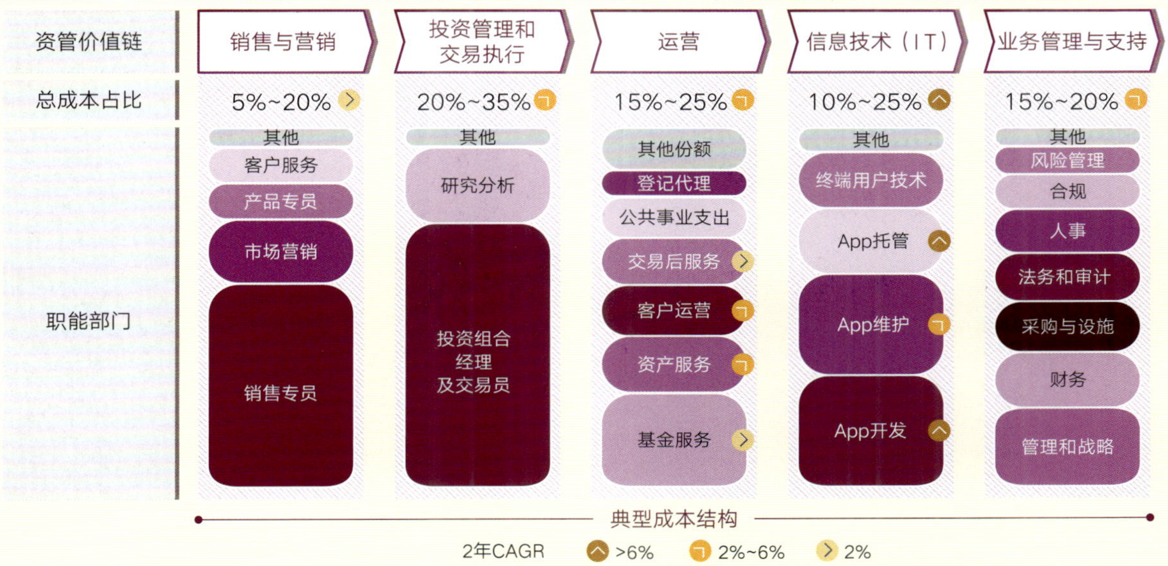

图4　资管机构应从整条价值链出发，全面评估、统筹制定成本优化举措

（资料来源：Expand、2022年BCG全球资产管理对标数据库）

有些成本可能来自上游需求（如近期产品扩容、客户需求增加等），有些成本可能源于组织需求，但只有深入了解关键成本背后的驱动因素，才能对症下药（见图5）。

价值链	关键驱动因素
销售和营销	客户要求更加个性化或专业化的销售体验和更高的服务水平，导致销售人员不断增加
投资管理和交易执行	为拓展下一代投资方式（如基于人工智能和机器学习等）的部署和应用，不断扩大产品图谱及相关人员、支持、数据和技术投入
运营	要求定制投资策略的客户越来越多、机构市场布局不断扩张，以及私募市场投资的平均成本上涨等，都要求扩大运营团队规模
信息技术（IT）	以数据和数据分析能力为代表，需要配套的投入；淘汰速度缓慢，老旧系统的维护成本上升；以及持续的云迁移成本
业务管理与支持	为支持业务增长，人力资源、法务和财务职能扩张，但未采用精益、敏捷的工作方式

图5　资管机构须明确导致成本上涨的关键驱动因素

（资料来源：Expand、2022年BCG全球资产管理对标数据库、BCG分析）

资管机构应逐一检查各项职能性支出，并着重分析背后的驱动因素。此外，在组织整体层面统计各个职能部门的成本也是必要之举。为此，我们总结了十项关键考量因素，供资管机构在设计降本增效方案时参考（见图6）。

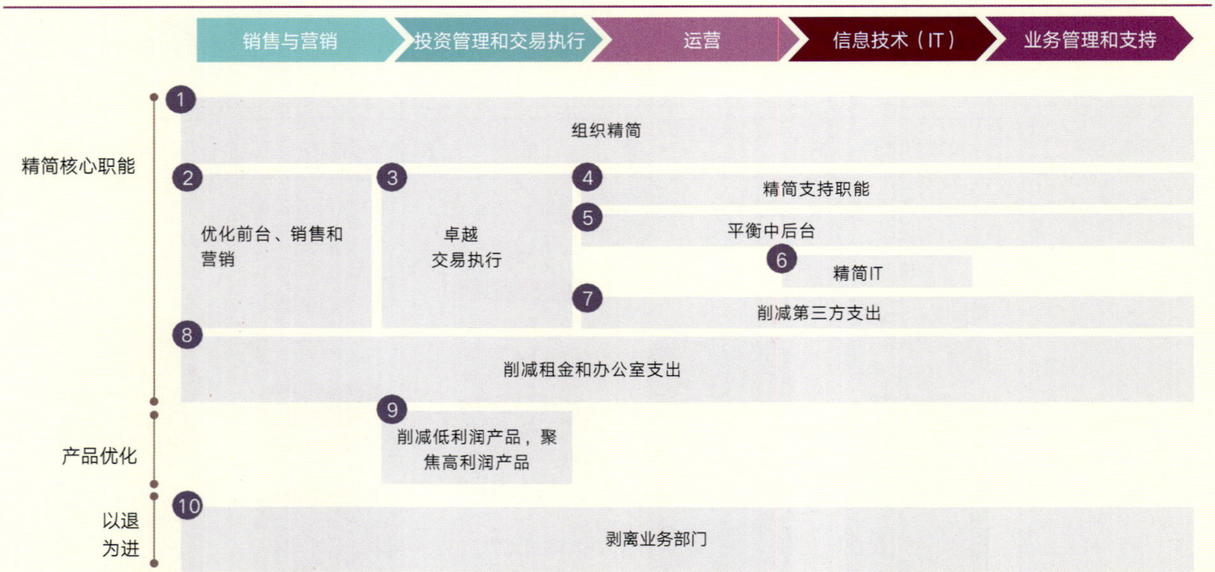

图6　十项行之有效的降本增效举措

（资料来源：BCG分析）

其中，运营和支持职能的成本可借助多种举措加以解决。例如，资管机构可通过优化管理资源、减少组织层级和扩大管控幅度等手段有效精简组织架构。这一举措不仅能够提升成本效益，而且有助于优化决策、强化问责，并促进组织内部高效顺畅沟通。通过深入了解各项活动和职能的资源分配逻辑，并与同业机构的分配模式加以对比，组织才能根据自身情况对支持性职能作出合理调整。

实现中后台平衡，对运营成本节降同样意义重大。机构应全面检视所有流程，确定最优运营模式。在实践中，资管机构往往专注于扩张前台能力，而容易忽略中后台职能。这可能会导致效率低下，更重要的是，甚至可能成为拖累增长的重要障碍。总之，无论出现什么问题，都要找到根源，继而通过评估采购方案、位置策略和治理模式来精准地解决问题。

在采购方面，许多传统上专门从事后台服务的供应商目前正尝试向价值链的上游扩展。依托更加完善的数据能力，这些供应商可无缝对接地为资管机构提供所需支持。在考虑位置策略时，机构必须找到优化每个人（包括内部员工和外部合作伙伴）履职的最佳方式，在本地化与国际化的同步运营中寻得恰当的平衡。最后，业务的发展离不开健康的运营结构和强大的治理模式的支撑。

精简IT架构、避免贪大求全，是降低成本和保障组织高效发展的关键一环。为实现技术的最优配置，资管机构应全面评估价值链中IT技术应用的成熟度，明确可从解决方案中获益的领域以及应予淘汰的老旧系统。

针对投资管理方面的成本问题，全面检视业务模式、着眼于产品优化是重点所在。2012—2022年的“慢牛”，让资管机构得以放手扩大投资组合、探索未知投资领域。如今，唯有削减规模较小、无利可图的产品，机构才能重新调整业务中心，并在此基础上创造可观的价值。

成本管理并非破天荒的创举，但却是业务可持续发展和盈利能力的重要保障。只不过，这一次的管理重点应当侧重于以变革驱动成本优化，而非简单粗暴地削减支出。

私募市场

另类投资和私募市场将继续扮演资管行业明星的角色。截至2022年末，全球另类资产的管理规模达20万亿美元。同年，另类资产营业收入占据全球资管行业总营业收入的半壁江山，这一突破不仅早于行业观察人士的预期，更为提供另类投资的机构创收逾1900亿美元（见图7）。

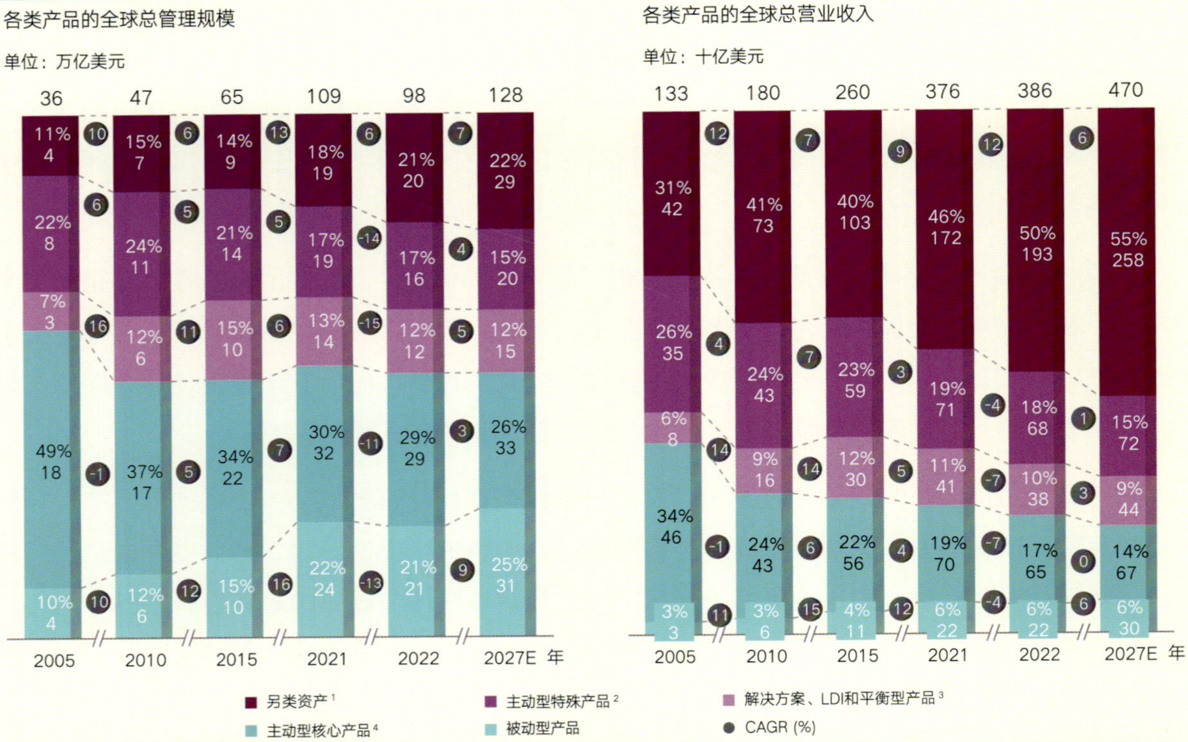

注：由于采取四舍五入，各部分之和不一定为100%。

1. 包括对冲基金、私募股权、房地产、基建、大宗商品和私募债、流动性另类共同基金（如绝对回报、多空头、市场中性、波动性等），私募股权和对冲基金营业收入不包括业绩提成。
2. 包括股票类特殊产品（如全球和新兴市场的主动型股票产品、发达市场中小盘股及主题产品）和固收类特殊产品（如新兴市场、高收益、灵活配置和通胀挂钩产品等）。
3. 包括目标日期、目标到期日、负债驱动型、OCIO、多资产平衡和多资产配置。LDI=负债驱动型投资。
4. 包括主动型发达市场大盘股、发达市场政企债、货币市场和结构化产品。

图7　2022年另类资产占全球资管规模和营业收入的比例分别为21%和50%

（资料来源：2023年BCG全球资产管理市场分析、2023年BCG全球资产管理对标数据库、ISS市场情报Simfund、Pensions & Investments、Investment Company Institute、Preqin、HFR、INREV、BCG分析）

另类投资的强势表现有望得以延续，未来五年的年均复合增长率可达7%，只有被动型产品能超越此增长率，其资产管理规模将以每年约9%的速度持续增长至2027年。私募债和私募股权投资将成为拉动另类投资增长的两驾马车，二者未来五年的全球营业收入占比将达9%~10%（见图8）。

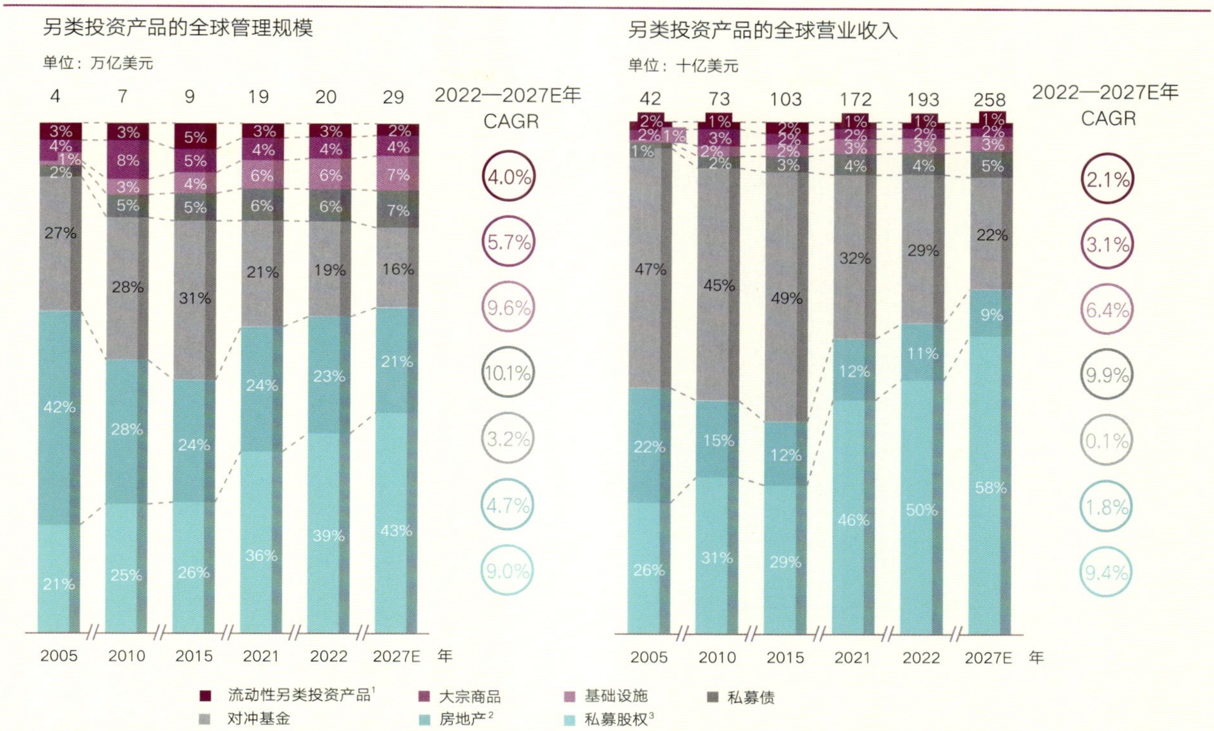

注：营业收入不含业绩提成。

1. 流动性另类投资包括另类共同基金和另类ETF（如绝对回报、多空头、市场中性和波动性等）。
2. 房地产包括不动产信托。
3. 私募股权包括风险投资。

图8　2027年私募债和私募股权投资有望创造逾60%的另类投资营业收入

（资料来源：2023年BCG全球资产管理市场分析、2023年BCG全球资产管理对标数据库、ISS市场情报Simfund、Pensions & Investments、Investment Company Institute、Preqin、HFR、INREV、BCG分析）

挖掘零售市场机遇

另类投资的市场前景之所以较为乐观，很重要的一点在于它能够持续触达散户投资者。2012—2022年，全球零售渠道的资产增速已超过机构。与此同时，技术、产品创新以及部分市场的监管改革，也降低了零售投资者参与另类投资的门槛。

从全球来看，零售投资者配置于另类产品的资产高达数万亿美元，预计未来3~5年内还将以每年15%的速度持续增长。私募股权基金是零售投资者参与另类投资的重要途径，北美和亚太地区将成为零售分销的主战场，全球配置私募股权基金的家庭中，有近60%和30%来自上述两个地区。

除了增速亮眼外，对于资管机构而言，零售另类资产最具吸引力之处莫过于其盈利能力。零售投资者多为单打独斗，无法形成类似机构投资者的规模优势，因此资管机构无须在管理费上作出大幅让步。

但零售市场的人口结构非常多元，资管机构需从战略层面统筹规划，有效解决产品包装和投资者触点等问题（见图9）。作为最富有的人群，超高净值投资者可选择的产品种类非常广泛，包括封闭式基金、直投基金、要约收购、间隔基金等一般散户投资者无法接触到的机构类产品。反观财富天平的另一端，大众投资者的选择则相对有限，只能在最低投资要求低且流动性强的产品中反复斟酌，类型以ETF、不动产投资信托和商业发展公司（BDC）为主。

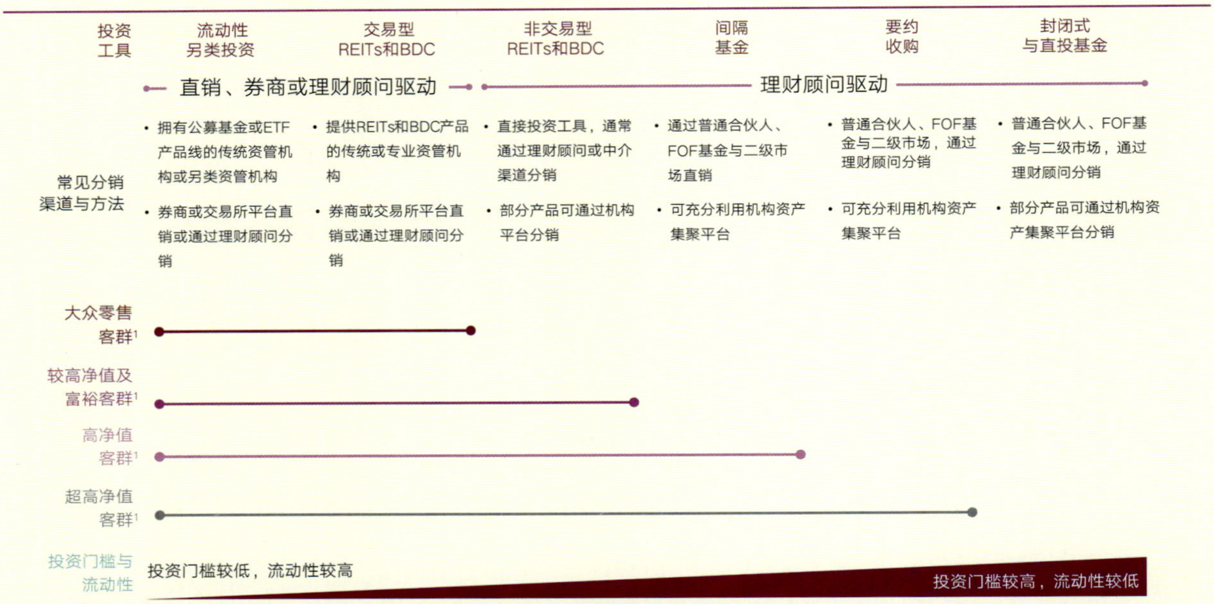

注：ETF=交易型开放式指数基金，REIT=房地产投资信托基金，BDC=商业发展公司。

1. 仅供说明之用，具体的财务标准可能有所不同。

图9　资管机构需有策略地打造另类零售产品，并匹配合适的分销渠道

（资料来源：专家访谈、Preqin、BCG分析）

对此，资管机构需要准确了解自己的目标客群，通过另类投资产品定制和分销网络有效触达零售投资者。以美国市场为例，私人银行、信托银行和注册投资顾问都是极具前景的分销渠道，因其客户的财富水平和资产配置策略决定了对另类投资产品有更高的需求。

同理，这种多渠道机会也存在于英国的银行和独立投顾之中。不过，对欧洲市场来说，零售市场主要由全能银行把持，资管机构必须与其合作才能从中分一杯羹。

全面理解触达散户投资者的分销渠道，对于明确另类投资产品发售中产品与客群需求的契合度至关重要。

进军另类投资市场

传统资管机构切换赛道大举进军另类投资市场并非个例。它们在积累资产、创新产品的同时，还窥见业务发展的高增长机遇（见图10）。在全球约30家新设另类投资部门的领先资管

机构中，近五年另类投资和私募市场的资产管理规模每年增长15%~20%，总规模逾3万亿美元。同时，上述机构还开展了50多笔收购，以期在短时间内快速提升自身的另类投资能力。其中，约90%的机构重点聚焦私募债、私募股权和房地产板块，30%的机构或与金融科技公司建立起战略合作关系，或与第三方签署了分销协议。上述机构在自身取得成功的同时，也为其他同业机构描绘出一幅另类投资和私募市场赛道的增长图景。

超过3万亿美元	另类和私募市场管理资产规模	约90%	推出私募股权、房地产和私募债产品的公司占比
15%~20%	另类和私募市场管理资产规模的五年平均复合年增长率	约60%	推出对冲基金策略的公司占比
8%~12%	另类和私募市场产品在公司总管理资产规模中的占比	约50%	推出流动性另类投资产品的公司占比
50次+	为扩大另类业务能力而进行的收购次数	约30%	旗下有金融科技公司或建立了其他分销合作伙伴的公司占比

注：所有数据均基于一项对标分析，样本容量为30家推出了另类投资产品和私募市场产品的传统资管机构。样本内资管机构的管理资产规模均超过3万亿美元，投资资产包括另类投资基金和二级基金资产。

图10 另类投资为传统资管机构创造了巨大的增长机会

（资料来源：公司网站、通用投资者报告、投资者交流记录、Preqin、《养老金与投资杂志》、BCG分析）

对于有意进军另类投资领域的机构，可通过四大途径作出改变，但都需要权衡利弊并在运营模式选择上有所取舍（见图11）。以下是每种途径的要点简介。

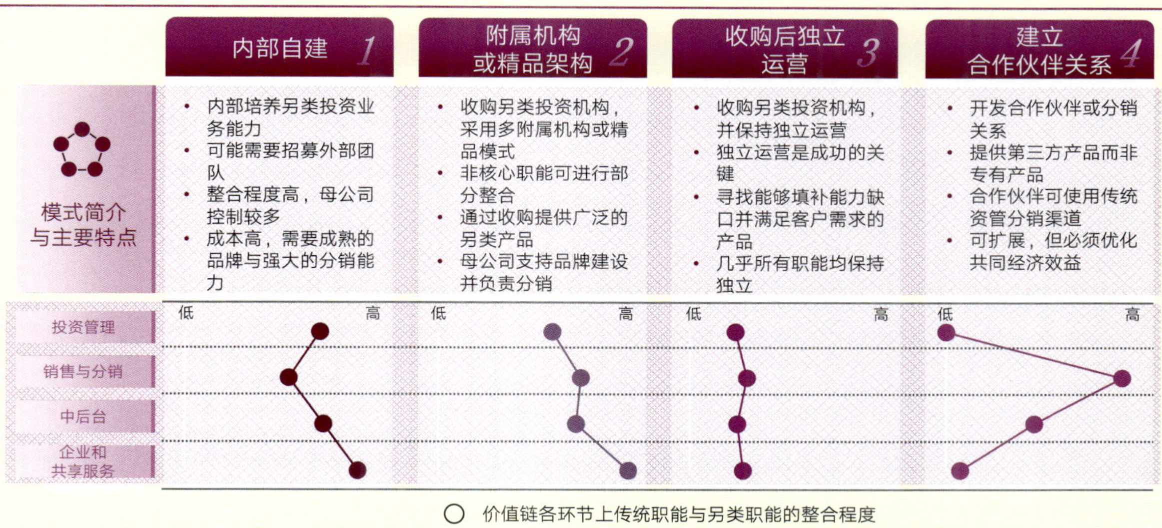

图11 资管机构可以考虑四种策略，切换赛道进军另类投资市场

（资料来源：专家访谈、BCG分析）

- 内部自建。这一策略旨在依托内部能力搭建另类投资业务，过程中可通过收购外部团队快速提升投资能力，但其他方面主要依靠内部努力。这一策略的优势在于，可充分发挥整合后另类投资部门的潜力，与其他资管部门实现有效协同，同时还能赋予母公司更大的控制和监督权。不过，内部自建周期较长，往往需要耗费大量时间才能将产品推向市场，比较适合品牌实力雄厚、分销网络广泛的资管机构。

- 附属机构或精品架构。这一策略需开展多笔收购交易，通过设立附属公司或搭建多精品资管平台，最终描绘出全系另类投资或私募市场产品的理想图景。实现这一架构，需要跨价值链进行一定程度的整合和协同，主要集中在非核心职能领域。另类投资团队相互保持独立，各个团队都有自己的特色品牌。母公司主要扮演管理监督、分销合作和引荐，以及分享最佳实践的角色。

- 收购后独立运营。资管机构通过收购（至少一次）获得另类投资能力。成功的关键在于被收购公司必须完全自主运营，各职能部门几乎都要与母公司保持独立。被收购公司独立运营，激励机制标准统一，有利于提升投资业绩，同时也有助于留住原班销售人马。产品的选择需高度有针对性，根据母公司能力缺口，并通过对产品盈利潜力的分析，选择最合适的产品。

- 建立合作伙伴关系。在该策略下，资管机构可以通过与第三方管理机构达成分销协议、建立合资企业或形成其他战略合作伙伴关系，获得相应能力，满足客户对另类产品的需求。通过建立合作伙伴关系，可以将传统资管机构成熟的分销能力与第三方管理机构领先的另类投资能力完美结合。建立合作伙伴关系通常会签订独家经营协议。可扩展性是合作运营模式的关键，因此有时需要共同投资，共建共享中后台能力，如客户导入与客户报告等。尽管合作本身具有一定的成本效益，但要实现长期合作，各方都必须主动优化共同经济效益。

事实上，仔细观察就会发现，在这四种市场进入路径中，没有哪种显著优于其他，所有方法均能实现目的。另类投资市场已有几十年的发展历史，传统资管机构相继进入（或退出）这一市场。历史经验足以表明，一个公司的另类业务板块能否成功，与其进入市场的方式关系不大，最关键在于执行能力。

通过对另类业务机构的调研以及与高管的访谈，我们发现，要在另类业务上获得成功，资管机构需遵循五大核心原则。

一是完善价值主张。实力最强的另类业务团队必然拥有和谐统一的价值主张。传统资管机构在进军另类投资业务时，必须清晰说明该战略的好处，并着力兑现。拓展另类投资业务好处之一便是，通过获得零售分销渠道，扩大可触达受众范围；还可以通过共享服务或中后台运营来提高可扩展性；甚至有可能建立战略资本伙伴关系，有机会对创始团队的股权进行资本重组，或参与战略项目的共同投资。

同时，传统资管机构的价值主张体现在解锁新的投资能力，增加高利润、有增值潜力的业务部门，并提升自身能力，来满足投资者对另类投资的需求。在传统资管与另类投资业务之间建立清晰的共赢价值主张，对取得成功至关重要。

二是量身打造激励措施。推动另类投资管理团队的发展、招聘和留存需建立独特的激励结构。传统资管机构在构建另类投资业务时，需要采取多种激励手段，以确保另类投资团队能够交付强劲业绩。这可以通过薪酬方案来实现，例如，增加业绩报酬或提供母公司股票期权。在我们研究过的公司中，有些会在其激励结构中巧妙地融入长期因素，如使用与资金募集目标相一致的里程碑奖金池。合适的激励制度会推动产生出色的投资业绩，留住现有另类投资团队，并吸引顶级人才加入，推动其持续成长。

三是保持另类业务团队的自主权。无论传统资管机构采用何种方式进入另类投资市场，成败之关键始终在于投资团队的自主权。成功的另类投资团队均能够独立于传统资管业务之外运营。这意味着整体运营模式要能够保护另类投资团队自主权、文化甚至品牌。

在价值链中寻找降本增效的机会未尝不可，如集中部分企业服务或整合某些中后台职能，但前提是核心另类投资前台团队保持独立。多家公司均表示，保留另类业务团队自主权是业务蓬勃发展的最大推动要素，这往往也是并购交易中考察的关键标准之一。

四是优化分销与募资。确保销售和募资的连续性，同时开拓新的分销机会，为另类业务打下坚实的基础，助力未来强劲增长。传统资管机构可通过提供压舱资本来帮助募资，同时组建专业的另类投资销售团队，确保分销活动的专业水准。在兼并或收购过程中，标的公司应与有限合伙人或现有投资者及早沟通，解决相关问题并征得同意。

管理团队可通过充分利用现有机构业务关系，促进机构业务团队与另类投资销售团队协作，创造更多分销机会。同时，战略性地追求新的增长领域，如零售市场，开拓未来资产流入的新来源。

五是协调战略利益。若想构建成功的另类业务板块，必须协调各方战略利益。在构建另类业务板块、收购另类团队或与之合作时，传统资管机构必须对该业务充满信心，坚信其能够创造价值。此外，另类业务必须成为公司高层的战略优先事项，他们需向组织的所有利益相关方传达相关计划，并解释决策的背后逻辑。此外，还需构建基本理论框架，并将另类投资真正纳入未来业务矩阵之中。

在整个资管行业中，另类领域前景最为可期。它一方面能够满足投资者对多元化和回报潜力的需求，另一方面也为管理得当的机构带来前所未有的盈利机遇。资管机构若能顺利进军另类市场并抓住增长机会，便能加速走向成功。

个性化

除构建卓越产品之外，打造独特的客户体验也同样重要。随着数据可用性、数据科学与算力的不断进步，资管行业如今也有望实现真正的定制化服务，给投资者带来与娱乐或服务业同等的个性化体验。个性化将贯穿客户体验各个阶段，横跨各大产品领域，为客户提供与众不同的服务（见图12）。

客户体验

在资产管理领域，个性化服务并非新生事物。在美国等国家，资管机构通常为独立机构，销售团队通常会与理财顾问进行沟通，了解需求，这便是一种个性化服务形式。然而问题在于，这样的方法成本太高，很难有效扩展到为成千上万的理财顾问服务。并且即使再出色的销售人员也难以跟踪所有客户信息。

然而，借助新技术可以大幅提升个性化服务的效率和效果。以自动化系统为例，营销人员可以借助这些系统与潜在客户沟通。他们通过多个渠道向潜在客户发送定制化消息，包括针对性的投资者教育与产品邮件以及网站内容互动。系统会记录并处理每一次互动，并根据客户反映推荐下一步操作。互动过程几乎完全自动化，直到达到个性化沟通的阈值。一旦达到该阈值，营销团队就获得了一条真正的高意向销售线索，线索中蕴藏着大量宝贵的数据。随后将线索移交给销售团队，这极大提高了成功转化的机会。据我们观察，资管机构采用个性化技术，相较于传统方法，销售转化率可提高约20%。

而一旦潜在客户成功转化为客户，客户信息就立即进入客户数据系统，机构可使用全新的数据和分析能力，为运营提供指导。客户数据系统可自动创建列表，将所有已知机会、风险和关系指标集中于一处，并用自然语言解释匹配特定理财顾问的原因。

正如全球定位系统总能找到最佳路线那样，客户数据系统也可以推荐最佳个性化行动，提供可一键执行的营销方案。假设一位小规模账户持有人最近开始表现出对某款新产品的兴趣，其理财顾问便会访问产品页面，系统则可以通过访问记录了解到这一点。除此之外，系统还会检测到，其他相似规模账户的理财顾问最近也增加了对该产品的购买量。此时，如果通过电话方式触达，不仅费时费力而且成本高昂，因此，系统会提示销售人员选择“启动交叉销售方案A”，一键多渠道发送提前编写好的营销材料，吸引客户进一步了解产品情况，并最终完成产品购买。

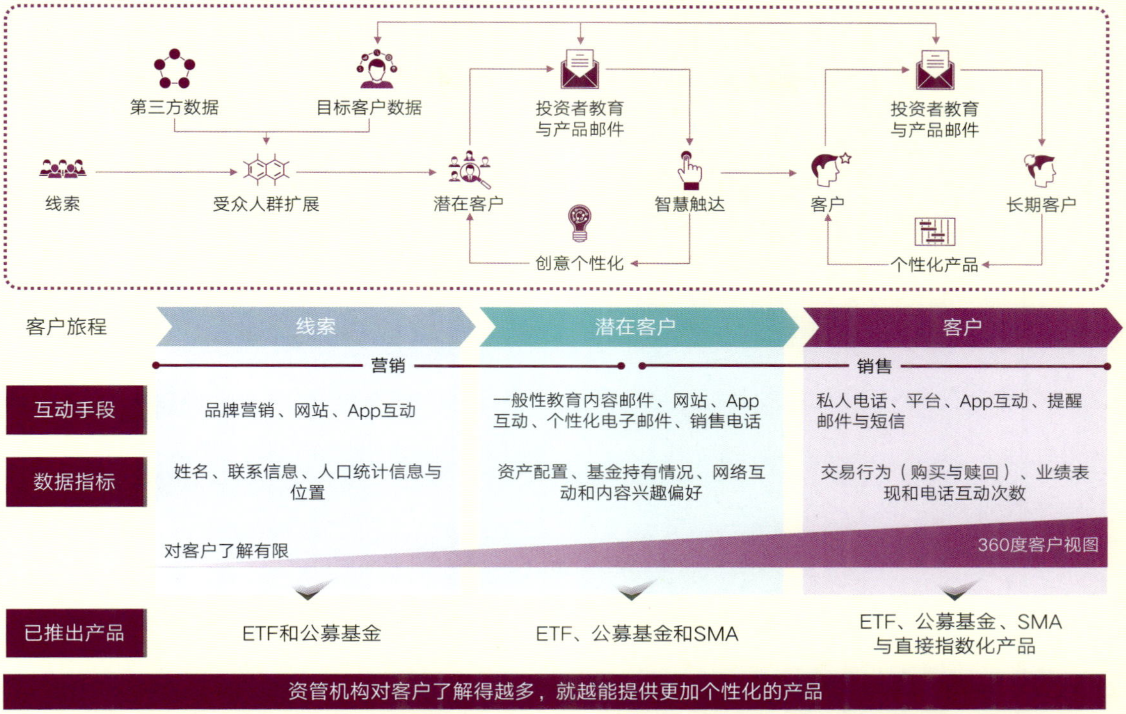

注：ETF代表交易型开放式指数基金，SMA代表专户理财。

图12 个性化可以应用于客户旅程的各个阶段，包括营销、销售与产品

（资料来源：BCG分析）

安装一套自动化系统现已不是难事，但许多资管机构仍面临一系列其他挑战，如数据完整性、技术能力、数据科学人才以及销售团队配合等。解决这些问题成为当务之急。个性化的巨大力量带来赢者通吃的局面，也就是说，真正了解客户的公司能够获得更多的资金，也能与客户建立起更长久的信任关系。

直接指数化个性化产品

绝大多数面向零售客户的产品都是标准化产品，只有超高净值个人或机构客户才能获得定制化产品（如专户理财）。直接（或自定义）指数化能够大规模创建高度个性化的投资组合，因此有潜力改变这一现状，为富裕客群提供大量个性化产品。要想充分挖掘零售市场机会，资管机构需要明确如何将直接指数化技术纳入其转型计划；否则便可能会对其业务构成重大风险。

迄今为止，美国一直是推崇直接指数化的主要国家。过去几年，直接指数化投资组合的管理资产规模已经增长了超过三倍，2015年仅为1000亿美元，而现在已增至4500多亿美元。近年来，虽然技术进步释放了大规模推广的能力，但真正推动美国直接指数化发展的关键因素，是小数持股和零费率交易在2019年的普及。在这些初步发展趋势的引领下，直接指数化在原本青睐被动型产品的市场上掀起一股浪潮。定制化服务给投资者带来额外优势：市场下跌时投资者能够自由决定抛出部分投资，并且能实现比ETF更高的税后回报。

定制化对于资管机构而言也有明显优势，例如，相对于被动型基金可收取较高费用，并能够建立更长久的投资者关系。然而，许多资管机构可能未完全认识到，价值创造主体已发生变革。

有些流媒体服务可提供单独下载某首歌曲的选项，用户可以下载自己喜欢的音乐，构建个人音乐库而无须购买专辑，与之类似，直接指数化产品也可支持理财顾问及其客户单独买卖单只股票，并构建个性化投资组合。

这样一来，创造价值的权力就从资管机构转移到终端客户手中。顶尖财富管理机构均明确表示，支持理财顾问创建定制化投资组合，这基本上绕过了传统的资管分销价值链。我们采访发现，许多资管机构实际上并没有完全理解其深远影响。

尽管如此，直接指数化的赋能技术仍将持续存在，在给资管机构带来风险的同时，也带来了多重机遇（见图13）。

三大制胜战略。顺利进军直接指数化业务需要考虑众多因素，明确的行动计划不可或缺。资管机构需要准确评估公司目标及技术能力，同时还需在不同的策略中间作出权衡。

• 产品战略。开展直接指数化业务的一个最简单的方法，便是推出低个性化水平的税收优势型产品。这使资管机构，尤其是那些已经推出了相关产品的机构最大限度地降低了直接指数化带来的金融脱媒的风险，且无须投入过多资源。税收优势型产品提供的额外税收收益不仅能够吸引现有投资者留下，而且能与无相关服务的竞争对手形成差异化优势，吸引新投资者加入。需要税收优势型产品的投资者主要关注税收效益，因此标准化投资组合即可满足客户要求，无须太高的个性化水平，如此一来，产品可以轻松复制、拓展，也不会对下游运营造成过大影响。

• 平台战略。对于缺乏大规模理财客户基础的资管机构而言，直接指数化产品正好提供了机会，资管机构可以在无须组建庞大的理财顾问团队的情况下，为投资者提供大规模的准财富管理服务。

这种定制化投资组合解决方案很容易受到喜欢自助服务客户的青睐。因此，想要开展直接指数化业务的机构，可将结合智能投顾服务提供财富管理服务，打造差异化竞争优势，作为一个可行的切入点。在这种战略下，资管机构还可在目前产品费用的基础上，进一步创造额外收入。

• 服务战略。除上述两种战略之外，另一种可行的战略则是，为那些规模不足、缺乏相应专业能力、无法自行开展直接指数业务的财富管理公司提供白标服务。资管机构可作为增值服务提供商提供专业知识，通过按服务收费（如订阅业务）或提高客户份额和忠诚度的方式来实现盈利。

构建直接指数化服务的公司可以利用自身规模，将其技术销售给规模较小的商户与区域性机构。尽管提供白标服务可能面临着与金融科技公司的激烈竞争，但业务以服务为基础，不依赖跑赢市场的优胜业绩，因此可增加收入的稳定性。

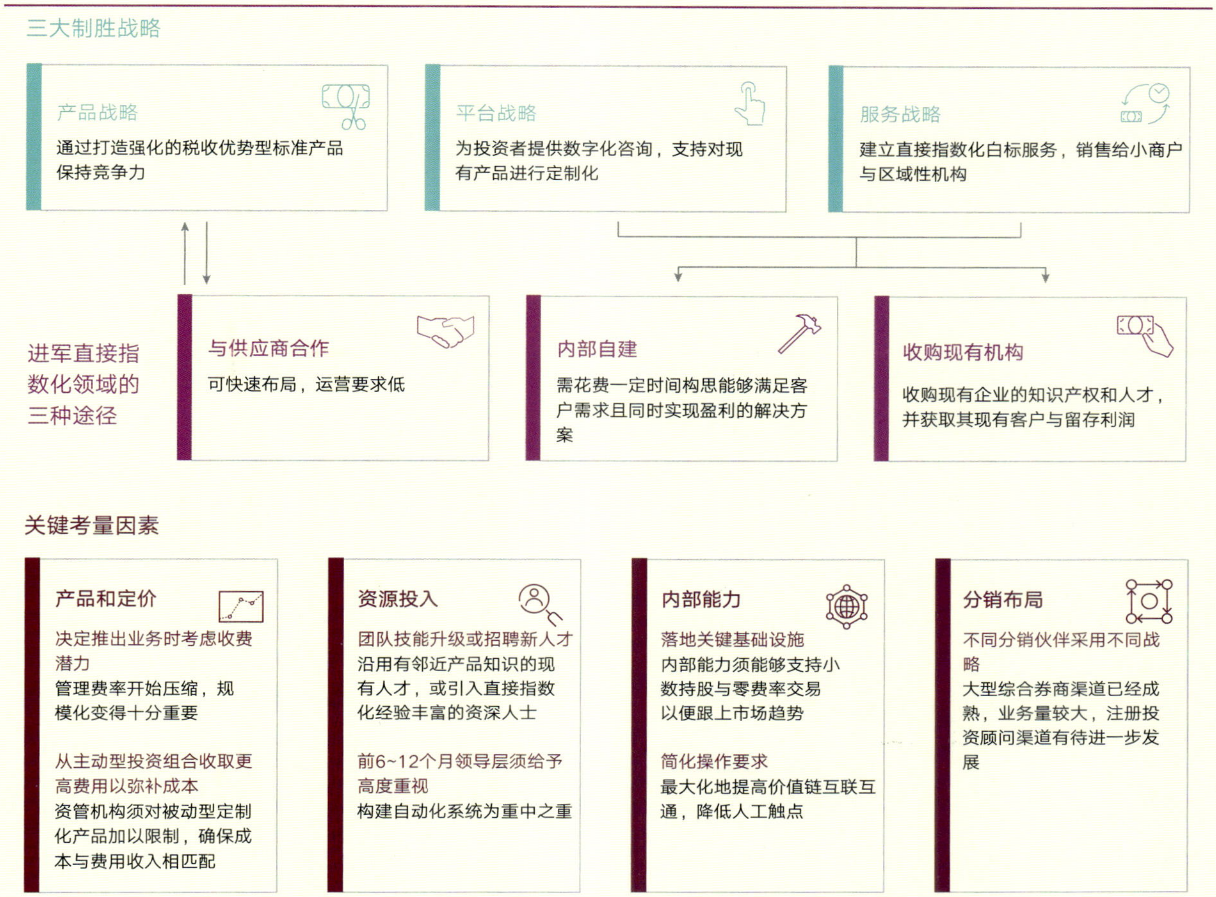

图13　在直接指数化领域获胜需制订详尽的作战计划

（资料来源：专家访谈、BCG分析）

关键考量。资管机构评估最终状态时，还需明确进军直接指数化业务的途径。可选方案包括与供应商合作、建立内部能力与收购现有机构。最终抉择将取决于资管机构对最终状态的构想，以及对产品上市速度的要求。

关注上市速度且想要尽量降低运营要求的资管机构，可以选择与供应商合作，但这意味着需要出让一部分利润给供应商。若选择内部开发相关能力，资管机构可以保留全部业务收入，但这也意味着在转型过程中需要投入大量的时间和资源。收购现有机构也是获得必备能力、获取客户资源并保证利润的一条有效途径，但资管机构作为收购方，前期必须投入大量资本，并且面临并购后整合的挑战。

想要确保直接指数化业务取得成功，资管机构内部也需要评估一系列核心因素。尤其是细节安排，如产品定价、资源投入、现有能力及分销布局等。

在产品和定价方面，资管机构必须小心，切勿将直接指数化视为应对利润率压力的灵丹妙药。费率压缩困扰着金融行业内各个领域，直接指数化也无法幸免。由于关注度日益增高，竞争加剧，平均费率已经下降约三分之一，并且鉴于维持一定投资业绩的成本相对较低，费率仍存在下降空间。此外，公司还需考虑业务支持的定制化程度。过多的自定义仓位可能会带来复杂的操作，这样就更偏向于主动型策略而非被动型策略。一个可行的折中方案是，在核心一周边框架内进行定制化。在该框架下，投资组合的主体部分是标准化配置，定制化程度有限，仅在小范围内提供更高的灵活度。

过去几年资管机构将更多精力放在人才与资源投入上，因为这些因素直接关乎直接指数化业务的成败。制定转型框架需要付出大量努力，尤其是在初期阶段。公司领导层应该在前6~12个月将转型作为首要工作重点。此外，考虑到税收优势型产品或指数化领域的专业人士数量有限，资管机构或许可以在外部招聘或收购前，先提升内部人员技能与知识水平，考虑为有相关知识和经验的现有员工提供交叉培训机会。投资决策的制定需要多方参与，如销售团队、投资管理人员以及技术专家，因此提升整个价值链的专业化水平对提升整体投资业绩至关重要。

拥有跨价值链扩展自动化的内部能力也是成功的关键。小数持股与零费率交易是直接指数化成功的关键，因此，公司必须确保价值链各个环节均具备相应的能力，来支持这些业务。除此之外，技术栈的配置也至关重要，需使其各部分能够相互联通，并在再平衡引擎、交易执行与客户报告等功能上实现自动化。即使拥有一流的自动化，资管机构也可能在快速处理复杂交易时遇到困难，如受限头寸与大规模赎回等，因此，资管机构必须准备好相应的专业知识来加以应对。鉴于专户理财与直接指数化之间存在一定的相似之处，已经推出专户理财业务的资管机构具有相当的优势，可充分利用其在风险管理、合规和其他支持职能方面的经验，支持直接指数化业务。

现有的分销渠道在推广直接指数化方面的作用也不容小觑。在美国，大型综合券商一直积极地对自己及客户进行直接指数化教育。因此，这些券商建立的合作伙伴关系，特别是再加上经年积累的庞大业务量，使其成为直接指数化的重要渠道。对主要与注册投资顾问合作的资管机构来说，产品能力至关重要，如果能够设计出一款与现有系统和流程无缝整合的产品，便能鼓励投资顾问更多地将直接指数化产品纳入其产品服务中。服务于家族办公室的资管机构则会发现，定制化能力更为重要，这是因为家族办公室往往有独特的投资偏好与原则，并需要相应的投资策略，而定制化方法更能够帮助资管机构满足家族办公室客户的原则与要求。

多年以来，资管机构经历有机增长，盈利水平屡创新高，但目前资管机构开始面临关键考验。市场充满众多不确定性，技术进步也正在重塑金融机构服务客户的方式。因此，资管机构进行转型并建立创新型组织势在必行。

好在对多数资管机构来说，转型路径已经明确，转型成果也触手可及。只有在今天迅速采取行动的行业领军者，才能够在未来十年甚至更远的将来，穿越周期，长盛不衰。

附图

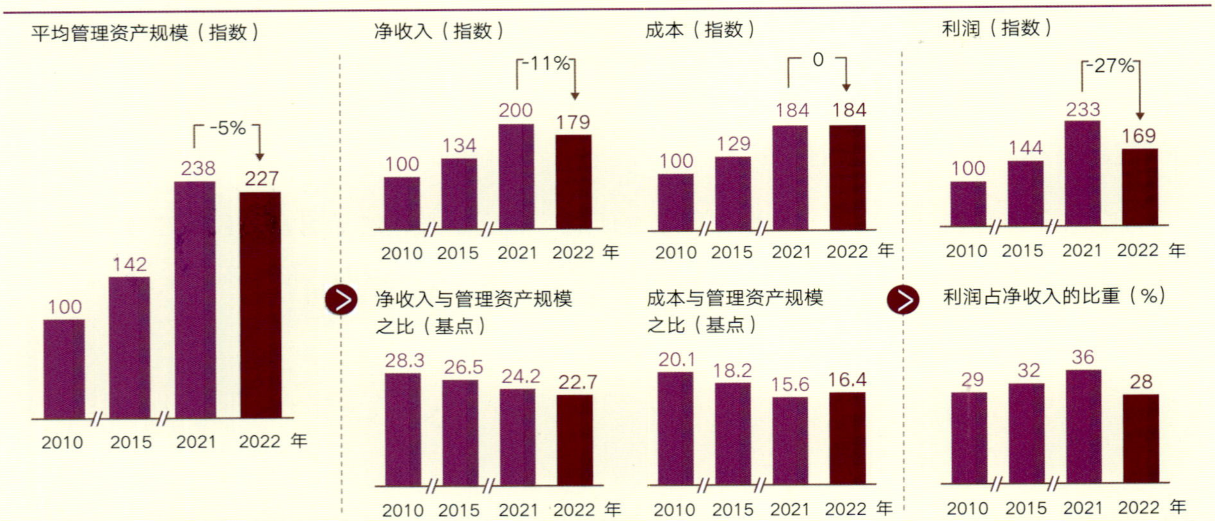

注：分析基于BCG全球对标研究得出，涵盖74家领先资管机构，管理资产规模共计62万亿美元，约占全球管理资产规模的63%。

附图1　2022年资管机构利润大幅下降，而成本保持不变

（资料来源：2023年BCG全球资产管理对标数据库）

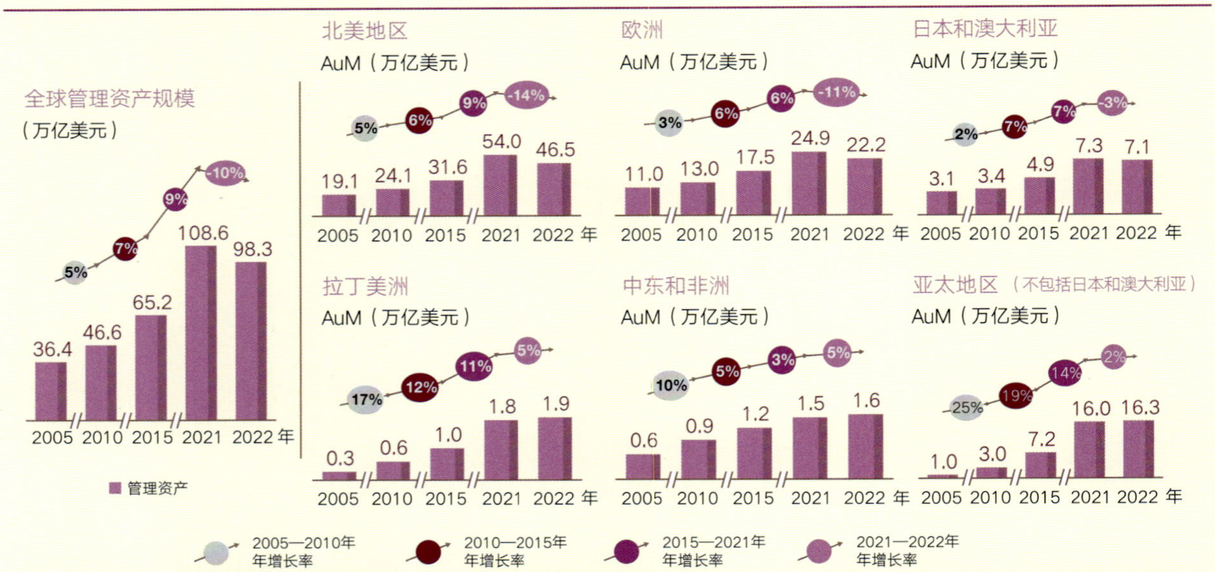

注：市场规模指各个地区由专业资管机构收费管理的管理资产规模，包括保险公司自有管理资产及委托给资管机构收费管理的养老基金；覆盖全球44个市场，包括北美地区（加拿大和美国）；欧洲（奥地利、比利时、捷克、丹麦、芬兰、法国、德国、希腊、匈牙利、爱尔兰、意大利、卢森堡、荷兰、挪威、波兰、葡萄牙、俄罗斯、西班牙、瑞典、瑞士、土耳其和英国）；亚太地区（澳大利亚、印度、印度尼西亚、日本、中国、马来西亚、新加坡、韩国和泰国）；中东和非洲（该地区部分主权财富基金和共同基金、摩洛哥及南非）；拉丁美洲（阿根廷、巴西、智利、哥伦比亚和墨西哥）；离岸资产管理（不包括在任何地区内）。对于使用非美元货币的市场，我们对所有年份使用2022年末的汇率，以此折算当前和历史数据。由于汇率变动、计算方法调整以及源数据变化，部分数据与往年报告有差异。

附图2　全球管理资产规模在2022年下降了10%，北美和欧洲降幅最大

（资料来源：2023年BCG全球资产管理市场规模数据库、经济学人智库、ISS市场情报Simfund、WTF、政府机构及监管机构、BCG分析）

附录二

关于作者：

任　锋　先生　光大理财有限责任公司董事长

潘　东　女士　光大理财有限责任公司总经理

宫　飞　先生　光大理财有限责任公司研究数据部行政负责人

刘冰冰　先生　波士顿咨询公司（BCG）董事总经理 / 全球合伙人 / BCG金融机构专项中国区负责人 / BCG财富管理和资产管理业务亚太区负责人

徐　刚　先生　波士顿咨询公司（BCG）合伙人

特别指导：

感谢中国光大银行董事会秘书、联席公司秘书、首席业务总监张旭阳先生，波士顿咨询公司（BCG）董事总经理、全球资深合伙人何大勇先生为本报告的选题与核心观点形成给予的宝贵指导。

致　　谢：

感谢参与本报告研究和撰写的光大理财副总经理李永锋先生、专户投资部程鹏亮先生、研究数据部周鑫强先生、股票投资部滕飞先生以及BCG中国区金融机构服务团队，包括咨询顾问丁苑隽女士、许怡嘉女士、钟明佳女士。此外，光大理财法律合规部行政负责人白冬先生、产品市场部胡士龙先生，BCG合伙人张莹女士、BCG董事经理成卓民先生、BCG项目经理赵程瀚先生、BCG资产管理专题全球专家Andrea Walbaum女士和Jack Parsley先生、BCG GAMMA团队专家Ankit Pagaria先生和Sonali Maheshwari女士也为本报告的撰写提供了极具价值的建议和支持，也感谢詹慧女士、柴茁女士和郑玲玉女士为本报告编辑、排版和发行所做的贡献。

感谢银行业理财登记托管中心、中国银行业协会、中国保险资产管理业协会、中国证券投资基金业协会给予的支持和帮助。

同时，衷心感谢每一位在报告研究和制作过程中接受访谈或提供帮助的学者、专家、同事。

关于光大理财：

光大理财成立于2019年9月，是股份制银行中首批获准筹建、首家获准开业、首家成立的银行理财子公司。光大理财始终秉承创新发展精神，自2004年推出国内首只人民币理财产品以来，通过投资模式的不断创新和投资管理能力的持续提升，保持良好的品牌效应和市场影响力，引领国内银行业理财市场。2004年至2022年末，光大银行理财业务累计发行理财产品超40.5万亿元，为投资者创造收益超4200亿元，并获"银行理财公司金牛创新奖""杰出银行理财子公司奖""年度公益责任优秀案例"等多个重要奖项。

光大理财作为光大银行财富管理战略的核心载体，坚持资产管理和财富管理相融合，不断拓宽理财业务边界，加强产品、渠道、投研、风控、科技等自身能力建设，以实际行动助力金融供给侧结构性改革，支持直接融资体系发展，以良好的经营业绩更好地回馈广大投资者。截至2022年末，光大理财产品管理规模达11852.41亿元，比2021年末增加1175亿元，增幅达11.01%。

如欲了解更多信息，请扫描二维码关注官方微信账号：

光大理财官方微信

关于波士顿咨询公司：

波士顿咨询公司（BCG）与商界以及社会领军者携手并肩，帮助他们在应对最严峻挑战的同时，把握千载难逢的绝佳机遇。1963年成立伊始，BCG 便成为商业战略的开拓者和引领者。如今，BCG致力于帮助客户启动和落实整体转型，使所有利益相关方受益——赋能组织增长、打造可持续的竞争优势、发挥积极的社会影响力。

BCG复合多样的国际化团队能够为客户提供深厚的行业知识、职能专长和深刻洞察，激发组织变革。BCG基于最前沿的技术和构思，结合企业数字化创新实践，为客户量身打造符合其商业目标的解决方案。BCG创立的独特合作模式，与客户组织在各个层面的紧密协作，帮助客户实现卓越发展，打造更美好的明天。

关于波士顿咨询公司中国金融机构专项：

BCG服务于中国市场已经超过二十年，在金融服务专题，尤其是资产管理领域确立了领先地位。BCG不仅拥有完备的资产管理专家全球网络和全球资产管理专业数据库，而且连续二十年发布全球资产管理报告。本报告是BCG发布的第八份中国资产管理报告，BCG依靠全球经验和对中国市场的洞察，提出高度可操作性的建议，为客户创造切实的价值，受到客户的高度赞赏和市场的充分肯定。

如需获得有关BCG的详细资料，请发送邮件至：GCMKT@bcg.com。

如欲了解更多BCG的精彩洞察，请关注官方微信账号：BCG波士顿咨询；ID：BCG_Greater_China；或BCG数智港；或“BCG洞察”小程序；或BCG微信视频号。

BCG官方微信　BCG数智港　BCG报告集锦　BCG微信视频号

过往七年报告内容回顾：

中国资产管理市场2021

时代担当、关键一跃、信义为本、践行使命

1．历史新高：提速换挡，2021年中国资管市场重返两位数增长

1.1 全市场：增长加速，历史新高

1.2 机构端：转型深入，分化加剧

1.3 资金端：结构稳定，零售主导

1.4 渠道端："四化"叠加，格局重塑

1.5 产品端：多点开花，创新升级

1.6 资产端：投资多元，融入实体

专题一：从资管新规收官看监管体系演进

2．时代担当：中国经济高质量发展需要一个强大的资产管理市场

2.1 理论基础：直接融资促高质量发展，资管承担直接融资中枢

2.2 观往知来：资管助力实体经济转型，资管重塑金融体系格局

2.3 回看中国：迈入高质量发展新时代，呼唤资管行业大幅跃升

3．关键一跃：四大领域十问，洞悉中国资管高质量发展路径

3.1 固本正源：使命的一跃

3.2 拥抱变化：模式的一跃

3.3 修炼内功：能力的一跃

3.4 夯实基础：科技的一跃

专题二：中外资管行业及产品体系对比

中国资产管理市场2020

扬帆启航、破茧成蝶、时代机遇、争创一流

1．2020年市场回顾：扬帆启航，中国资管行业加速实现转型

1.1 整体市场：稳中有进、量质同升

1.2 机构端：转型加速、分化延续

1.3 资金端：增长稳健、结构稳定

1.4 产品与资产端：全面增长、创新加速

1.5 疫情对全球资管市场的影响：强势复苏、可持续发展

2．理财公司一周年回顾：破茧成蝶，积跬步以至千里

2.1 理财公司发展历程与运行情况

2.2 十问十答，理财公司成立一周年回顾与展望

3．资管行业“十四五”展望：时代机遇，把握新周期十二大发展机会

3.1 资金端：把握居民财富重配置、养老体系建设、跨境资金、产业及政府战略资金四大机会

3.2 资产端：把握权益、被动、另类、绿色四大机会

3.3 商业模式：以客户为中心，数字化驱动，围绕零售端探索资管与财富融合，围绕机构端打造解决方案，围绕政府与企业端建立“投资+赋能”能力

专题一：发达市场资管机构如何助力经济转型

4．行业发展探讨：争创一流，打造多元化、综合化资产管理集团

4.1 资管机构多元化、综合化指的是什么？

4.2 资管机构为何要多元化、综合化？

4.3 资管机构如何实现多元化、综合化？

专题二：全球财富和资管科技领域并购与私募股权投资最新趋势

中国资产管理市场2019

数字时代、生态经营、投研再造、体系制胜

1．市场回顾：监管引导行业规范转型，资管市场已经重新起航

1.1 监管：强监管方向不改，实施节奏优化，引导模式统一

1.2 市场：转型期重拾增长，养老加速入场，被动业务爆发

1.3 竞争：洗牌期加速分化，行业竞争加剧，外资重新布局

专题一：疫情之下，资管机构应对之道与投资使命再思考

2．数字时代："四化"叠加触发模式升级，数字化开启新课题新机遇

2.1"四化"叠加，诠释数字化复杂内涵

2.2 时不我待，资管机构数字化升级正当时

2.3 继往开来，数字化开启新格局与新课题

专题二：他山之石，国际资管巨头的数字化雄心与路径

3．生态经营：客户生态孕育各类机会，模式创新实现开放共赢

3.1 零售生态：投顾驱动转型，新生态与新手段创造无限前景

3.2 机构生态：以客户为中心，四类切入点打造解决方案模式

专题三：养老市场，如何抓住二三支柱的巨大机遇

4．投研再造：数字基因植入投研体系，数字资产孕育全新价值

4.1 打造体系化投研能力，释放人才与数据潜能

4.2 数字化驱动智慧投研，重塑端到端价值链

4.3 数字资产创造新价值，进化行业数据能力

专题四：被动爆发，替代主动趋势初现但挑战仍在

5．体系制胜：数据与科技中台建设，数字化组织适变应变

5.1 大中台建设，数字化体系的基石所在

5.2 数据与技术，铸就两大核心数字能力

5.3 数字化组织，大象起舞制胜智能时代

中国资产管理市场2018

尘埃落定、以终为始、差异制胜、协同发展、科技突破

1．尘埃落定：2018年资管新规落地，行业转型持续深化

1.1 监管：资管新规尘埃落定，配套细则密集出台

1.2 市场：行业规模首次下滑，业务结构显著变化

1.3 竞争：机构增速全面下降，行业集中度有所回升

专题一：银行资产管理业务的转型和发展动态

2．以终为始：明确使命、目标、机遇，中国资管行业再出发

2.1 使命：支持实体经济和企业发展转型、满足居民财管需求、助力解决养老痛点

2.2 目标：力争打造具备全球化竞争能力的世界一流资管机构

2.3 机遇：应用金融科技引领中国资管行业弯道超车

专题二：中美养老体系比较及对中国资管机构的启示

3．差异制胜：从海外成熟市场经验中探寻中国资管机构差异化方向

3.1 总结海外经验，借鉴五大制胜模式

3.2 结合自身禀赋，打造差异发展定位

专题三：解决方案型商业模式介绍

4．协同发展：从海外领先集团良好实践中探索中国集团化发展之路

4.1 明确现状问题，识别集团协同机遇

4.2 海外集团为鉴，探索中国协同路径

专题四：财富管理与资产管理业务的协同

5．科技突破：运用科技引领资管行业创新变革

5.1 积极拥抱科技，展望未来智能时代

5.2 重塑价值链条，打造适配支撑体系

中国资产管理市场2017

回归本源、动能转换、市场广阔、格局重塑

1. 回归本源：2017年是中国资管市场转型元年

    1.1 监管体系重塑，行业转型大幕拉开

    1.2 市场增长停滞，机构发展态势分化

    专题一：美国货币基金打破刚兑的历史经验

2. 动能转换：新规发布前后中国资管市场内涵和发展逻辑发生本质变化

    2.1 市场动力转变，从“泛资管”到“真资管”

    2.2 行业生态重塑，七大体系全面转型

    专题二：银行理财的前世今生

3. 市场广阔：规模增速先抑后扬，结构调整带来巨大机遇

    3.1 市场增速换挡，两大阶段先抑后扬

    3.2 业务结构调整，十二大机会点显现

    专题三：资管新规推动中国财富市场深刻转型

4. 格局重塑：三大要素推动中国零售、机构市场形成差异格局

    4.1 成熟市场为鉴，三大要素影响格局

    4.2 竞争格局演进，零售机构差异发展

    专题四：海外资管市场与中国资管市场结构差异比较

中国资产管理市场2016

繁荣持续、隐忧凸显、溯本清源、转型发展

1. 繁荣持续：百万亿元凸显地位，强监管规范市场

   1.1 市场：规模再创新高，112万亿元、28%年化增长

   1.2 产品：固收高权益低，货币基金、私募基金发展迅速

   1.3 机构：投资压力攀升，加风险保收益，中小机构繁荣

   1.4 监管：加强联合出击，防风险、重规范

2. 隐忧凸显：拉低融资效率，积累金融风险

   2.1“三高”投资：高杠杆、高期限错配、高风险偏好

   2.2 特色生态：嵌套繁多，通道难消

   2.3 五大根因：“少、同、短、刚、分”

3. 溯本清源：聚焦发达国家或地区资管市场的特点和经验

   3.1 美国：资本市场发达，养老贡献长资金，银行保险独立系三足鼎立

   3.2 欧洲：功能监管原则，机构客户为主导，银行保险系培育资管巨头

   专题一：美国应对银证保资管混业创新的功能监管经验

4. 转型发展：下一步中国资管行业发展的思考与建议

   4.1 资本市场、资管产品、资金管理，三层架构各司其职

   4.2 市场条件、监管制度、资管机构，共创持续健康发展

   专题二：银行委外的正确打开方式

中国资产管理市场2015

前景无限、跨界竞合、专业制胜、回归本源

1．前景无限：展望中国资管市场规模及五大增长动力

1.1 资产管理发展具有重要意义

1.2 市场规模和驱动因素

专题一："资产荒"倒逼资管机构转型创新

2．跨界竞合：洞察中国资管市场三大发展趋势

2.1 资金来源

2.2 资产类别

2.3 资管机构

3．专业制胜：聚焦四种主流资管业务模式

3.1 全能资管

3.2 精品资管

3.3 财富管理

3.4 服务专家

专题二：互联网和新技术带来资产管理业务创新

4．回归本源：完善三大资管制度

4.1 打破刚性兑付

4.2 资本市场与资管产品建设

4.3 完善立法与监管